《民族民间审美文化消费式传承——以湖北省五峰土家族自治县为例》

中央高校基本科研业务费专项基金资助重点项目
“武陵山区民族民间文化消费式传承发展研究”
（项目批准号：CSZ14005）

研究成果

杨秀芝　孙明福　著

湖北省人文社会科学重点研究基地
中南民族大学中南少数民族审美文化研究中心

中国少数民族审美文化丛书

彭修银　主　编

民族民间审美文化消费式传承

——以湖北省五峰土家族自治县为例

杨秀芝　孙明福◇著

MINZU MINJIAN SHENMEI WENHUA XIAOFEISHI CHUANCHENG
YI HUBEISHENG WUFENGTUJIAZUZIZHIXIAN WEILI

中国社会科学出版社

图书在版编目(CIP)数据

民族民间审美文化消费式传承：以湖北省五峰土家族自治县为例/杨秀芝，孙明福著．—北京：中国社会科学出版社，2015.10

ISBN 978-7-5161-6632-1

Ⅰ.①民… Ⅱ.①杨…②孙… Ⅲ.①民族文化—审美文化—消费文化—研究—五峰土家族自治县 Ⅳ.①K280.634

中国版本图书馆 CIP 数据核字(2015)第 167009 号

出 版 人 赵剑英
责任编辑 郭晓鸿
特约编辑 席建海
责任校对 张依婧
责任印制 戴 宽

出 版 中国社会科学出版社
社 址 北京鼓楼西大街甲 158 号
邮 编 100720
网 址 http://www.csspw.cn
发 行 部 010-84083685
门 市 部 010-84029450
经 销 新华书店及其他书店

印 刷 北京君升印刷有限公司
装 订 廊坊市广阳区广增装订厂
版 次 2015 年 10 月第 1 版
印 次 2015 年 10 月第 1 次印刷

开 本 710×1000 1/16
印 张 15
插 页 2
字 数 230 千字
定 价 56.00 元

总　序

彭修银

2006 年农历丙戌年伊始，我有幸被中南民族大学聘为该校的第一位首席教授。我到中南民族大学以后，根据民族院校的特点和学科建设的需要，在学校领导的支持下，成立了“中南民族大学中南少数民族审美文化研究中心”。中心成立不久就被湖北省教育厅批准为湖北省人文社会科学重点研究基地。中心的主要任务：一是对中国少数民族的美学思想资源进行挖掘和整理；二是在中国少数民族审美文化整体研究的基础上，侧重于对中国南方少数民族美学和艺术理论的系统梳理和文化阐释；三是研究中国少数民族审美文化与当代审美文化建设的关系，探究适合中国南方少数民族地区审美文化事业发展的模式和对策。为了有效地反映中心的研究成果，我们创办了《民族美学》（以书代刊），拟定了《中国少数民族审美文化丛书》（20 种）的编写方案。

审美文化是介于人类感性的、物质的文化活动和理性的、精神的文化活动之间的所有审美化活动、审美化事项。具体包括以下四个层面：（1）理论性、思辨性、概念性话语层面，这一层面主要以美学思想的形式表现出来；（2）体验性、文本性、形式性创造层面，这一层面主要以艺术活动、艺术作品表现出来，以绘画、音乐、舞蹈等艺术门类为主体；（3）时尚性、习俗性、风情性层面，这一层面主要以社会性、公众性、主流性文化趣尚表现出来，以言语行为、交际往来、服饰装扮等方面的好尚为重心；（4）工艺性、器物性、设计性层面，这一层面主要以物质的形式呈现出来，如住室设计、民间工艺设计、日常生活实用品设计等。根据审美文化的四个层面以及中国少数民族审美文化的特点，本丛书将采用两种体例进行编写：一种从挖掘中国少数民族门类艺术文化的审美意蕴来编写，即“中国少数民族服饰文化审美论”、“中国少数民族建筑文化审美论”、“中国少数民族舞蹈文化审美论”、“中国少数民族音乐文化审美论”、“中国少数民族戏剧文化审美论”等；另一种根据对中国南方各个少数民族审美意识外化的理性形态美学思想的挖掘和对感性形态艺术作品的整理来编写，即“土家族审美文化”、“瑶族审美文化”、“苗族审美文化”、“壮族审美文化”、“彝族审美文化”、“侗族审美文化”、“高山族审美文化”、“傣族审美文化”、“纳西族审美文化”、“白族审美文化”、“羌族审美文化”、“黎族审美文化”等。

中国少数民族审美文化和美学思想是在各个民族独立自存的文化背景中形成的，其历史悠久、蕴含丰富、形态鲜活，具有“现代性”价值和东方文化特征。在全球文化不断趋向交流融合的今天，它正以深刻的思想智慧、特殊的理论形态和广泛的艺术实践，为西方美学和艺术的发展提供丰富的思想资源和实践力量。越来越多的世界级学者和艺术家把向往的目光投向了中国少数民族审美文化和艺术。本丛书的编写、出版，一方面向国人提供一套专门性的中国少数民族审美文化文本，另一方面向世界审美文化提供丰富的思想资源。

有关中国少数民族审美文化和美学思想的研究在我国还刚刚起步，本丛书诸多未备，甚至谬误百出，尚祈学术界同人和广大读者不吝批评指教，不胜感幸！

目　录

绪　论

文化消费是一种用文化产品或服务来满足人们精神需求的消费，充分体现了文化与主体的融合。民族民间文化，又是源自一定区域或族群的生产生活实践，贴近人们生活，并经久传承、为一定社会范围奉为一统的文化事象；民族民间审美文化是以美学态度审视民族民间文化时所表现的精神现象，它所限定的文化仅仅是民族民间文化系统中，与人发生审美关系，具有审美价值的那部分文化，其本质要求凸显了文化能够与主体形成有机结合。民族民间审美文化传承与其自身文化消费紧密相关，强调文化与主体的融合、文化能给人们带来的体验和分享。民族民间审美文化传承发展需要在满足人们文化需求和保障文化权益中，扩大民族民间文化消费，拓宽民族民间文化生存或生活“场域”，提升其审美价值的基础上进行。

一　消费社会背景下的审美泛化

消费社会属于资本主义后现代化社会和信息社会，起源于西方一战后经济复苏和快速发展的20世纪30年代，是资本主义大工业生产过度依赖庞大固定资本投资和大规模劳动力投入，生产模式逐渐暴露出僵化性，无法适应资本主义发展要求，迫切需要在产品设计、生产加工和销售等方面增强灵活性的背景下，所创制的一种新的“灵活积累”模式。要求尽量能针对消费者的需求目标改变生产模式，缩短生产周期，满足灵活多变的市场需求；同时，也要求在生产和销售中不断开发和引用新的信息技术，以适应社会上迅速变化的时尚，通过缩短销售周期来加速资本流通，不断解放生产力，扩大生产和消费。消费社会的主要理念，就是生产和消费更多的消费品，强调不消费就衰退，消费越多越幸福。在这种理念指导下，资产阶级用宏观干预政策开拓市场，成为解决社会产品生产相对过剩的重要方法；企业主和经销商则用广告系统、时尚系统、商品设计和产品包装等手段充分刺激大众消费欲望。消费者在不断扩大的消费活动中，不仅要扩大对有形商品的物质消费，也要扩大对服务等的精神性消费；不仅要追求有形商品本身的使用价值，而且要从有形商品背后的服务中得到愉悦、尊严和满足。可以说，消费不再是对商品需求的满足，而是对欲望和情感的不停追逐。

消费社会促进了生产和消费的紧密关系，商品生产和服务为审美时尚的成长提供了肥沃土壤，审美时尚文化现象也滋润着商品生产和服务。在消费社会中，艺术与审美已经转移到生产环境布置、产品设计、工业生产、商品包装、广告及相关符号与影像生产、商品销售与服务等各个环节，与商业文化浑然一体。审美已经完全融入社会生产生活之中，成为普遍存在的一种形式，以至“今天如果我们要寻找生动活泼的美和艺术，最好的去处也许不是传统的美术馆和大剧院，而是购物中心和街道两旁流光溢彩的商店”[①]。审美化处处存在，审美变成了一种被泛化的现象，使美失去了主体性、超越性，不仅不能获得自由，反而被束缚在消费里。消费、商品与文化、美学相互渗透，使得审美时尚也在一定范围和一定意义上，似乎与时尚相等同。表面上看，人民大众从审美时尚中得到了“美丽”展现，获得了感性的“解放”和满足。当然，这种“解放”是受资本艺术化方式控制下的感性表达，是个人审美活动转化为功利性的生活形式或工具化的社会活动。

消费社会最明显的一个特征就是视觉消费。随着信息社会的不断发展，各

① 周小仪：《唯美主义与消费文化》，北京大学出版社2002年版，第232页。

种流行文化及传播形式迅猛发展，以现代传媒为载体的大众文化及其消费形式，以大都市为中心迅速向各地城乡扩散，为当下人们相当发达的感性要求与享乐欲望提供便捷、及时的消费内容和形式，让各种享乐和消闲项目充斥着人们的闲暇时间，使得人们根本没有思考和使用理性的余地，不得不在热闹、痛快的极度满足中，心甘情愿地做感性的奴隶，不知不觉地丧失了判断力、思考力和批判能力。具体从中国大众文化的勃兴来看，它是在长期文化禁锢后，借助现代新型技术和强大的市场推力而发展起来的，其本身具有一定的先天不足，加上大众文化消费与生俱来的极度娱乐和享受，更加强调精神压力与精神困惑的缓解，加剧了文化消费的急功近利倾向，消解了传统审美的人文价值与审美价值的判断。大众文化消费方式的兴起和转变，传统审美的非功利性不断淡出文化视野，文化功能发生了转向，变成了满足大众的视觉和听觉的需要。影像文化充斥着整个社会与市场，视觉形象消费大量占据文化消费内容，不断涌入人们的消费行为之中。形象的狂欢成为人们日常生活的重要内容，追求视觉快感也成为文化消费的基本需求。

文化消费是在审美观照和鉴赏活动中体现的一种精神享受行为和方式。文化消费与文化生产是相辅相成的。在大众文化的今天，一方面，文化生产发展不仅能繁荣文化消费内容、改善文化消费结构、扩大文化消费规模，也能产生一批文化消费者，创造一批对后现代文化、符号产品及其体验更敏锐、更适应的消费者；另一方面，文化消费的可观收益和多方效益已经成为促进文化生产繁荣的物质和精神基础；大众的需求也创造了一批界限不清的符号生产者，这些生产者既充当生产者又充当消费者群体，以“新型媒介人”的身份进行创作，形成了高产或“快餐式”的大众文化作品，使得专业艺术家的高雅作品成为“专业的孤岛”。伴随我国文化消费的不断繁荣，特别是在市场逻辑掌控和数码技术支撑下，以产业化的大众文化为表征的、物质化和世俗化的新型消费文化，不断扩大自己的市场份额，挤占精英文化和高雅文化市场，挤入文化消费视野，迅速成为事实上的社会主流文化。正是在这种情势转变中，人们越来越不满足“纯审美”或“唯审美”，而是渴望美在生活、实用、通俗和商业的基础上展现自身，成为日常生活中的组成部分。文化消费重塑了人们的日常生活，拓展了审美领域的界限和空间，极大地影响了人们的审美趣味和价值取向，使消费主体审美发生了巨大转向。一方面，以往的纯审美被泛化到文化生活的各个层面，日常生活体验成为审美的重要资源；另一方面，日常生活也趋向于审美化，有意无意地将审美作为自己的标准，泛审美倾向严重。审美文化呈现出后现代文化审美特征，或者称为大众化的感性化、媚俗化特征。大众文化背景下的文化消费，也让文化娱乐消费成为强势，影视媒介不断引导人们文化消费的快感，媒介遮蔽着审美文化价值的真实，文化消费主体趋向“虚拟”、渴望娱乐，使得本应该崇高、庄严而富有深度的审美文化滑向娱乐、消遣和平面化，不断挑战着美学的严肃性和批判性，同时也在麻醉观赏者的审美感受力和正确的鉴赏能力，以致混淆真正的文化审美与日常生活审美之间的本质区别，把文化审美等同于琐碎的日常生活。

二　审美泛化中的民族民间审美文化转向

随着大众文化的迅速发展，过去一元化文化消费意识形态和一元的文化专制主义日渐式微，精英文化与大众文化之间的启蒙与被启蒙的关系宣告破裂，个人本位意识或个人本位的价值观与价值立场得以确立，逐渐消解了传统文化产品的类型和边界，从而导致“雅俗文化界线的模糊”，“地域文化界线的模糊甚至消失”，“年龄界线的消失”，“公共话语和私人话语界线的消失”。[①] 一方面，它给大众带来了更多接近文化的机会，使当代的审美文化更为民主化和大众化；另一方面，也会使得审美更加感性，从而成为生活中不可或缺的构成要素，由纯理性的抽象观念转变为实实在在的感性经验，不断融入人们生活实践和心理变化过程中，成为当下人们的生存需要和生存状况，也使得人的本性在审美层面上获得真正回归。在消费时代下，面对审美方式和消费方式如此强大

① 周宪：《中国当代审美文化研究》，北京大学出版社 1997 年版，第 83—89 页。

的变化，过去由精英文化者和艺术家所垄断的文化产品和服务，也不断转向为更多的大众所掌握和使用，高雅文化的启蒙意识退居次要位置，与世俗文化的界限不断被削平，交流、沟通、共享成为文化消费和文化发展的主要倾向。当代审美文化的发展和建构也应该建立在交流、对话与阐释的基础上。因为，“交流、对话和阐释，不仅仅是当代审美文化建构的方式，而且也是当代审美文化建设的一种理性精神”[①]。在多维语境中，只有以平等的态度深度交流，以尊重的态度多方对话，以理解的态度加以阐释，才能真正构建当代多元文化的审美。同时，由于审美又是多元文化中对美的消费，其消费方式理应是多元的共享，审美文化的构建是在大众语境下的交流、对话和阐释中实现文化的共享。当然，这种文化共享，并不是一种特殊文化群体或地位群体对特有的亚文化的共享，而是在超越不同文化群体差别、分歧甚至利益冲突意义下的，人人可以满足文化消费需求和保障文化权益的共享。

民族民间文化，是一个特定区域内人们在长期生产和生活实践中，自发创造并为特定区域人们世代喜爱和传承的文化形态，它凝聚着特定区域人们的精神和智慧、承载着一个族群的文化血脉和情感因素。民族民间审美文化，又是民族民间文化形态在其生存与发展历程中所形成的、具有自身独特性的审美文化，它具有鲜明的社会属性，是人类传统文明的活化石；同时，它还蕴含深厚的文化价值、历史价值和艺术价值，是建设现代精神文明和物质文明的重要资源。它形成于一个民族长期的生产生活实践，并在与外来文化交流与交融中，不断创新和发展。正如辉煌的大唐文化，它是在唐代与西域的交往和融合中形成的，佛教教义也是东传并经过创造性的本土转化，才成为我们道德、价值观的一部分。因此，民族民间审美文化的传承，既要具有全球化的视野，又要善于把握艺术与现代技术的有机结合，在文化消费和大众文化发展中，不断把握其审美价值提升与转向。

---

① 吴兴明：《反思波德里亚：我们如何理解消费社会》，《四川大学学报》（哲学社会科学版）2006 年第 1 期。

首先，需要在满足文化消费需求中扩大民族民间审美文化消费份额。文化消费的繁荣，不仅能满足人们的文化需求，保障人们的文化权益，使普通民众感受到艺术的亲近与平等，而且能使得审美日常化，拓展传统美学的审美界定。当今社会，人们生活压力大、强度高和不确定性因素多，人们在追求文化生活的过程中，比较注重娱乐和感官享受，以此来获得精神快慰和幻想逃避的满足。文化审美的快感追求实质上弥补了大众人格需求上的某种空缺。根据马斯洛的动机需求理论，感性快乐属于较高层次的心理需求，所谓“自我实现的需要”，也是“想要变得越来越像人的样子，实现人的全部潜能的欲望”[①]。人们的审美追求也是一样，往往是与自我实现的需要相联系的。当人们的自我实现愿望已经超越生存、安全等基本需求之后，其审美追求也不断转向对深陷焦虑和困扰、怀疑人生又不知所措的人们的自我消解，影射出了人们向更高价值需求发展的内心渴望。文化消费具有愉悦精神和文化化人的功能，文化的审美转向需要满足和顺应文化消费向善向美的价值追求。

对于一个民族群体来说，优秀的传统文化是体现民族特点的不可或缺因素，解构着民族的深层心理，联系着民族的过去、现在和未来，是民族存在的基本条件。民族民间审美文化是民族文化的构成要素，其传递方式相应地分为语言传承、行为传承、器物传承等，其核心是人们的心理传承。民族民间审美文化传承是文化主体根据价值判断所选择的文化能为社会所接受，使之成为代代相沿的稳定社会要素，以文化有机复合体的形式在人类社会中发挥作用。民族民间审美文化价值提升和转向，需要不断挖掘其生活元素，贴近人们生活，以满足人们精神需求为目标，以扩大其消费份额为基础。只有这样，才能够让人们从内心深处加以接纳，形成民族民间文化消费的自觉。同时，随着社会发展和科技进步，文化与科技不断融合，形成新的表现形式与内容，民族民间文化还需要不断拓展其内容、创新其形式、扩大覆盖面，与现代科技有效嫁接，

① ［美］弗兰克·戈布尔：《第三思潮：马斯洛心理学》，吕明译，上海译文出版社1987年版，第45页。

将其延伸到非文化产品和现代科技产品中，与社会生活广泛结合，使民族民间文化消费成为一种习惯，从而夯实民族民间文化传承发展的“生活场域”。

其次，需要在追求符号化的文化消费中提升民族民间审美文化价值。在文化消费中，消费者为了满足精神欲求，不仅关注文化商品的实用价值，更关注文化商品的审美价值。大众媒体通过对文化商品的审美化处理，使审美成为文化消费性的符号，引领生活的变化趋势，而在这种符号化背后是社会身份资本的占有和炫耀。在文化消费视阈下，人们的消费追求不仅仅是文化商品和服务的使用价值，更重视文化的符号象征意义，即通过文化商品和服务消费的符号来展示自己的审美品位。“产品的符号资本为产品本身添加了地位价值。”[①] 实际上，受经济收入条件的支持，符号化的文化消费往往演变为追求高品质文化消费，讲究文化消费的精致化、高档化和名牌化，文化审美活动的符号化成为个人和群体所拥有的社会身份资本的象征。

由于文化传承机制是以价值判断为特征的文化选择机制，价值判断是文化的有机构成形态，也是文化的内在属性。以价值判断为特征的文化选择机制，能够使文化在发展中根据主体价值判断选择要求作出适时调整，从而形成相对稳定的、模式化的、阶段性和时代性的特征。民族民间审美文化的独特价值，是民族文化的基本内核和文化消费主体价值判断的重要标志，是民族民间审美文化传承和发展的原动力。在消费时代的今天，由于大规模的商品消费正在逐步改变人们的生活内容和方式，也在不断改变着社会关系整体性的文化传统，人们不由自主地陷入对名利的追逐与攀比中，许多优秀的、固有的传统价值取向也被盲目而理直气壮地摒弃与践踏。民族民间审美文化价值提升与转向，需要在充分挖掘民族文化资源的基础上，根据民族文化自身特点，彰显其审美特性和自身审美真情，体现出时代的文化信仰，并给人以审美感染，提升人们的精神境界，使文化消费者从中获得愉悦和幸福。只有为广大民众文化消费提供

① ［美］约翰·霍尔等：《文化：社会学的视野》，周晓虹等译，商务印书馆2000年版，第240页。

丰富的营养和独特的审美价值，才能促使消费主体接纳和认同，为民族民间文化创新和发展提供坚实的生存基础。

同时，民族民间审美文化还要不断增强其审美再生产能力，这是民族民间文化创新发展的不竭动力。当今社会，物欲横流、消费内容和形式不断翻新，对于民族民间文化原有的审美价值来讲，无论是主导性的还是从属性的，都会产生一些审美疲劳，严重者还会遭到嘲讽和抛弃。民族民间文化只有不断增强其审美再生产能力，才能吸引文化消费者，才能使民族民间文化传承发展获得更为广阔的生活场域。文化来源于生活而高于生活，文化传承的基础是生活，又必须为生活服务。文化消费是将潜在文化资源转向现实产品和服务的必要条件和内在规定，创造着生产观念和生产方式的内在动机；文化创作和文化生产促进文化消费规模和品质的升级，是满足消费需求的前提条件。民族民间文化消费能促进民族文化事业和民族文化产业的蓬勃发展，同时，繁荣的民族民间文化成果和不断提升的民族民间文化审美价值，也能更好地满足民众多元的审美需求和审美偏好。比如，就民族文化遗产而言，伴随着各种消费的到来，许多文化遗产不再是单纯的“可视”“可游”的文化符号，而是逐步由前消费时代步入消费时代的市场参与，并呈现出自身独有特征。民族民间文化审美再生产，就需要一种市场参与，它不仅仅是一种经济行为，更是一种社会行为和文化形态，一种具有文化审美再生产属性的社会生活与社会关系。

再次，需要在审美宽泛化中提高民族民间审美文化的判断力。审美生活化，大众文化作为社会的主导文化，使得“艺术不再是单独的、孤立的现实，它进入了生产与再生产过程，因而一切事物，即使是日常事务或者平庸的现实，都可归于艺术之记号下，从而都可以成为审美的”[①]。日常生活与美、审美、文化审美的界限已经变得模糊不清，文化消费可以人人共享，消除了精英文化、精英艺术和大众文化的界限，也彻底消解了传统审美的无功利性和神圣性。同时，文化消费变成了人们娱乐、游戏、快感享受的精神鸦片，进而成为

① [英] 迈克·费瑟斯通：《消费文化与后现代主义》，刘精明译，译林出版社 2000 年版，第 23 页。

人们互相攀比、互相吹嘘的话语平台，丧失了人与自然、人与社会、人与他人、人与自我的丰满社会的存在关系，丧失了和谐社会的全面发展需要。在大众文化消费中，文化消费者往往以观赏者和参与者的身份注重追求技术化、形式化以及情绪刺激，以情绪的宣泄替代精神愉悦，使快感至上成为文化消费的出发点和归宿；而不是以思考者和评判者的身份理性选择、判断文化审美价值，追求自我实现和内在心灵活动的生命气韵和人生意境。长此以往，这种缺乏人文内涵的审美活动，会逐渐使人们在文化消费中失去真正意义上的审美体验、真正意义上的心灵愉悦，容易导致狂欢之后的精神虚无和疲惫，失去文化审美价值的选择和判断能力。

文化产品兼备商品经济价值和社会文化价值的双重价值，其核心是包括价值、价值观、价值准则、审美观、伦理道德等在内的社会文化价值。在文化消费中，人们根据自己的主观意愿，选择自我需要的文化产品和服务来满足精神文化需求，文化消费活动是人们生活中的重要组成部分。文化消费在某种程度上“已是一种存在方式，一种获取认同的方式。很多时候，我们的认同部分建构来自我们的消费：我们所听的、所看的、所读的、所穿的，我们消费的内容与方式，说明了我们是谁，我们要成为怎样的人”①。文化消费的实质，也就是通过种种迎合消费者胃口的“审美形象”，把蕴含其中的社会文化价值，以潜移默化的形式推销给消费者，影响人们的价值取向和行为方式，使消费者的主体意识能够与文化产品蕴含价值认同高度统一，从而能增强消费者的文化认同。例如，在民族民间文化消费中，可以运用民族语言、艺术形象、风俗民情等形式的文化创造，将民族民间文化所蕴含的价值理论形象可感性地传达给文化消费者，将民族民间文化积淀与民族文化资源中的社会价值加以提升，嵌入富有吸引力和感染力的文化产品之中，使大道理转变为身边可感的艺术形象，促使民族民间文化的社会价值符号化、生活化，让广大消费者在社会生活中和文化消费中，真切地感知、领悟和认同民族文化，并在文化消费的领悟和体验

① 杨晓光：《关于文化消费的理论探讨》，《山东社会科学》2006 年第 3 期。

中，不断增强其审美价值判断力。

三　民族民间审美文化消费式传承研究要义

长期以来，学界比较多地从学理层面探讨美学及审美文化的价值提升与转向，弱化了对社会发展的推动作用。本研究另辟蹊径，努力改变文化研究中的纯理论化、思辨化的研究范式，通过理论研究与实证研究相结合、经验总结与实践活动相结合、分类研究与综合运用相结合的方法，追求实证化、社会化乃至数据化、量化研读的方式，以五峰土家族自治县为例，对民族民间审美文化消费式传承进行综合性研究、边缘性研究和交叉性研究，从跨学科和全方位视野审视民族民间审美文化消费式传承发展。

第一章主要是对文化消费与民族民间审美文化传承的含义及相互关系进行理论梳理。我们认为，一方面，不断挖掘民族民间审美文化资源，不仅能以其丰富多彩的文化样式和形态为人们的文化消费活动提供鲜活的内容和样式，陶冶消费者的情操，提高消费者的文化素养和道德水平，满足消费者的精神消费需求，而且能强化对文化消费的经济政策和经济杠杆调控，促进民族文化的产业化、市场化，不断壮大和发展民族文化经济；另一方面，民族民间审美文化消费活动也为民族民间文化传承和发展提供了展示的平台，这个平台就是民族民间文化消费市场和民族文化经济。有了广阔的民族民间文化消费市场，才会有民族民间文化传承和发展的空间，才会有民族文化经济发展动力，才能为民族民间文化传承发展提供坚实的保障。

第二章主要从区域文化发展要求中探索民族民间审美文化的转向与价值提升。首先，活着的民俗活动是民族民间文化传承的根本。要保护和传承好各个民族优秀的传统文化，最关键的一条是保证这些文化艺术有好的赖以生长发育的土壤和环境，即“文化生境”。要保护其生长发育的土壤和环境，就必须让广大民众从民族民间文化消费中感受到愉悦、快乐和乡情、亲情，让他们从世代相传的民族民间文化活动中感受到独特的文化情致和魅力，感受到传统文化与他们的生活密不可分。民族民间审美文化转向，需要把握艺术与技术的结合，适应多元文化社会需求，帮助人们理解现实生活；满足文化需求和保障文化权益，促进公共文化服务体系建设；提高文化审美价值和文化软实力，促进区域文化发展。

第三章主要在现实基础上分析民族民间审美文化资源。五峰位于湖北省西南部，是一个典型的少数民族山区县。五峰民风淳朴，人杰地灵，是一座文化的宝库。民间歌谣、故事、传说、谚语原汁原味，充满机趣与智慧，“国宝”刘德培被授予中国民间文艺首届“山花奖”终身成就奖，拥有湖北小曲、南曲、五峰土家族薅草锣鼓、土家族打溜子、土家族撒叶尔嗬、五峰土家告祖礼仪、五峰土家花鼓子等一批省级以上非物质文化遗产名录。

第四章主要从典型案例中分享民族民间审美文化传承的实践性经验。长期以来，五峰各级政府、社会各方力量积极挖掘民族民间审美文化资源，重视其传承发展工作，取得一定成绩和经验。在此列举三个典型案例。其一，民族村寨保护是将民居、村貌、风俗习惯等生活审美文化传承与产业发展、经济社会发展紧密结合在一起的社会性工作，案例中着重以长乐坪镇的腰牌、洞口村为例，进行了深入分析。其二，在民间艺术审美文化消费式传承中，着重从文化资源挖掘、文化队伍建设、队伍交流合作、民间故事整理、非物质文化遗产保护等方面进行归纳。其三，茶产业是五峰的主导产业，茶文化和茶产业发展结合比较紧密，案例中重点从五峰茶文化体系建设视野，对生态审美文化传承进行总结梳理。

第五章主要从文化消费实证分析入手，为民族民间审美文化消费式传承决策提供依据。五峰各族人民的文化消费，既洋溢着现代气息，也充满了鲜明的民族特色。本章在分析掌握区域文化发展的基础上，立足五峰民族民间审美文化资源及区域文化发展战略实际，围绕人民群众文化消费能力与结构、民族民间文化认知与接纳、人民群众文化消费愿望与参与、民族民间文化传承体验与评价等方面展开调查，为把握民族民间审美文化与民众日常文化消费的融合关系，寻求民族民间文化消费与传承发展的最佳契合点，为拓宽民族民间审美文化发展空间、夯实其生活基础、促进其传承和审美价值提升提供实证依据。

第六章主要探索民族民间审美文化传承的原则与方向、路径与方法。文化消费视野下的民族民间审美文化传承，既需要以民族文化产业发展和地方经济发展为基础，又需要加强民族文化消费引导，促使民族文化消费与民众日常文化消费有机融合，从而在广大人民群众文化消费中保持民族文化永恒的生命力。具体来讲，民族民间文化的传承与发展需要在多渠道协调中进行。既需要有政府的大力扶持，又需要有民间人士的自觉参与、家庭式传授和“不离本土”传承与强化培训等途径的有效结合，只有充分发挥多渠道、多形式传承机制的作用，才能使文化传承充满活力。同时，文化传承还需要大力推进民族民间审美文化的创新发展，需要积极打造民族民间文化精品力作，满足各族群众多层次、多方面、多样化的精神文化需求；需要贴近实际、贴近生活、贴近群众，不断促进民族文化事业与文化产业协调发展。

第一章　理论视野：文化消费与民族民间审美文化传承

文化是人类发展进化过程中逐步掌握的能改善人类生活的知识、能力、习惯的总称，它是人类适应生存环境的社会成果，为社会群体所共享。民族是文化的标志，每一个民族都是一个独特的文化符号，文化与民族须臾不能分离。

“文化传承是指文化在一个人们共同体（如民族）的社会成员中作接力棒似的纵向交接的过程……是文化具有民族性的基本机制，也是文化维系民族共同体的内在动因。”① 文化传承的核心问题就是文化的民族性，文化传承的关键环节就是文化与主体的有机结合。文化消费是一种用文化产品或服务来满足人们精神需求的消费，文化消费的现状与趋势，反映了文化与主体的结合情况。可以说，一个群体的文化消费，就是这个民族文化传承的基础。

第一节　文化消费

文化消费是人们在一定消费观念和文化环境影响下，根据自己的主观意愿

---

① 赵世林：《论文化传承的本质》，《北京大学学报》（哲学社会科学版）2002 年第 3 期。

选择文化产品和服务来满足精神生活需要的一种消费活动形式。不同的消费者有不同的文化消费需求和文化消费内容、结构与形式，往往会表现出不同的价值观念、意向与特征。

一　消费及多视角分析

1. 消费的基本含义

消费作为一种社会活动，很早就出现在人们的生产生活中，既是经济领域的重要活动，也是人们日常生活领域不可或缺的活动方式，它是经济活动、文化活动和社会活动的联结点和会聚地。“消费”一词最早出现在14世纪的英文里[①]，即consume，自出现以来，它在较长时间里都具有负面的含义，指“摧毁、耗尽、浪费、用尽”。直到18世纪中叶，consume一词才开始有中性的含义，得以在有关中产阶级的政治、经济描述中出现。随着组织化、系统化的新兴市场出现并不断成为主流，商品的制造与使用、服务的提供与享用也被重新定义，相继出现了生产者与消费者、生产与消费等词汇。消费的中性含义不断扩大，但其负面含义并未消除。直到20世纪中期，消费一词才逐渐从狭义的政治、经济用法扩大到广义的一般用法，其中，《现代经济学辞典》定义为：“使用商品和劳务以满足当前需要的活动。”[②] 作为经济学的专门术语，将“消费”一词引申到生产消费和生活消费两大方面。

随着人们对消费的不断理解，消费的内涵和外延也不断扩大，消费的意义也越来越受到人们的重视和普遍理解。一般认为：“消费，通常指满足需要的行为。消费包括两种：一种是生产消费，另一种是生活消费。前者，指生产过程中发生的工具、原材料、燃料等生产资料的消耗和劳动者的体力与脑力的消

① ［英］雷蒙·威廉斯：《关键词：文化与社会的词汇》，刘建基译，生活·读书·新知三联书店2005年版，第85—86页。

② ［英］戴维·皮尔斯：《现代经济学辞典》，宋承先等译，上海译文出版社1988年版，第111页。

耗，这种生产客体和主体的使用和消耗属于生产行为和生产过程本身，从而包含在生产之中，后者指人们为满足个人生活需要而使用各种物质资料与精神产品的行为。”[①] 消费不仅具有经济和营销意义，而且具有重要的社会和文化意义。消费作为满足人们生产生活需求的活动，不仅展示了商品的交换价值和使用价值的实现过程，也充分表现了商品的社会生命和文化生命的形成、运动、转换和消解过程。换句话说，消费不仅是物质生产生活的过程，也是文化、交往和社会生活的过程。消费是社会生活的“辩证法”，它能够使某种东西（如商品）耗尽或消失，同时又会使其他东西（如自我与社会认同）提升和产生。由于在人类生活中，每一个个体不仅是“生产者”角色，也是“消费者”角色，并且通过消费与他人结成一定分工、合作、交换和互动的社会关系。因此，对于人类社会活动来讲，消费既是人们从物理意义上去消解商品和服务，也是在社会意义和文化意义上塑造消费主体，并因此找到了使个体融入社会系统中的媒介。从消费主体来讲，消费者不单单以“经济人”的身份出现，往往又会以一个多重角色，甚至是充满矛盾的社会人身份出现；消费者在消费活动中，既可能是商品消费的享用者、理性选择者、活动主义者、认同寻找者、生活探索者和意义传播者，也可能是商品消费的反叛者和牺牲者。消费活动也不仅仅是一种经济现象，更多地表现为一种复杂的、综合的经济、社会、政治、心理和文化现象。有关消费的研究，也从单一的经济学视阈不断向经济、社会和文化等学科的综合角度推进，逐步实现了“消费”经济学意义向社会学意义和文化学意义的转变。

在经济学意义上看，消费是“社会再生产过程中生产要素和生活资料的消耗”[②]，主要强调一种人与物的关系，表达人们在满足自己生存和发展过程中对物的选择和享用。当然，这里“物”与“消费”外延相关联。一种观点认为，消费中的“物”主要是人工产品，认为消费是“人们通过对各种劳动产品

① 文启湘等：《中国消费经济学》，西北大学出版社 1990 年版，第 1 页。

② 于光远：《经济大词典》，上海辞书出版社 1992 年版，第 1983 页。

的使用和消耗，满足自己需要的行为和过程”[①]。将消费中的“物”与商品几乎等同，将消费与商品流通相联系，虽然从经济学的视野中，将消费纳入生产、交换、分配、消费四个环节，看到了消费在经济领域中的重要性，但是，这种归纳往往容易把消费等同于购物，忽视了消费中人与自然的关系。另一种观点认为，消费是“人类对于天然物品和人工物品的消耗活动”[②]。强调“消费”不仅仅包括实实在在的消费行为，也包括虚拟享用与虚拟消费，它突破了消费中“物”的形态限制；同时，还强调“消费”既可以在进行中满足人们的需要，也可以在提前和延后的时空中实现目的，又超越了时空的限制，其目的是满足人类生存和发展需要。从这种经济行为来看，它既是一种实在的实践行为，也是一种心理机制，能在意识的层面帮助人们产生生理、心理和精神的快乐感、满足感和幸福感。

随着人们对消费研究的不断深入，人们对消费活动的认识不再局限在经济行为范围之内，而是不断拓宽到社会行为和文化形态之中，“消费”的价值意义也很自然地从人与物的关系转移到人与社会、人与自然、人与人的关系中。消费作为一种社会行为，集中体现为个人的社会化特征。这是因为，每个个体都是社会群体中的一员，必然会受社会文化环境的制约和影响，作为消费者个体也是一样，自然会受到社会化进程中所形成的消费礼仪与制度规范的约束。比如凡勃伦（Voblen Thorstein，1857—1929）在他的炫耀性消费理论中，就浪费、虚荣、代理有闲、代理消费、奢侈等概念，对西方中世纪以来有闲阶级的生活与其他社会阶级进行区别性分析，充分地说明了消费的社会意义，也为现代西方消费社会理论奠定了一定基础。

法国哲学家、社会学家和后现代思潮代表人物让·鲍德里亚（Jean Baudrillaed，1929—2007）更是颠覆了传统消费意义上的人与物之间需求与满足的关系，认为消费系统“建立在某种符号（物品/符号）和区分的

① 林白鹏：《消费经济辞典》，经济科学出版社1991年版，第1页。

② 强以华：《时尚消费的伦理反思》，《哲学动态》2008年第9期。

编码之上”[①]，整个社会也依靠这种符号语言来沟通交流。或者说，符号消费成为文化消费价值意义层面最为根本的表现形式。同时，由于消费在不同社会的历史差异中，呈现为一个由文化赋予、规制并追随其意义变换而变化的动态结构[②]。消费行为所划定的等级层次、消费所制定的社会差别和身份构建便是消费的文化意义的另一种重要表现。此外，消费的文化意义还包括了人的价值实现层次，即通过消费构建人的身份，实现人与人的区分、自身存在价值和生命本质的弘扬。消费的文化内涵在消费对象和消费活动赋予社会文化意义的过程中不断得到显现和重视。

2. 消费的属性

消费是人们为了满足生存和发展需要，对产品（包括自然和人工物品、设施或劳务）的选择、购买、维护或使用的过程，同时，它被赋予一定意义，能给消费者带来一定的满足、快乐、挫折或失望等体验。由此可见，它既是一个自然的过程，也是一个社会的过程和文化的过程，相应地，消费就具有了自然属性、主观属性、社会属性、文化属性和符号属性等。

所谓消费的自然属性，主要是指商品使用价值发挥作用的过程，这是由商品使用价值的自然属性所决定的，是人们衣食住行等生存性功能的具体表现。这是因为，商品是有寿命的，其使用价值也有一定局限，商品在满足人们需要的过程中往往存在一定的自然磨损、损耗和消耗。在经济短缺时期，由于受经济等客观因素限制和消费者的精心维护，商品的物理寿命往往比较长；随着收入水平的不断提高，消费者的消费观念不断改变，商品的自然属性在人们心目中的地位相对下降，决定商品寿命长短的主要因素不再是物理功能，而是消费者的主观因素和社会文化因素。

所谓消费的主观属性，则主要包括消费观念和消费心理等方面的属性。比如，消费观念一般可以分为理性消费观念、感性消费观念和传统消费观念。理

① ［法］让·鲍德里亚：《消费社会》，刘成福、全志钢译，南京大学出版社 2006 年版，第 50 页。

② 陈庆德：《文化视野中的消费分析》，《社会科学》2006 年第 2 期。

性消费是在已知信息的情况下，消费者根据其消费水平和消费需求，以最低的价格获取最大消费效能的过程。感性消费则受社会和文化因素影响较大，是消费者以商品造型和色彩等“第一感觉”或“是否喜欢”为首要因素的消费过程。无论是理性消费还是感性消费，不同的消费者总是表现出不同的消费心理，也就是说，人们在整个消费过程中，会表现出不同的消费认知、态度、信仰、学习、想象、购买决策、快乐与满足、失望与不满等在内的主观心理活动和消费体验。可见，消费的主观属性是与人们的消费选择、消费体验等联系在一起的，也与消费者的品位、生活风格和社会时尚等紧密相关。

所谓消费的社会属性，则重点强调消费是个体、社会组织、社会关系和社会系统的再生产活动，它具有明显的社会制约性、社会关系性和扩张性等特征。具体表现为：其一，消费主体是社会人，它不是孤立的、抽象的个人，具有明显的社会性，受社会关系所影响。其二，消费观念是在社会化过程中形成的，受特定的社会关系和社会环境影响，也具有明显的社会属性，比如，不同阶层、不同族群、不同代际群体、不同信仰群体和地域群体经常有不同的消费观念。其三，消费不仅是人们生产生活的重要表现，也是社会认同和社会区分的表现方式之一。消费的功能不仅可以维持个人的再生产，也对社会关系再生产起着作用。消费的这种社会关系纽带作用，就表现出了明显的社会性。其四，消费行为不仅受个人价值观念、思想认识和行为习惯等影响，属于个人行为；它也受参照团体和其他社会因素的影响，是具有明显社会性的，往往表现出一种象征性竞争，或者说是一种具有社会模仿性、时尚性和流行性的追逐性行为。其五，消费供应具有社会性，这是社会分工发展的具体表现，自给性消费比例越来越小，消费者越来越需要通过交换或一定社会关系来获得消费品，消费供应的社会化也就越来越大。

所谓消费的文化属性，主要强调消费不是简单的商品购买和享受，而是一个复杂的社会过程，消费的社会属性、主观属性分不开。这是因为，消费必然会涉及生理和心理的需要，在一定意义上是生理和心理现象，自然会深深地打上文化烙印，消费本质上就是一种文化。首先，从消费的具体内容来看，它受一定自然环境和历史条件影响，并形成了一个区域、一个群体乃至一个民族的独特文化。其次，从消费活动来看，它受价值观念和思想认识的影响，往往又是与文化活动合而为一、不可分割的，譬如，结婚典礼、生日宴会、节庆礼俗等，既是消费活动，也是一种文化。再次，消费观念往往受传统道德观念影响，也同一定的信仰、价值和人生哲学相联系，更加彰显其文化属性。最后，商品不仅是一种物理层面的“物”，它还体现了一定的文化内涵，具有文化传播功能，在商品的设计、生产过程中，必然要考虑消费者的文化习惯和要求，既要给消费者带来物质上的消费，又要给消费者带来精神上的享受和文化审美。

所谓消费的符号属性，既强调了消费内容的物质属性，也强调了消费内容的符号属性，进一步揭示了消费的文化属性和社会属性。商品不仅仅具有使用价值和交换价值，而且具有符号价值；消费不仅是对商品使用价值的享用，也包括对其符号价值的使用。商品的设计、生产往往会通过一定的造型、口号、品牌和形象等表现出与其他商品具有明显差异性的独特符号；同时，也会通过社会表现和社会交流等途径表现出特定的象征性功能，使商品成为某种社会地位、生活方式、生活品位和社会认同的专指符号，从而使得消费者在消费中表现出不同的品位、身份。此外，消费本身就是一种“表象”，消费行为往往是以社会交流与表演过程中他人的期待和评价为导向的，其本身就是一种“文化”。

二　文化消费与价值

1. 文化消费的基本含义

文化是学界和日常表达中使用最为频繁，却又最难统一、准确定义的词。厘清文化的定义，对于正确理解文化消费的含义具有重要意义。

文化定义较多，不同的研究领域和研究目的，对文化也有不同的定义。目前，大体有三种文化定义具有比较大的影响：实体主义、规范主义和表现主义。实体主义的文化观认为，“文化是人类所创造的一切物质财富和精神财富的总和”，是人类创造的、同自然相对应的一切东西，包括人造器具、制度环境、典章习俗、语言文字和精神产品。规范主义的文化观认为，文化是用于支配和调节人的生活方式、社会关系和社会制度的价值规范系统，包括信仰系统、规范系统和价值系统。表现主义的文化观认为，文化就是语言、文学和艺术等表象和表征系统，用于表现或再现某种意义、观念、价值、理想或情感。[①] 从三种文化定义来看，都有较为全面、详尽的表达，各有不同的研究重点，表现出不同的优势，但是，也有各自的局限性。就实体主义而言，其文化观着重强调文化的实体性，但是，其内涵过于宽泛，更多地从静态表现文化的内涵，难以表达文化演进的动力；就规范主义而言，其文化观坚持了文化的规则性和模式性，强调文化的价值规范和引领作用，却无力说明文化内部的冲突、对抗与失衡，缺乏文化的物质基础性；就表现主义而言，其文化观认识到文化的意义及其象征、再现、传播和疏导作用，但是，又显得过于单一、狭窄，缺乏大众性和通俗性。为了综合三种文化观的长处，学界纷纷就文化层次性进行了阐述。例如，向翔在《哲学文化学》中就把文化分为三类：第一类，产生于人与自然的关系中的文化，即被人改造或创造出来的自然物；第二类，产生于人的各种社会关系及其相应行为中的文化，如社会结构、道德习俗、行为规范和礼仪制度等；第三类，在前两种文化基础上，产生于人的创造性思维的文化，即精神文化，包括一切观念和意识形态。这三类文化是沿着由物质到社会再到精神的历史顺序产生和发展的。[②] 再如，何星亮在《中国图腾文化》中把文化分为表层文化、中层文化和深层文化。所谓表层文化，主要是“以物质或物化形态表现的，它是外显的，是摸得着、看得见的”；中层文化是“以人的行为活动或行为化的方式表现的，它不像表层文化那样外露，但也不像深层文化那样隐蔽，虽然摸不着，但能看得见或听得见”；深层文化则是“以人的意识形态表现的，它是无形的、内隐的，不易觉察的，它是蕴藏在人的头脑

① 王宁：《消费社会学》，社会科学文献出版社 2011 年版，第 101 页。

② 向翔：《哲学文化学》，上海科学普及出版社 1997 年版，第 29—31 页。

中的宗教观念、价值观念、家庭观念、婚姻观念、政治观念、法律观念、审美观念及其他各种信仰等”。三个层次的文化有其独立性，但并不是孤立的，相反，往往是“你中有我，我中有你”,[①] 相互联系，形成一个整体。

显然，无论怎样区分文化类型或将文化如何分层，每一种或每一类文化，都应当是文化的载体、文化的规则和文化的意义或内涵的统一。文化的载体是文化的实体和外观感性形态，是文化的具体表现形式；文化的规则是指文化的载体要素在表达和显示意义的过程中相互组合在一起的内在规则，是文化以何种形式表现和如何表现所遵循的规定；文化的意义则是指隐含在文化载体中的某种意义、含义或内涵，是文化的价值意义，具有一定的隐含性。文化的三个方面是相互统一，不可分割的。文化载体能够使文化具有可感知和可观察的外观感性形态，使得文化在时间和空间上具有代代相传的载体和媒介；文化规则则从文化的时间和空间上给予了模式性、连贯性和一致性规定，使得文化之间的比较成为可能；文化的意义则凸显了文化内涵的价值引领作用，它是文化主体表达不同价值趋向、意义显示与传播的工具。

由于任何消费都涉及文化意义，特别是与人们日常相关的，无不具有文化的内涵。但是，一般性消费与文化消费又是不一样的，最大区别就是消费内容的属性及其文化内涵的不同。“文化消费是指人们为了满足自己的精神文化生活而采取不同的方式来消费精神文化产品和精神文化服务的行为。”[②] 文化消费具有独特消费的属性、消费形式和价值作用。首先，它与文化的层次性一样，文化消费层次的变化也体现出清晰的由低到高、由浅到深的多样性发展路径。其次，文化消费的形式主要包括具体文化产品物质形态的消费和提供文化附加劳务形态的消费两种形式。从其产生和发展过程来看，文化消费是经济发展到一定阶段的产物，并随着生产力的发展而不断发展。文化消费具有某种“模糊性”，表现为“提供”和“享受”有时不可分，“继承”

① 何星亮：《中国图腾文化》，中国社会科学出版社 1992 年版，第 4—6 页。

② 戴元光、邱宝林：《当代文化消费与先进文化发展》，上海人民出版社 2009 年版，第 16 页。

和“创造”不可分。[①] 再次，从文化消费的价值作用来看，文化消费的对象主要是精神文化产品或精神文化活动，其目的在于满足消费者主体的精神需要，消费主体在消费文化产品和服务的同时，往往能形成文化中的自我，提高自我文化素养和文化价值判断能力。因此，相对于物质消费而言，文化消费的客体即文化消费品，兼有无形性、共享性、耐用性、扩散性、平等性、倍增性、延伸性及与生俱来的知识产权性和价值量构成的不确定性等特点；文化消费兼有精神性与物质性、通俗性和高雅性、有偿性和无偿性的特性[②]，具有超时空性，因而影响极广、极快且深远。在文化消费过程中，要求文化消费的主体必须具备一定的认知能力和科学文化知识及鉴赏力。只有文化消费客体的层次性越高、文化消费主体技能性越强，人们的文化消费水平才会越高，意味着享受资料、发展资料在消费结构中的比重越大。也就是说，人们不断开拓文化消费领域和文化消费市场，丰富文化消费内容、改善文化消费结构、规范文化消费行为，不仅能够促进经济社会的发展，也能不断提高人们的生活质量。

由于文化消费活动是对文化产品和服务的需求、购买、使用、处置等过程，所以，文化商品、文化消费市场和文化消费者，自然便构成了文化消费活动的三个基本要素。其中，文化商品是基础，文化消费市场是沟通文化商品与文化消费者之间的桥梁，文化消费者是从事文化消费活动的主体。在文化消费活动中，文化商品、文化消费市场和文化消费者组成一个统一整体。只有文化消费者拥有文化消费需求和一定的文化消费能力、文化消费机会，文化商品才能成为真正的商品，消费者成为真正意义上的文化消费者，消费活动成为现实的文化消费活动。在现实生活中，随着经济社会的不断发展，人们的生活方式也在不断发展变化，人们追求文化消费的欲望不断增强，文化消费内容与方式也日益丰富。当今社会，不仅文化消费内容呈现出多元化趋势，文化消费形式

① 徐淳厚：《关于文化消费的几个问题》，《北京商学院学报》1997年第4期。

② 李又才：《论我国城乡居民文化消费与政府引导》，《中国行政管理》1995年第1期。

也不断翻新，不断与新技术相结合。比如，人们除了阅读和欣赏文本，或者到戏剧院、音乐厅去欣赏节目等传统形式之外，还可以通过电视、广播、电影、网络、移动通信等现代传媒实现对文化的消费。文化消费方式的多样性，不断拓展文化传播和发展渠道，丰富了人们的文化生活。通过人们的文化消费现象，我们可以真实地看到，文化消费的选择其实就是一种观念的选择、一种情感的选择、一种价值理想的选择，文化消费既是现实心态的一种反映，更可能是人们的一种乌托邦式的神圣向往。也可以通过解读文化消费产品的属性与价值，辨识文化消费类型，把握文化消费倾向及心理过程，为文化商品生产和文化繁荣发展提供动力。

2. 文化消费的主要内容与特征

文化消费具有多种内容和形式，学界对其有不同的表述，存在研究视角的不同和范围宽窄的差异。如有的学者认为精神文化消费主要包括教育消费、文化消费、娱乐消费和体育消费，其中，人们消费的精神文化产品是指科技作品、文艺作品、音像作品、影视片、各种出版物等；精神文化服务是指如教育、科技培训、艺术表演、互联网、导游服务以及各种娱乐场所提供的服务等。[①] 有的学者则将文化消费的内容具体化为教育、绘画、雕塑、书法、影视、戏剧、音乐、舞蹈、杂技及手工艺品，以及烹饪、中医保健、文物、出版、音像、休闲、娱乐等，广义的还包括健身、体育表演和赛事观赏等。[②] 关于文化消费形态，一般认为包括两个基本方面，即：物质形态和劳务形态。前者如音像制品、文化用品及娱乐设施等；后者如杂技表演、音乐演奏、综合文艺晚会等。[③] 此外，随着现代科技的不断进步，文化消费的新业态如网络消费、手机消费等移动平台消费发展也十分迅速。

关于文化消费的特征，学界也有不同的分析，概括起来大致包括以下十大

① 曹俊文：《精神文化消费统计体系的探讨》，《上海统计》2002 年第 4 期。

② 刘珉曳、赵华朋、陈丽芬：《陕西文化消费现状分析与发展对策》，《中国科技信息》2005 年第 23 期。

③ 秦开风：《文化消费内涵辨析》，《经济研究导刊》2011 年第 26 期。

方面。即：文化消费是文化再生产的必要条件，是文化生产力的表现形式；遵循资本规律和市场经济的规律；文化消费受到多种因素影响；具有原创性和共享性并存的特点；遵从品牌效应；具有可抑制性、可伸缩性；文化生产和文化消费是社会发展的趋势；文化消费向时尚化发展是现代社会文化消费的重要特征；个性与主体间性的双向突出；当代文化消费具有向体验消费发展的趋势。[①]

如果将文化消费与一般消费相比较，文化消费的特征大致可归纳如下。[②]

其一，文化消费具有价值提升性。在文化消费中，文化消费的内容不仅是消耗、耗损性的，而且往往具有一定的可共享性，人们在消费文化的使用价值的同时，不仅不会耗尽其价值，相反，还会使其价值延续甚至增值。比如，相当多的文化产品的消费过程又是以审美欣赏为主要途径的，在不被破坏的消费过程中，都会给人带来美的享受。可见，文化消费，主要是人们对知识、文化、艺术等文化商品和服务物质载体的消耗，对于文化商品和服务所蕴含的价值而言，不仅没有消耗，反而在人们的共鸣中变得更加丰富。也就是说，文化消费过程，其实就是一个文化价值再生产的过程，是不同的消费者在同一文化商品和服务消费中，形成不同感受的个性化过程。就与人们在文化消费后的读后感、观后感、游记、评价分析和研究型文章等一样，它是文化消费后所形成的新的文化意象，能使文化商品和服务在原来的意义上产生新的价值提升。

其二，文化消费具有形式多样性。随着社会发展和科学技术的进步，特别是网络化、数字化发展，文化消费的形式和路径更为丰富和宽广。比如，观看电影，人们既可以选择直接到电影院观看，也可以选择购买影碟观看，还可以选择在互联网上观看；既可以选择付费观看，也可以选择一段时间以后在网上或下载免费观看。博物馆、图书馆和许多展会可以通过数字化的网上展览，为消费者提供多种选择。手机等网络移动设备成了很好的文化消费和移动支付平台。国家大力发展免费的公益文化等公共文化服务产品，也会为消费者提供更

① 包霄林：《文化消费的十大特征》，《中国文化报》2009年1月23日第3版。

② 赵爱国：《文化消费心理学》，福建人民出版社2013年版，第11—13页。

多的文化消费选择。

其三，文化消费既有整体性和流行性，也有个性化的特点。受环境和流行趋势的影响，不同文化环境形成的文化氛围会直接影响文化消费选择，同时，文化消费也会形成不同人群所构成的文化环境。例如，星巴克的消费不仅仅是咖啡消费，更是人与文化环境及服务的互动。趋同心理是人类的共同心理，文化消费也是一样，人们追求和认同流行文化。永无止境的好奇心成为推动文化产业发展变化、推动文化消费的重要力量。当然，在追求流行文化和时尚文化过程中，文化消费往往又会成为个体的身份象征，对消费者的个性特征起着明显的标志作用。

其四，文化消费具有明显的层次性。文化消费层次性表现是多方面的。既会因为消费者文化素养、受教育程度、性格趣味、格调气质等方面的不同，导致在文化消费选择上体现出明显的层次性，体现出消费者主体不同的审美价值和文化内涵；也会因为消费者经济水平、消费能力、消费习惯等原因，导致不同类别的文化消费行为，体现不同的文化消费心理和身份认同；还会因为不同民族、不同习俗和地域评价的差异，导致不同文化认同和文化心理。文化消费的层次性，既要求我们看到文化的共同性，也要求我们看到文化的差异性，要求我们在尊重文化差异性的前提下，把握人们对文化真善美的共同追求，通过文化交往、交流不断增强不同文化的相互参考和融合，促进各个国家、民族和地区文化的相互理解。

第二节　民族民间审美文化传承

审美文化是一个伴随着人类审美意识而产生的古老命题。民族民间审美文化传承在文化多元和不断发展的背景下，在区域文化价值和文化审美趋向日益彰显的今天，显得尤为重要。

一 民族民间审美文化

审美文化是人们追求社会生活美化的产物，是在坚持真善美相统一原则下倡导和使用的一种人类文化的最高理想境界及实现人类理想文化的途径。20世纪80年代，审美文化开始从西方引入我国，随即在学界引起广泛讨论。归纳起来，其代表性观点大致有以下几种：一是认为，将审美文化确定为文化整体中具有审美性质的文化形式，而所谓审美性质，也就是文化的超越功利目的性；二是认为，审美文化是人类文化发展的高级产物，是社会发展到后工业社会的历史阶段，艺术和审美渗透到文化的各个领域，并起支配作用后所形成的文化形态；三是认为，审美文化是现代文化的主要形式，也是文化的高级形式，它把超功利性和愉悦性原则以及自由创造精神渗透到整个文化领域，以丰富人的精神生活；四是认为，审美文化是以文化艺术为核心的，具有一定审美性质和价值的文化或产品。① 可见，审美文化是文化整体中的一个层次或层面，是文化价值领域中含有审美成分、能够引起人们审美愉悦的部分。可以说，审美文化不仅是一种体现人类审美理想、审美观念和审美情趣，具有审美性质，并为人们提供审美关照和情感体验的文化形态，还是一种使人们以一种审美态度来对待各种文化产品时所表现出的精神现象。

据世界知识产权组织和联合国教科文组织制定的《保护民间文学表达形式，防止不正当利用及其他侵害行为的国内法示范条例》定义，“民间作品”是在本国境内由被认定为该国国民的作者或种族集体创作，经世代流传而构成传统文化遗产基本成分之一的一切文化、艺术和科学作品。② 由此可见，民族民间文化则是一定区域内人们在长期生产和生活实践中，自发创造并为人们世代喜爱和传承的文化形态，它凝聚着人们的精神和智慧，承载着民族文化血脉

---

① 聂振斌：《再谈“审美文化”》，《浙江学刊》1997年第5期。

② 徐康平、程乐：《民间文学艺术的法律界定》，《北京工商大学学报》2005年第5期。

和情感因素，蕴含着民族精神的文化基因。民族民间文化的表现形式多种多样，既包括文物、建筑等物质性文化形式，也包括语言、文学、音乐、舞蹈、游戏、礼仪、习俗、工艺技巧等非物质文化形式。民族民间文化来源于特定区域内的民族生活，表现出特定的地域化、民族化、特色化，具有独特的文化价值和旺盛的生命力。从美学的视角加以考察可以得知，民族民间审美文化是一个地域性的文化概念，它的产生和发展既受自然生态环境制约，也与特定的人文社会环境密切相关。一般来讲，民族民间审美文化是一个区域或族群人们从无意识到有意识、从不自觉到自觉，在漫长的生活和实践过程中所创造的物态、行为和心态的审美文化，蕴含在居屋、人体装饰、服饰、手工艺品的制造以及音乐、舞蹈、传说等艺术形式上，表现出一定的层次性。

从表层来看，民族民间审美文化是以物质或物化的形态所表现的文化事物，比如各种服饰、民居建筑、美食佳肴、工艺美术品、寺庙、宗教偶像圣物等，它以满足人们衣、食、住、行等最基本生存需要为目标，以实用动机和“美的规律”来创造物质文化产品。这种文化产品是一种人的本质力量对象化的产物，以实用为主，审美为辅。但是，这种文化产品又是人们审美意识物化的表现形式，体现了人们在现实生产生活实践中的审美情趣和审美创造力，直接反映了人与自然的关系，反映了人类认识、把握、运用和改造自然界的能力和水平，是社会生产力的一种表现。从中层来看，民族民间审美文化是以人的行为活动或行为化的方式表现出来的，虽然摸不着，但能看得见或听得见。比如，各种工艺生产活动、宗教活动和各种仪式，以及各种音乐、舞蹈风俗习惯等，具有可视、可听的审美价值。有的是物质文化的审美行为方式，如工艺品，是人们按照审美设计在满足实用功利需要前提下，把审美价值仪式、意向融入实用价值需要中，把审美能力汇入生产活动中，所创造的实用又美观的双重性行为方式和结果。有的是在人际交往中约定成俗的非制度性的习惯性定势，如礼俗、婚俗、风俗等，具有促进交往、交流感情、增进友谊和寄托情怀的作用，是伦理和审美的统一。有的则是纯文艺性的，如民歌、舞蹈、民俗等，往往具有综合的文化内涵和较高的审美价值，能满足人们心灵和精神的审美需求。从深层来看，民族民间审美文化是以人的审美心理和审美意识所反映的内隐的、无形的、不易觉察的一种心态文化。它是审美文化的核心，积淀在人们心灵的深处，是审美文化形成、发展的基础，并在审美文化变迁中起着决定性作用。当然，民族民间审美文化的表现层次并非一成不变的，其结构恰恰是相互交叉的。一般来讲，民族民间审美文化的深层次结构往往通过中层与表层文化所表现出来，对其研究不能简单地概述和评价，而应综合地加以研究。

二　民族民间审美文化传承的含义

从19世纪中叶起，“文化传承”一词受到学界关注，并就相关问题进行研究。不过，一直以来，很少有人对文化传承的内涵和本质给予明确论述和概念界定。从当前关于文化传承的著述来看，有学者认为，“文化传承是指文化在民族共同体内的社会成员中作接力棒似的纵向交接的过程。这个过程因受生存环境和文化背景的制约而具有强制性和模式化要求，最终形成文化的传承机制，使民族文化在历史发展中具有稳定性、完整性、延续性等特征。也就是说，文化传承是文化具有民族性的基本机制，也是文化维系民族共同体的内在动因。社会成员正是通过习得和传承共同的民族文化而结成一个稳定的人们共同体”①。这可以说是对文化传承一个较为清晰的界定。随着文化传承相关问题研究的不断深入，文化传承的意义、价值、地位等，受到学界的高度重视。普遍认为，文化传承是一个民族和国家强大、繁荣、昌盛的命脉，也是一个民族共同体形成和发展的重要机制。这是因为，民族文化不仅是民族共同体可以识别的符号，也凝聚着民族的智慧和精神，承载着民族共同体存在和发展的精神维系和血脉。只有不断传承和发展民族文化，才能维系民族共同体的精神文化的生产和再生产；此外，民族文化的深层次结构是民族共同体生存和发展的文化基因，是民族文化的核心，这个核心联系着民族的“深层次心态结构和认

① 赵世林：《云南少数民族文化传承论纲》，云南民族出版社2002年版，第17页。

同意识，同时也解构着这深层次心态与意识”[①]。中华民族有着数千年历史和悠久而连绵不断的文化。从遥远的古代起，中华各民族人民的祖先就劳动、生息、繁衍在我们祖国的土地上，共同为创造中华文明和建立统一的多民族国家而贡献自己的才智，共同创造了历史悠久、绚丽多彩、灿烂辉煌、博大精深、为中华民族世世代代所继承发展的优秀民族传统文化。在中华民族文化传承发展形式上，形成了一个完备的社会结构体系：“从蒙馆、私塾到乡学、县学等各级各类学校，从典籍的整理、保存、习诵到元典精神的继承，从家训、祖训到各种社会力量的监督和约束，从统治者的倡导到科举制的实施，从‘家国同构’的社会结构到‘修身、齐家、治国、平天下’的社会共识，整个社会形成一整套系统、完备的文化传承制度和社会监督机制，最终形成一种强大的社会控制力量和奇特的传承再造和修复机制。”[②]

随着经济社会不断发展和科技不断进步，人们的生产生活方式不断改变，生活质量不断提高，审美情趣有了新的感受、新的概念，精神文化需求和文化消费方式也不断创新，已不再满足那些内容老套的作品和简单的表达形式。民族民间审美文化作为民族传统文化价值的体现，具有其自身的文化价值形成背景，又融入现代文化，对现代经济社会发展具有积极的推动作用。民族民间审美文化传承，也必须充分考虑自身文化特性和特定历史时期的社会土壤，充分将其精神价值、思维方式、想象能力、审美意识和审美心理等一切有利资源，寓其意、乐其心、形其表，以博大的审美法度、独特的形式美感、高超的技艺、深度的情感体验，将饱含民族审美情愫和无穷文化信息的民族民间审美文化不断展示和传承，使其民族精神和审美价值得以弘扬和提升。民族民间审美文化传承本是文化的内在属性，是人类社会不间断发展的内在需求。文化在民族成员代际间的纵向传递是文化产生的条件和文化存在、发展的基础；文化在社会成员中广泛横向传递是文化吸收新鲜血液和营养成分的过程，也是文化不

---

① 黄惠：《祭坛就是文坛》，国际文化出版公司 1993 年版。

② 赵世林：《论文化传承的本质》，《北京大学学报》（哲学社会科学版）2002 年第 3 期。

断发展和繁荣的必要途径。民族民间审美文化传承是以文化的生产和再生产形式为基础的现实需要与时代要求。一方面，民族民间审美文化传承是保护民族民间文化和中华民族赖以生存发展的文化根基的需要。具有浓厚民族特色的民族民间文化，是中华民族多元一体的传统文化的重要组成部分，是我们安身立命的文化根基和精神动力，蕴含着博大精深的审美价值，必须以对民族、对历史、对后人高度负责的态度，以优秀传统文化的传承和发展为己任，要厘清中华优秀传统文化历史根源、把握中华民族精神追求、讲清楚中华传统故事和孕育中华文明的文化沃土，要用优秀传统文化来滋养民族生命力、激发民族创造力、铸造民族凝聚力，建设好中华民族共有精神家园。另一方面，民族民间审美文化传承又是立足时代实践、顺应时代潮流不断进行新的文化创造的需要。中华优秀传统文化是实现中华民族伟大复兴取之不尽、用之不竭的思想源泉。中华自古为礼仪之邦，强调道德修身、道德立国，在个人修养方面，突出修身齐家；在国家治理方面，讲究礼法并重。中华传统的“礼治”精神是中华文化的突出优势，也是中华民族文化强大感召力、向心力和凝聚力的具体表现。中华文化在经历了西方文化洗礼之后，在回归文化自信过程中，重新认识到中华文化的博大精深和伟大力量，认识到中华文化为中华民族积极进取、刚健有为、勇往直前的内在动力和最深沉的精神追求体现，更是当今社会汇集正能量，强化理想信念，自强不息，重铸中华民族精神家园的丰厚滋养。我们需要厘清民族民间文化的历史发展脉络，挖掘和提炼民族民间文化中的有益思想价值，进行深入系统的研究阐发，以通俗易懂的当代表达形式讲好中华传统故事，赋予中华传统文化新的时代内涵，使其与当代社会相适应、与现代文明相协调，在新的历史条件下继续发扬光大。此外，民族民间审美文化传承还是吸纳融汇外来优秀文化成果、在与世界文化对话交流中丰富发展中华文化的需要。中华文化自古以来都是以开放包容的态度，在吸收借鉴中不断丰富壮大起来的，“海纳百川，有容乃大”是中华文化传承发展的主流。当然，学习借鉴不是简单模仿、照抄照搬，更不能生吞活剥、囫囵吞枣。要坚持以我为主、为我所用，在坚持民族文化主体性和独立性的基础上，“古为今用、洋为中用”把有益的外来文化同优秀传统文化结合起来，融入中国文化元素，打上中华文化烙印，形成中国气派、中国风格，使中华文化始终立于世界文化发展的潮头。

三　民族民间审美文化传承的途径

文化传承是一个持久、庞大的系统工程，涉及内容丰富、范围广泛，文化传承的路径也十分宽泛，比如学校教育、社会教育、家庭生活、师徒式继承、文化旅游、文化记忆等。综合起来，我们可以把民族民间审美文化传承路径归纳为以下四大类。

1. 符号化的民族民间审美文化传承

所谓符号，是在一个认知体系中意指一定意义想象的代号，这种代号是广泛的，可以是一种图形、图像或文字组合，也不妨是一种声音、信号或建筑造型，甚至还可以是一种思想文化和一个时代人物等。符号意味着抽象，让人们在创造符号的过程中尽情地发挥想象力，或通过现代的手段传播和派生出一种抽象的东西。对于文化符号来讲，就是把抽象的文化内容用具体的形象加以表示，即文化的物化。由于民族民间文化内容丰富、博大精深，在符号化的传承路径中，特别需要注意把握文化本质，用相应的、生动具体的物质载体构建符号体系，以完成文化精神意义的传达。

其一，注意提炼文化精华，打造品牌性的民族民间文化标志。任何一种民族民间文化，都是本民族千百年来历史文化的结晶。民族民间文化在民族社会生态环境中孕育而生，有其自身的特点和审美价值，民族民间文化的传承和发展，是提高区域文化软实力的坚强后盾和支撑。随着科学技术的不断进步，民族民间文化的传承和发展仅仅依靠语言符号传播是十分有限的，必须借助现代科技和物态化的符号，建立品牌性的文化标志，使民族民间文化融入广大民众日常生活之中，形成民族民间文化自觉。当然，在现实生活中存在着各种各样的符号，每一种符号又有其约定成俗的意义，承载着社会特有的精神风貌和价值观念。作为传承民族民间文化的符号，必须充分体现民族民间文化的内涵，既要有历史积淀性、概括性和极高美誉度，象征民族民间文化的核心思想和精神气质，又要蕴含这种民族民间文化的价值观、历史观和发展观，把握其文化基因，体现其文化之根。其二，需要把握文化符号的内在联系，构建文化符号网络。民族民间文化传承，不仅需要创立品牌性的文化符号，更需要构建文化物化符号网络，以营造浓厚的文化传播氛围，形成文化传承的强态势。比如，在新农村建设中，不仅仅对民宅“穿衣戴帽”，而且能根据总体规划，从建筑物外观设计、道路建设、社区休闲娱乐场所建设等，整体性地赋予民族民间文化符号意义，构成一个文化符号体系，形成会聚民族民间文化的物态化的符号网络。其三，需要沉淀历史记忆，保护文化的原始符号形态。民族民间文化是有着悠久历史和较大影响力的地域文化，随着生产、生活方式的不断改变，不少珍贵的物质和非物质民族民间文化遗产遭到岁月侵蚀和人为破坏，有的甚至濒临灭绝。因此，进一步加强对民族民间文化原始符号形态的系统发掘、整理和保护，逐步建立民族民间文化传承和发展体制机制，让每一片土地都留存历史记忆，让人们能够记住乡愁，这是区域文化发展战略的重要内容和历史责任，也是中华文明延续和持续发展的必然要求。

2. 生活化的民族民间审美文化传承

民族民间文化来源于民族生活，其意义和价值在于能服务民众生活、满足人们精神文化消费需求。因此，民族民间文化本身就可以看成一种与人民大众生活紧密相连的文化，也是一种与时俱进的文化。民族民间审美文化传承，必须以民族民间文化赖以生存的环境和土壤为基础，尊重人民大众自身的文化选择，唤起民族文化的自觉，最终将民族民间文化保护和传承内化于人们现实生活之中，用有限的保护完成民族民间文化的合理优化性传承。首先，需要以保存民族性为核心，强化民族民间文化的生活化传承。由于民族民间文化是不同时期的真实而鲜活的生活写照，民族性是其生活化的总结，是一个民族共同体的各类实践活动的集中反映，保护其民族性，就是对民族民间文化基因和内核的认同和理解，对一幅幅民族生活场景的准备把握。其次，需要营造民族民间文化环境，为生活化的传承和发展提供有力保障。文化环境的复原、修复、构架、营造，有利于深刻认识和理解民族民间文化的真实内涵。特别是在民族文化旅游广泛开发和现代化生活不断推进的当下，营造民族民间文化的真实生活场景，既不能只求“原始”和全面，也不能武断、偏激和追求功利去臆想，需要在真实把握民族生活个性特征基础上，追求文化环境的不断进步和有益改进。再次，需要充分利用现代科学技术，以开发性的态度，彰显生活化的民族民间文化特色。民族民间文化传承，既要承认原始的民族特质的不变性和保守性，又要关注民族民间文化的开放、吸收其和借鉴的一面，注意吸收其他民族文化的优秀成果，不断推动自身文化的现代化发展。

3. 组织化的民族民间审美文化传承

组织是人们按照一定的目的、任务和形式编制起来的社会集团或社会系统。民族民间文化的组织化传承，主要是依靠一定的组织形式，有计划、有体系地加以传承，比如学校教育和社会教育活动等。

由于文化本身是一个动态的、开放的、不断发展的系统，它肇始于过去，积淀于现在，影响着未来。文化传承就需要遵循文化发展规律，需要准确把握文化的精髓，一代一代地传承发展下去。学校教育是文化传承和发展的重要基地，对个人影响极大。民族民间文化传承要走进校园，充分发挥校本教材的作用，让民族民间文化渗透到中小学的课堂教学之中；要通过建立课外兴趣小组，建立相应的文化社团，开展研究式的民族民间文化学习；通过社会实践、社会调查等活动，走进历史博物馆、纪念馆、名楼、名塔，走进祖辈父辈和民间艺人，调查了解民族民间文化习俗和风土人情。社会教育更是一个大舞台，是加强文化建设和民族民间文化传承的重要载体。首先，需要不断挖掘民族民间文化资源，充实区域文化建设内容。地方政府和相关部门，通过加强民族民间文化传承基地建设，开展文化艺术培训，组建和支持民间艺术协会和团体的演出，举办民族文艺大赛等，丰富广大群众的文化生活，扩大民族民间文化的影响力和覆盖面。其次，要精心打造民族民间文化精品，积极开展文化下乡活动。大众媒体以其形象性、时效性和大容量的特点，成为农村文化传播的主渠道。各地政府和相关部门应采取措施实现大众媒体的普及化、现代化、高效化；政府和群众团体组织的送书、送戏、送科技、送法律“四下乡”活动，实在、适用、受益广、见效快，最能打动农民的心，还应继续扩大覆盖面、增加频率、丰富内容；乡村组织的文体赛事、文艺会演等公共文体娱乐活动，让农民群众自娱自乐、自品自赏，是文化生活的有益补充，应该给予鼓励和扶持，将民族民间审美文化有效地融入组织生活之中，使之在一定组织活动中得以传承。再次，需要拓宽渠道，积极做好先进文化活动的宣传引导工作。时代的发展、社会的进步，赋予文化活动新的时代气息。网络文化活动、各类知识讲座、各种培训展览、广场舞等是传承和引领先进文化活动的重要渠道。各级组织需要认真制定宣传方案，充分利用现代科技、新兴传媒和传统媒介等多种形式，传承和发展民族民间文化。

4. 学术化的民族民间审美文化传承

学术化的传承不仅能对民族民间文化进行具体、深入和系统的研究与保护，对区域文化建设和决策提供理论支持，而且能以此为基础推动民族民间文化与中华传统文化及世界文化的比较研究，树立民族民间文化在中华文化和世界文化体系中的地位和作用。学术化的民族民间文化传承，不能仅仅依靠一个或几个学术研究中心，还需要在此基础上建设一项系统工程，开展学术团队的多元化建设。首先，需要建立各层次的学术团队，确保民族民间文化的各层次研究。民族民间文化积淀深厚，分布广泛，从城市到农村，从平原到山区，都蕴藏着丰富的民族民间文化。不仅需要在省级、市级和县乡级成立学术团队，而且需要各级学术团队形成协同作战的整体，深入不同层次之中，开展有针对性和集中性的传承研究工作。其次，需要建立各类学术团队，开展专业性的传承研究。民族民间文化种类繁多，不同门类的文化，其传承研究内容、方式和途径各不相同，需要有不同门类的学术团队，专门负责某类民族民间文化的研究和传承工作。再次，需要建立健全监管和保障体制，确保团队作用的有效发挥。各级文化主管部门要充分发挥自身在学术团队建设中的管理、监督、组织、协调作用，既要制定出符合实际的总体发展方向，又要帮助制定各类学术团队具体可行的工作目标和任务，确保学术团队之间形成各具功能、相互协作、相互配合的整体，避免重复建设和相互冲突。文化管理部门还要加大资金投入，为学术研究提供物质保障。要通过设立专项基金，充分调动研究人员的积极性，鼓励多出精品，不断提升民族民间文化的学术保护能力；通过设立发展基金，大量吸收民间资本，鼓励民营资本和民间资本组建独立经营、自负盈亏的文化机构，为学术化的研究和传承发展提供多种形式、多种渠道的支持。

第三节　民族民间审美文化消费式传承

民族民间审美文化消费式传承是“符号化、生活化、组织化和学术化”传承途径的综合运用，主要是将维系本民族文化基因的民族民间审美文化与民族共同体内社会成员的文化消费需求及文化权益保障结合起来，使民族民间审美文化的精神内涵、审美价值代代相传。民族民间审美文化消费式传承不是消耗或损耗地传承，而是一种不断拓宽民族民间审美文化“生活场域”，夯实其生活基础的传承发展，是对民族民间审美文化的价值提升和现实转向。

一　民族民间审美文化消费式传承辨析

（一）文化消费对民族民间审美文化传承的机遇

文化消费与文化传承发展密切相关。民族文化的繁荣发展，能以丰富多彩的样式和形态为人民提供鲜活的文化消费内容和方式，健康的文化消费行为及强大的文化消费群体和消费能力，又能为民族民间审美文化传承和发展提供展示的平台和坚实的保障。

1. 文化消费为民族民间审美文化传承提供动力源泉

生产和消费是人类社会发展的两大要素，生产是为了更好地满足消费，消费又是生产的动力和归宿。正如马克思所说："消费在观念上提出生产的对象、作为内心的意象、作为需要、作为动力和目的。"[①] 文化消费与文化传承发展的关系也是如此。不断壮大的文化消费是促进民族民间审美文化传承发展的动力源泉。如果失去文化消费，民族民间文化传承与发展就会失去发展的平台。这是因为，首先，文化消费能不断激发文化审美再生产，创造文化服务力。在文化消费中，当人们对某一文化产品和服务感到不满意或审美疲劳时，就希望有新的性能更好、功能更多、价值更高的文化产品或服务出现；愿意对能够满足当下需要的、包括民族民间文化产品在内的新型文化产品的功能、作用和审美价值等产生强烈的需求欲望和充分想象。正因为有了如此强烈的、创新的文化消费需求，才能够为民族民间审美文化传承提出多种愿望和要求，规定和引导民族民间审美文化向广度和深度进军。其次，文化消费能够拓宽文化市场、扩大文化生产力和文化生产规模。随着人民生活水平和需求层次的不断提高，消费者对文化产品和服务的需求数量和质量要求随之提升，不断刺激着流通和市场扩大。"当市场扩大，即交换范围扩大时，生产的规模也就增大，生产也就分得更细。"[②] 不断扩大的文化消费需求，不仅能促进文化产业产值和收入的增加，还能为民族民间文化产品和服务注入新的内容，创造新的形式，提升消费价值，能从整体上促进民族文化事业的发展，增强民族文化的话语权。

2. 文化消费为民族民间审美文化传承优化文化环境

文化环境是在社会大环境中，那些存在于主体周围并影响主体思想和行为的文化产品和服务的总和，其核心是世界观、人生观、价值观。虽然，文化消费并非刚性需求，但是，文化消费的数量扩张和观念嬗变、文化消费内容与形式的多元化、文化消费的社会感知度和认同度不断提升，已经成为目前我国文化消费的发展态势。从相关统计数据来看，2004 年我国全部文化

① 《马克思恩格斯全集》(第 2 卷)，人民出版社 1972 年版，第 94 页。

② 《马克思恩格斯全集》(第 23 卷)，人民出版社 1972 年版，第 390 页。

产业增加值为3440亿元，占GDP的2.15%；而2012年仅文化产业法人单位创造的增加值就突破了1.8万亿元，占GDP的比重达到了3.48%。[①] 文化产业正朝着国民经济支柱性产业方向迈进。特别是民族文化产业和文化市场的繁荣，不仅能满足人们不断增长的文化消费需求，更能让广大民众从民族民间文化消费中获得文化身份的认同，感受到更加强烈的愉悦感和乡情亲情，感受到民族民间文化独特的魅力，感受到乡愁和生活的归属。民族民间文化消费的增长，为民族民间文化传承和发展提供了良好的赖以生长发育的土壤和环境，即“文化生境”。

3. 文化消费为民族民间审美文化传承培育传承主体

文化传承需要文化主体在传和承的相互衔接和推进中，对文化精神外化的文化形态予以继承和创新。民族民间审美文化传承也是一样，离不开文化主体的活动，文化主体活动既是文化的出发点，也是文化的归宿。对于每个个体而言，既是文化的受者，也是文化的传者，传与受相互统一、共为一体。只有人们对民族民间文化有所消费，在文化产品的视觉、触觉和听觉中获得真实体验，感受到民间民间文化消费带来的愉悦和快感，或者从民族民间文化蕴含的价值观、人生观以及审美观中得到契合、获得价值感和幸福感，才能使消费者产生民族民间文化的自觉，形成民族民间文化传承和发展的主体意识，并激励主体能依据环境的变化对民族民间文化作出具有时代特征的价值判断，创造出民族民间文化在传和承的发展链上的一环或几环的超越，最后使这些点滴超越整合成为新的文化资源，使民族民间审美文化在传和承的发展过程中拥有吐故纳新的自我发展能力。

4. 文化消费为民族民间审美文化传承健全体制机制

文化消费既包括精神、理论和其他文化产品的消费，也包括文化消费工具、手段和服务的消费，具有十分丰富而广泛的内涵。它不只是一般意义的、

① 《文化产业加速奔向“支柱产业”目标——国家统计局有关负责人细解文化产业统计数据》，《经济日报》2013年8月27日第6版。

对某一样被标示为文化的东西的消费，更是一种社会行为，在一定社会脉络与社会关系的影响下，在文化产品和服务消费过程中能够创新发展文化的一种创制性活动。

文化消费意义下的民族民间文化创制，既需要以民族文化产业发展和地方经济发展为基础，又需要加强民族民间文化消费引导，促使民族民间文化消费与民众日常文化消费有机融合，夯实民族民间文化传承和发展的生命基础。比如，通过大力发展地方经济，加大文化消费及文化产业同第一、第二、第三产业的融合，促进经济、文化、社会的共同繁荣与发展；建立健全公共文化服务体系，优化和改善文化消费环境，使民族文化发展成果为人民大众所共享；挖掘民族民间文化资源，推进文化的创新发展，积极打造民族民间文化精品力作，提升文化的话语权；如何加强文化消费行为引导，将民族民间文化不断延伸到人民群众的精神文化消费之中，贴近实际、贴近生活、贴近群众，不断促进民族文化事业与文化产业协调发展等，都为民族民间审美文化传承体制机制的建立创造了条件。

（二）文化消费对民族民间审美文化传承的挑战

一般来讲，文化消费水平不仅是社会物质文明的直接反映，也是精神文明建设的具体体现和强大推动力。目前，由于我国居民文化消费层次还不高，受消费主义和多元文化的影响，不规范的文化消费习惯和行为时有存在，对民族民间审美文化传承和发展也会带来一定冲击。

1. 泛滥的文化消费内容会淡化民族民间审美文化的价值认同

文化消费是按照主观意愿，为满足精神生活需要对文化产品和服务进行选择性的消费活动，是人们消费活动的重要组成部分。它在某种程度上“是一种存在方式，一种获取认同的方式。很多时候，我们的认同部分建构来自我们的消费：我们所听的、所看的、所读的、所穿的，我们消费的内容与方式，说明了我们是谁，我们要成为怎样的人”①。其实质就是通过迎合消费者

① 杨晓光：《关于文化消费的理论探讨》，《山东社会科学》2006年第3期。

口味的种种“审美形象”，以潜移默化的形式，把蕴含在其中的社会文化价值推销给消费者，影响人们的价值取向和行为方式，使消费者的主体意识能够与文化产品蕴含价值认同高度统一，进而能增强消费者的文化认同。伴随经济全球化和信息化社会的到来，在西方强势经济和文化冲击下，一些腐朽、低俗的西方文化迎合了人们的文化消费心理，占据了大量的文化消费内容，不仅冲击着民族民间文化消费的地位，也冲击着人们对民族民间审美文化的价值认同。

2. 低俗的文化消费意识会导致民族民间文化的审美扭曲

文化消费之所以能成为消费时代的基本内容，关键在于它能将文化所蕴含的价值与日常生活融为一体，使文化的美感和轻松感走进平民生活。在工业化社会以前，文化消费作为一种奢侈的行为方式，艺术和审美生活成为贵族阶层和有闲阶级的专利，从事文化事业也是富人或依附富人阶层的人能够享受的生活。而现在，审美和艺术已经普遍走进我们的衣食住行之中，成为我们日常生活中不可或缺的部分，人人可以享受甚至创造审美和艺术。

由于人们对审美的需要往往与自我实现的需要相联系，因此，人们对文化消费审美的追求，不仅需要满足自身生存、安全等基本需要，更要转向对深陷焦虑和困扰的关注，对怀疑人生又不知所措的人进行自我消解。在物欲横流和竞争压力不断加大的今天，文化消费的娱乐消遣也逐渐成为强势，不断成为人们现代生活中为缓解压力、获取精神快慰和幻想逃避的现实需求。甚至一些过度娱乐化、消遣化的文化消费方式迎合了人们的需求，不断占据上风，使人们在浮泛、难以确定的文化情景中，弱化了对文化价值的判断与选择能力，对中华民族优秀传统文化中那种追求内在超越、注重“修、齐、治、平”的文化精神也予以淡化，甚至进行否定。

3. 膨胀的文化消费行为会带来民族民间文化的过度开发

文化消费需求总与一定的经济社会关系和生产力水平相联系，文化消费行为又与人们的消费价值密切相关。正如美国未来学家托夫勒所言，人类社会步入后工业经济社会后，将进入一个物质财富极为丰富的社会，并开始进入更高的精神层次追求发展阶段。[①] 今天，文化的多样性和多元化发展已成态势，知识成为“文化资本”，在经济发展中逐渐占据主导地位，逐步形成了文化的产业化和市场化。同时，受文化消费需求形式与价值选择多样性的影响，在最大化地满足人们的文化消费需求，或者实施“文化搭台，经济唱戏”的战略过程中，往往会更加重视文化消费的商业价值，或片面追求所谓的“文化吸引力”，片面开发民族文化，从而导致民族民间文化资源的流失、文化生态的破坏，甚至会使审美价值失真。

二　民族民间审美文化消费式传承的基础

民族民间文化消费与传承的并合，反对为了保护文化而把文化完全“封存”起来，但也绝不是为了迎合大众精神文化生活需要而不切实际地加以改造，更不是为了追求功利、刺激经济发展而掠夺式地开发利用，而是在尊重文化发展规律和民众文化消费心理基础上，面向广大民众最根本的精神文化消费需求，以规范人们的文化消费行为，彰显区域文化实力，激活人们心中的优秀传统文化基因为目的，有鉴别地对待、有扬弃地继承和发展民族民间文化。民族民间审美文化消费式传承需要做好几个基础性工作。

1. 挖掘民族民间审美文化的生活元素，夯实文化传承的基础

文化是民族的血脉，人民的精神家园。文化需要生活元素，关键在于能够以文化人，文化消费也是一样，需要强化“文化”之中的“化”。如果“文化停留在殿堂中、象牙塔里，是‘文’而不‘化’”。只有“通过一个‘化’字让普通老百姓把文化变成一个生活元素，进而拓展成一种生活方式”[②]，文化才能鲜活，更具魅力。

民族民间文化传承是文化主体依据价值判断选择文化，并能为社会所接

① ［美］阿尔文·托夫勒：《第三次浪潮》，朱志焱等译，新华出版社1984年版，第90—99页。

② 《激活文化消费　北京应带什么头》，《光明日报》2013年9月17日第16版。

受，使之成为世代相沿、促进社会发展的稳定要素，其表现形式可相应地分为语言传承、行为传承、器物传承等，其本质是民族民间文化核心要素的传递，是人们心理的传承。对于一个民族群体来说，优秀的传统文化是体现民族特点不可或缺的因素，贴近人们的生活，反映着民族的深层心理，连接着民族的过去、现在和未来，是民族存在的基本条件。民族民间文化传承和发展，只有不断挖掘民族优秀传统文化的生活元素，融入现代生活中，满足人们精神生活需求，才能够使文化消费主体从内心深处加以接纳，形成民族民间文化消费的自觉。并且，随着社会发展和科技进步，文化与科技不断融合，还需要不断创新民族民间文化的表现形式与内容，能将其生活元素与现代科技有效嫁接，延伸到非文化产品和现代科技产品中，渗透到社会生活之中，使民族文化消费真正成为一种习惯，更好地奠定其传承基础。

2. 彰显民族民间文化的审美价值，增强文化传承的原动力

文化传承是以价值选择与判断为特征的文化动态运行模式，其基本要求是根据主体价值判断和选择作出适时调整，保持相对稳定、模式化的阶段性和时代性的文化特征。民族民间文化的审美价值是文化的基本内核和文化消费主体价值判断的重要标志，也是民族民间文化传承和发展的原动力。在民族民间文化传承和发展中，首先，需要不断彰显民族民间文化的审美特性，使其融入文化消费中。民族民间文化的审美特性，是在充分挖掘民族民间文化资源的基础上，根据其自身特点，对自身审美真情的充分展现，它能给人以审美感染，提升人们的精神境界，从中获得愉悦和幸福。在消费时代的今天，由于大规模的商品消费正在逐步改变人们的生活内容和方式，也在不断改变着社会关系整体性的文化传统，人们不由自主地陷入对名利的追逐与攀比中，许多优秀的、固有的传统价值取向也被盲目而理直气壮地摒弃与践踏。民族民间文化只有真正展示自身的审美特性，体现出时代的文化信仰，为广大民众文化消费提供丰富的营养和独特的审美价值，才能促使消费主体的接纳和认同，为民族民间文化创新和发展提供坚实的生存基础。

其次，要不断增强其审美再生产能力，为民族民间文化创新发展提供不竭

动力。当今社会，物欲横流、消费内容和形式不断翻新，对于民族民间文化原有的审美价值来讲，无论是主导性的还是从属性的，都会产生一些审美疲劳，严重者还会遭到嘲讽和抛弃。民族民间文化只有不断增强其审美再生产能力，才能吸引文化消费者，才能永葆民族民间文化生活元素的魅力。正所谓“消费生产着生产”，“生产生产着消费”[①]。消费是潜在产品向现实产品转化的前提条件，只有消费的存在，才会为生产观念创造出更多的内在动机；生产是满足消费需求的必要条件，又能促进消费规模和品质的升级。民族民间文化的审美价值，需要在文化消费需求满足中不断增强其吸引力、感染力和价值判断力，也需要在文化消费中始终保持其文化本色、文化基因和精神内核。民族民间文化审美再生产，不仅仅是一种文化生产活动，更具有一种独特的市场参与性，是对民族民间文化审美价值实施展开和创造的一种社会行为，或者称为具有文化审美再生产属性的社会生活与社会关系。

3. 强化民族民间文化消费的审美体验，提高人们文化自觉

审美体验是审美主体通过一定的形式，与审美客体构成的一种已然融入和超越内在的状态。“审美体验不仅是一种与其他体验相并列的体验，而且代表了一般体验的本质类型。”它是一种“对于我们的理性化倾向和思维定式的涌现和崩溃的体会”[②]。审美体验源起于人们感性的生命活动，并能提升生活元素的审美想象。比如民俗，它就是源自先民的感性活动，承载着先民的心理企盼和生活样式，物化为民众的礼仪程式和行为惯制，始终能与美的合规律性与合目的性相契合，表现为一种蕴含审美因子的“有意味的形式”。通过鲜活的民俗活动体验，可以将现代价值与意义的审美想象融入其中，唤回人们对优秀民俗文化价值的体认与认同，使民俗文化得以传承和发展。

同时，审美体验又能进一步促进文化自觉。“文化自觉是指生活在一定文化中的人对其文化有‘自知之明’，明白它的来历、形成过程、所具有的特色

---

① 《马克思恩格斯选集》(第2卷上)，人民出版社1972年版，第91—97页。

② ［美］林赛·沃斯特：《美学权威主义批判》，昂智慧译，北京大学出版社2000年版，第222—234页。

和它发展的趋向，不带任何‘文化回归’的意思，不是要‘复旧’，同时也不主张‘全盘西化’或‘全盘他化’。”[①] 文化自觉既是对自我文化的熟悉与理解，更是在此基础上形成的自觉人格。对自我文化熟悉与了解是前提，形成自觉人格是实现文化自觉的最终目的。无论是对自我文化的熟悉与了解，还是需要形成自觉人格，都来自文化消费的审美体验。只有通过文化消费，接触多种文化，经过比较鉴别、价值选择与判断，在多元文化世界里，对自我文化加以认识和自主适应，才能真正认识到民族民间文化的重要性，不断增强文化自觉的承担力，自觉自主地为民族民间文化传承和发展作出努力。

① 费孝通：《论人类学与文化自觉》，华夏出版社 2004 年版，第 188 页。

第二章　时代要求：民族民间审美文化价值建构与提升

民族民间文化是一种地域性文化，是中华优秀传统文化的重要组成部分，是中华民族腾飞的文化根基，也是社会主义先进文化的精神资源，是国家和民族生存和发展的内在动力。几千年来，中华民族创造了丰富多彩的民族民间文化，其中，不仅有大量的历史文物、建筑等有形文化遗产，也有谚语、故事、神话、歌谣、音乐、舞蹈、戏曲、曲艺、刺绣、印染、剪纸、绘画、雕刻等艺术和技艺以及各种风俗、礼仪、民族体育活动等斑斓多姿的无形文化遗产。中华文化绵延不断，不仅是各民族赖生存、发展、增加凝聚力的纽带，也是维系国家统一、民族团结、社会稳定的基础，是扩大对外交往、联系世界的桥梁。然而，随着经济建设的推进和全球化的日益增强，以及科技手段和文化传媒的日新月异，民族民间文化的传承和发展面临着前所未有的机遇和挑战，保护不同民族、地域的传统文化，维护文化的多样性，成为新时期亟须解决的问题。

第一节　民族民间审美文化的现代转向

人类创造了文化，同时，也被文化所创造。文化借助各种各样的符号来传达人类行为的意义，并通过意义的创造、交往、理解和解释丰富人们的精神生活。但是，随着社会意识形态范式的调整，市场逻辑与消费优先理念的出现，在消费时代里，文化的表现形式逐渐从单一性的、精英掌控的经典化标准走向多元形态，呈现出一种大众的动态选择；经典艺术的传统创造范式和审美批评理念也不再适用于新兴的大众文化或大众艺术，文化泛化和审美泛化趋势是文化消费背景下的必然。

一　文化消费语境下的审美悖论

随着现代消费主义的产生，现代文化消费主义也随之而生并不断发展。早在20世纪20年代，伴随资本主义工业化生产的迅速发展，规模化生产和高消费理念不断出现，并开始改造中产阶级的生活，新教伦理也被享乐主义所替代；清教精神逐渐失去主导性市场，被心理学的幸福说所战胜。其中，以法兰克福学派为代表的现代消费主义观应运而生。法兰克福学派的理论家们在接受《1844年经济学哲学手稿》中异化逻辑基础上，对资本主义社会的大众消费进行审视，并从本真维度对消费提出观点："消费行为应该是一种具体的人类行为，其中应该含有我们的感觉，身体的需求，我们对美的感受——也就是说，在消费中我们应该是一个具体的有感觉的、有情感的、有判断能力的人；消费的行为应该是充满意义的、人本的、创造性的体验。"① 同时强调，文化是一种社会控制，在现代消费主义影响下，文化产品的大规模复制、传播之后所形成的文化工业，运用一切先进的生产手段，按照一种满足虚假需求的程式来批量生产所有的文化、艺术和消遣产品，大众文化消费也成为生产流水线上的同质化产品。他们强调消费者在文化消费的时候会考虑自己以往的消费经验，采取自己认为合适的消费方式，从而主张用"文化工业"的提法取代容易被人们误解的"大众消费文化"。

① ［美］埃里希·弗洛姆：《健全的社会》，蒋重跃译，国际文化出版公司2002年版，第116页。

20世纪60年代后出现的现代消费主义，则从炫耀式休闲、偶像性消费、流行性消费等现象中，逐步迈向炫耀性消费，也形成了三大观念：第一，文化消费是一种标示，人们在文化消费时，也表现出一种社会区分的方式；第二，文化消费又是一种模仿，人们进行文化消费，往往具有一定模仿性质；第三，文化消费还是一种创制，文化消费不是对文化的损耗，而是对文化的一种创制性实践。强调文化消费的基本功能在于创造意义，人们通过文化消费，将所有文化消费行为加以累计和沟通，构成对文化的创制，从而制造和维系社会关系。随着文化消费的不断扩大，当文化作为商品进行消费时，人们对文化的选择更为多样，文化审美价值取向更为宽泛。既包括消费性的文化审美，也包括生产性、创制性的文化审美；既包括人们对文化产品和服务的满意度，也包括人们对获取文化产品和服务的社会性途径；既包括人们对文化使用价值的选择与享受，也包括人们对文化所蕴含价值的选择与判断；既包括消费选择的欲望与冲动，也包括消费时的情感接纳和体验效果，使文化消费成为自己个性的展示或对生活样式的感知、对消费风格的区分。正是由于这种现代消费主义理念出现，使得消费从单一的商品消费上升为“物质”与“精神”享用的结合，人们不再满足“纯审美”或“唯审美”，而是在消费中感受到“文化”、感受到“审美”，渴望美在生活、实用、通俗和商业的基础上展现自身，并成为日常生活本身的组成部分。一方面，日常文化生活不断被审美化，有意无意地将审美作为自己的标准，泛审美倾向尤其明显；另一方面，正是在现代消费文化氛围中，当代审美文化产品逐步取代传统审美理念也就成了必然。以往的纯审美被泛化到文化生活的各个层面，日常生活体验也成为审美的重要资源。

今天，随着全球化和信息化的不断发展，中国社会面临着空前复杂的多元文化因素影响，传统的经典文化创制和审美理念逐步被颠覆和消解，文化趋向也从意识形态的等级不断走向世俗消费的民主、从精英掌控的标准转向大众和动向选择的范式。长期以来，中国的审美文化可以说是一个容纳多层面并彼此形成复杂关系的结合体。第一个层面是国家主导文化，它代表政府和统治阶层群体的共同利益，以凝聚团结、整合群体、维护秩序及伦理和睦为核心的正统审美文化；

第二个层面是精英文化和高雅文化，它代表人文知识界的理性沉思、精神探索和社会批判，强调审美的高雅情趣、传统的审美规范与审美标准的推广，是对知识、人身和世界的思考；第三个层面是以工业生产、现代技术与传播为基本特征的大众文化，注重文化的大众性和普遍市民的感性愉悦需要，这种文化具有较大的市场和较宽泛的生活场域，能够给文化生产带来较大的经济利润；第四个层面是民族民间文化，具有明显的区域性、本土性和原生态性，代表社会更低层次普遍民众的、出于传统的、自发而非制作的通俗审美趣味；第五个层面是科学文化，它与现代科技相关，是一种与先进技术和信息不断增加的文化，它能帮助人们积累更多的知识，掌握更多、更先进的技术，提高工作效率，实现专业化、职业化路径。这五个层面的文化，既相互关联，又在一定条件下相互转换，共同帮助人们扩展视野，引导人们用新的方式观察世界、认识自己，促进审美多样性的形成。不仅让普通民众感受到艺术的平等和亲近，也能使审美变得日常化，不断拓宽审美视野，让人们借助审美的快感追求获得精神的快感和幻想逃避的满足，弥补大众人格需要上的某种空缺。同时，我们也要看到，急速扩展的文化视野也会带来预想不到的审美不适、价值混乱等文化后果。一方面，以“全面泛化”与“快感至上”为主要表征的审美趋向，使得审美活动变成一种感官化的直接操作，使人们难以从审美活动中获得真正意义的审美体验和情感愉悦，容易形成审美活动的虚无和疲惫；另一方面，审美泛化使得日常生活与美、审美、文化审美等界限模糊，追求技术化、形式化以及情绪刺激的宣泄替代审美的精神愉悦，审美陷入媚俗和功利化的泥沼，从而增加了文化价值判断的难度。

二　民族民间审美文化的话语构建

当今时代，社会经济发展的驱动力不仅来源于生产，很大程度上更取决于消费。文化消费也是一样，对文化产业和文化经济发展具有较大推动作用，同时，还是一个时代的文化主导形态，在文化消费中，总是杂糅着个人的文化诉求和审美情趣，以致人们在日常生活中很难区分是在进行文化消费，还是在表现一种身份或文化意志。在文化的“市场需求”和市场的“文化需求”相互作用下，实力展现和意义交换成为文化消费的重心，文化审美也从一定阶层和区域跃出，使审美日常化成为现实，出现审美的全球流动性。全球的理论旅行和审美泛化的现实影响着转型中的审美话语重构，譬如，平面设计主要关注视觉的和二维的，今天则更多关注空间、运动以及感觉形态等方面，这些方面并非只局限于视觉领域，一些新的艺术手法和感官体验已成为主流市场和传播的手段。民族民间文化作为一定区域民族共同体传统的、自发的通俗文化，在文化产业和文化消费市场不断扩大的影响下，其自身的审美方式、审美经验也需要一种价值提升的过程，需要重构一种具有开放性和接纳性、迥异于经典美学的审美方式和审美话语。

首先，审美话语重构需要深刻理解现实生活。当代生活自身呈现出全新的艺术特质，传统美学思维惯于应对的审美经验已与当代生活发生撕裂，美学需要不引入新的阐释范式，不断拓宽学科的根基，否则，就会无法摆脱自说自话的尴尬。伴随着大众文化的流行，审美泛化趋势的不断蔓延，“美”不再是令人神往而不能至的艺术专有领域，它日益融入生活的各个层面，高雅文化与世俗文化不断交融，美学走向了生活的前台，催生了日常生活的审美化思潮。并且，这种审美化的思潮不仅流于生活化的浅表层，也会波及社会的深层；不仅影响到普通大众的价值观、世界观和生活方式等，也会在塑造和巩固主流价值观、推动社会主义文化繁荣方面发挥举足轻重的作用。面对文化消费中的审美媚俗和日益扩展的娱乐，文化审美既要摆脱消费主义的刺激和诱惑，从单纯满足消费欲望中走出，又要能走近人们的生活，满足人们的精神文化需求，并能引领人们的文化生活，提高人们的文化判断力。目前，由于文化消费研究还是一个崭新的领域，文化消费背景下的民族民间审美文化传承及价值提升，既不能站在精英立场上一相情愿地强加提升，也不能站在大众的立场上不加辨别地投怀送抱。需要我们面向文化消费发展现实，“运用脑力，放出眼光”，弄清楚文化消费背景下的民族民间文化语境、生产方式、运作机制、审美范式等，充分考虑民族民间文化独有特性和形成背景，结合现代生活发展需求，尊重文化发展规律，提出切实可行的应对措施，实现真正意义的价值提升和审美转向。

其次，审美话语构建需要准确把握艺术与技术的结合。现代技术的发展在很大程度上导致了艺术的技术化，技术与艺术的相互融合催生了许多新的审美形态。如电脑动画特效的制作，3D的技术性生成，会给文化消费者带来新的审美震撼；互联网的普及和升级也拓展了审美视阈，能在一个虚拟的、仿真的，抑或现实的世界中，实现即时便捷、多元交互、自由自主的文化消费和审美感受。在文化产品和服务生产、提供过程中，越来越注重新技术和新材料的推广，技术与审美相互生成，导致审美趣味不断向功能性展示、人性化便利和经济效率与效益等方向转变，颠覆了经典的审美观念、文化信念和叙事规则。德国文艺批评家霍尔斯特·特尔斯认为：以高科技手段所支持的文化形态是一种“反审美或后审美文化”，一种“视觉和听觉文化”[①]，一种消费文化。它使文化产品和服务成为“消费品”，也使传统文化（特别是严肃文化和高雅艺术）的典型创制和审美范式逐步过渡为大众娱乐和消遣方式。

由于技术经验普遍的符号化，消解了文化消费和文化审美之间存在的分裂。尽管借助技术把美学主张延伸到生活之中，有的仍是平面化话语的无尽狂欢；有的虽然摆脱了经典艺术哲学中质料、形式等范畴的限定，却空前地依赖于技术性媒介，越来越成为大众文化的组成部分。为此，民族民间审美文化的传承发展也需要以日常生活的审美化和艺术的大众化为立足点，关注文化消费和文化审美生成的新特点，需要以新的审美经验为依托，切合时代的特点和人的本性发展，使文化消费和人的精神力量生成需求，成为民族民间文化审美重建的助动力。

最后，审美话语构建需要适应多元化社会需求。当今社会，经济全球化、生产方式多样化、文化多元化，“经典文化审美”与“大众文化审美”，“审美化”与“产业化”的审美范式不再是对立性的替代关系，而是一种并存的，各

---

① 章国峰：《信息技术与德国“构成主义”学派的文化理论》，《欧美文学论丛》（第3辑），人民文学出版社2003年版，第213页。

有其界域和有效性题域。比如，“经典文化审美”往往是以非功利性为出发点，是一种基于鉴赏性的反思判断；“大众文化审美”则是以消费为基点，是一种体验式的产业化审美范式。但是，任何一个概念的有效性，不仅取决于特定的历史环境，还要考虑概念的流动性，既要有时间阶段性的差异，还要有地方性的特征。美学也是一样，也有一定的具体性，具有一定范围的适用性真理。从这个意义上讲，中国美学的根基就在于当下的社会现实土壤，在蕴含中华民族精神的文化传统之中。因此，就有学者提出，“针对中国的历史文化传统和现实状况，我们的‘生活艺术化’的关键在于提高人的心灵美，重在一个‘真’字，像李贽所主张的那样：吐‘真言’，行‘真行’，做一个‘真人’；由此而建立的美学体系应在阐发‘美在自由’的实现和命题上下工夫”[①]。民族民间审美文化传承更是这样，需要把握其民族特性，把握审美价值的内在本质和核心内涵，在此基础上，适应社会发展需要，创造出适合人们消费心理、方式、行为的当代性表达，实现民族民间文化审美的现代性转换。

第二节　民族民间审美文化消费与公共文化服务体系建立

文化是在人类发展进化过程中，逐步形成和掌握的、能帮助改善人类生产生活的知识、能力、习俗与习惯的总称，既是人类适应生存环境的社会成果，也能为人的社会群体所共享。党的十八大报告明确提出：“建设社会主义文化强国，关键是增强全民族文化创造活力……开创全民族文化创造活力持续迸发、社会文化生活更加丰富多彩、人民基本文化权益得到更好保障、人民思想道德素质和科学文化素质全面提升、中华文化国际影响力不断增强的新局

① 张世英：《生活的艺术化与艺术的神圣性》，《文艺研究》2010 年第 11 期。

面。”[①] 享有文化权益已经越来越被认为是世界文明的标志、社会进步的象征。要让广大民众均等地享有这一文化权益，不仅需要建立健全公共文化服务体系，还要求文化产品和服务本身是大众的、全民深度参与的，与广大民众文化消费需求相适应。

当前，民族地区公共文化服务基础设施较差，分布不均，为人民群众提供文化消费和服务的能力薄弱。民族民间文化虽是最贴近民众、惠及面最广、消费成本最低的文化产品和服务项目，但是，受大众审美文化泛化和民族民间文化审美“疲劳”等诸多因素影响，广大民众的民族民间文化消费份额并不高。人民群众文化权益没有得到有效保障，文化消费内容单一、结构失衡、水平低下，甚至被一些低俗腐朽的文化所左右，现有的公共文化服务体系效能没有得到有效发挥。充分挖掘民族民间文化资源，强化民族民间审美文化的消费式传承，将民族民间审美文化与公共文化服务项目有机融为一体，以此弥补现有公共文化服务体系建设的不足，不仅能较好地满足广大民众的文化消费需求，引导文化消费行为，提高文化消费质量，而且可以调动他们参与公共文化服务建设的积极性和主动性，促进公共文化服务体系建设和效能发挥。

一　民族地区公共文化服务体系含义与特征

1. 公共文化服务体系的含义

文化是人类创造的一切物质产品和精神产品的总和。公共文化是文化的一种特殊范畴，主要是指以公共性设施与活动为基础所提供的物质文化与精神文化的统一体。从物质外延方面来看，公共文化是以文化站、文化馆、群众艺术馆等公共文化场所及公共图书馆、公共博物馆、公共展览馆等公共文化资源为依托，所开展的具有广泛参与性、资源共享性的文化统一体，往往具有一定的

① 《中国共产党第十八次全国代表大会报告》，《人民日报》2012 年 11 月 18 日第 1 版。

群体性、共享性。从精神内涵方面来看，公共文化是在文化的精神品质上具有整体性、公开性、公益性、一致性等内在公共性特征的文化，它培养人们的群体意识、公共观念以及文化价值观念上的群体认同感和社会归属感，追求文化的和谐发展与整合。[①] 公共文化服务是与经营性的文化产业相对应的，是一种以政府和其他社会组织为主体，以保障公民文化权益和满足社会成员基本精神文化需求为目的，非营利性的公共文化产品与服务行为的总称。具体地讲，提供公共文化服务的主要机构有文化馆、文化站（室）、图书馆、博物馆、展览馆、美术馆、影剧院、音乐厅等公共设施和公共场所。主要内容包括阅读书刊，观看影视、展览、戏曲等，组织群体性文体活动，开展公共文化鉴赏和文化素质培训等。根本范畴是准公共服务、生活性公共服务、社会性公共服务和地方性公共服务。

由于农村文化是指在特定的农村社会生产方式基础之上，以农民为主体，建立在农村社区的文化，是农民文化素质、价值观念、交往方式、生活方式等深层次心理结构的反映，[②] 主要包括面向农村、农民的图书报刊、文学作品、文艺演出、广播电影电视、工艺艺术和技术培训等内容。农村公共文化服务则是指由政府主导，其他部门和个人自愿参与，面向农村居民提供精神文化产品和服务，保障广大农村群众文化权益和满足其日益增长的精神文化需求的文化产品和服务行为。它既是一种公共性的服务机制与行为，又是一种基本权益与保障，还是一种文化价值的选择和引导。就农村公共文化服务体系而言，“是为满足农民基本文化需求，保障农民基本文化权利，由政府主导、社会和市场参与而形成的农村公共文化服务投资融资体系、供给体系、绩效评估体系等方面的总称”[③]。强调投资模式是“多元参与合作”，其供给要紧贴服务对象，其绩效考核需要立足农民文化消费现状与满意状况。由于广大农村地域辽阔，受

① 牛华、安俊美：《我国公共文化服务的内涵及其社会价值探析》，《北方经济》2009 年第 8 期。

② 刘豪兴：《农村社会学》，中国人民大学出版社 2004 年版，第 282 页。

③ 张良：《政府主导、社会参与、市场配置：农村公共文化服务体系建设的理想模式》，《理论与现代化》2012 年第 4 期。

地区经济和城乡二元结构影响，农村公共文化服务体系往往存在基础设施薄弱、空间布局不均、覆盖能力较差等现实问题，农村公共文化服务体系的均等化、标准化发展，是全面推进公共文化服务体系建设的关键。

2. 民族地区公共文化服务体系的基本特征

由于受自然、地理、经济等因素的影响，民族地区公共文化服务体系相对薄弱，其服务对象、服务内容和绩效考核指标等都具有其独特性。一般而言，民族地区公共文化服务体系主要有以下特征。

公益性或非营利性。民族地区公共文化服务体系的出发点和落脚点是保障各族人民群众文化权益，满足其日益增长的公共文化需求，提供低收费甚至免费的公共文化产品和服务，加强文化价值引领，追求社会公共利益的最大化，体现全体社会成员的共同利益。公益性是其本质属性，它是民族地区公共文化服务体系区别于一般市场经营性文化产业和文化服务的最基本特征。

民族性或地域性。我国是一个幅员辽阔的多民族国家，拥有 960 万平方公里的领土和 56 个民族，不同地区的民俗文化和民族文化共同组成了丰富多彩的民族民间文化，并扎根在这片土地，为广大民众所喜爱、接纳，形成了特定的生活习俗和消费习惯。一方面，受自然环境、民族习俗和生活习惯的影响，民族地区广大民众习惯于本土文化的消费；另一方面，随着社会文化的繁荣发展，他们需要并乐意接受先进文化、大众文化和时尚文化的消费。民族地区公共文化服务体系，就需要结合各地的实际情况，大力加强主流文化引领，积极提供先进文化服务的同时，要注意挖掘民族民间文化资源，积极发展民族文化产业和民族文化事业，特别要结合民族民间文化的传承发展，注意保护本地的民族民间文化，创造性地发展和提供当地民众喜闻乐见、乐于接受的高尚文化，以满足人民群众日益增长的文化需求。

公平性与保障性。公平性，就是要求逐步消除文化建设中的城乡二元“鸿沟”，这是民族地区公共文化服务体系最应该实现也最难实现的属性。由于长期的城乡二元体系，民族地区公共文化服务发展水平严重落后于大城市和较发达地区。民族地区人民群众要享有与同城市居民或较发达地区民众同等的公共文化服务，还有很长的路要走。保障性，则是相对于公平性而言的。公平性倡导文化服务的同一性要求，但是，事实并不是绝无差异。保障性却强调文化服务的底线，要求满足各族人民群众文化服务的最低标准。这个标准应该是现实中社会公众都迫切需要的、政府的财力物力可以承受的公共文化需求。在基本底线范围内的文化需求是政府必须保证的、人人都有机会享有的文化权利；而超越底线范围的文化需求，则要通过文化市场来提供和满足。当然，民族地区公共文化服务的保障性，也是随着经济和社会的发展不断变化的。比如，过去政府在农村提供的公共文化服务最普遍的可能就是广播，现在已经扩展到了电视、电影、图书、文艺演出，甚至网络，将来也一定会随着农村经济社会的发展而不断地拓展。

便利性与持续性。公共文化服务的便利性，主要包括公共文化设施使用上的便利，公共文化信息采集利用上的便利，公共文化服务手段上的便利，公共文化服务提供时间上的便利，等等。我国少数民族分布很广，居住面积占国土面积的 60%左右，文化资源丰富、特色鲜明，但是由于地广人稀、交通不便、文化基础设施空间布局不均、覆盖面不广，民族地区公共文化服务的便利性主要表现在文化信息还难以与广大人民群众的文化消费需求构成全局性和全面性的便捷关系。同时，由于我国民族地区经济比较落后，自然环境比较恶劣，公共文化服务发展水平较低；所以，民族地区公共文化服务体系建设是一个长期的历史过程，需要政府和社会力量长期努力，不可能一蹴而就，更不能搞一时突击或面子工程。需要根据民族地区经济社会发展实际，面向人民群众文化消费需求，立足提高民众文化素质、实现人的全面发展等主要任务，建立与民族地区现代化全程同步的公共文化服务体系。

二　民族民间审美文化消费与公共文化服务体系建设的制约因素

民族民间文化产品和服务是公共文化服务项目的重要组成部分，民族地区公共文化服务体系建立又是民族民间文化传承发展的重要保障。广大民众对民族民间文化消费需求心理、情感接纳、行为倾向等是促进民族民间文化传承发展和公共文化服务体系建立的重要基础和有效途径。从现阶段来看，民族地区文化消费形式和消费内容都比较单一、质量较差，且民族民间文化消费的比重又在逐步下降，对公共文化活动的参与性和公共文化服务的满意度都不高。民族地区公共文化服务体系建立与民族民间审美文化消费式传承发展要求之间还存在较大差距。分析其原因，主要表现在以下几个方面。

1. 公共文化服务体系建设与文化消费关系不清

从公共文化服务的基本性质来看，是政府以税收和财政收入方式提供公共文化服务设施建设投入，公益性地向社会提供文化产品和服务，以满足全体公民的文化生活需要，保障公民文化权益的机制与行为体系。其构成要素是多方面的：主体是政府，当然，也包括政府主导下的社会团体和个人力量；客体即服务对象是全体公民；介体包括服务内容、服务目的、服务方式与途径等。其中，服务内容就是公共性的文化产品和服务；服务目的是满足公民的文化生活需要，保障公民的文化权利；服务方式与途径则是不以营利为目的的公益性活动。公共文化服务的公益性主要是针对投资主体而言的，所提供的公共文化服务项目是公益性的；对于服务对象来说，从事公共文化活动仍然需要一定花费，直接反映了服务对象的文化生活方式、内容、能力、愿望和满意度，其实还是一种文化消费。公共文化服务体系建设的主要目的是保障人们的文化权益、满足文化消费需求、提升文化精神。由此可见，人民群众的文化消费及其满意度，本身就是检验公共文化服务效能的重要标志。

从民族地区公共文化服务体系建设的现实来看，它是一个系统工程，不仅受地方经济因素的影响和制约，也深受公共文化服务主体意识影响。地方经济社会发展直接影响公共文化服务的基本投入，影响到公共文化设施、队伍建设及内容的不断完善；公共文化服务意识直接制约和影响着公共文化服务体系的建设质量与效果，直接制约和影响人民群众精神文化需求的满足和文化权益的保障。长期以来，各级政府对地方经济建设比较重视，出台一系列经济发展相关政策和制度，制定硬性经济发展考核指标；相反，文化建设往往处于“说起来重要，落实起来不要”的尴尬局面，既缺乏相应的政策，也没有一套科学的刚性考核指标，缺乏“政治、经济、文化、社会、生态”五位一体的科学发展观，存在着单纯的经济发展观与综合发展观之间的矛盾。在一些领导看来，经济指标是硬指标，如果经济搞不上去，不仅会影响政绩，也会影响到自己的升迁，甚至会丢掉“乌纱帽”；而文化工作只是软指标，既不会像抓经济建设那样立竿见影，也不会像重视经济建设那样具有丰厚的“红利”，会直接影响到地方的政绩。公共文化服务体系建设认识不足，缺乏相应的政策保障和动力支撑。

对于民族地区公共文化服务体系建立来讲，其建设难度更大。一方面，由于民族地区交通条件较差、地方财政不足，公共文化服务的基本投入欠缺、建设任务艰巨，导致公共文化服务基础设施缺乏，空间布局不均衡，服务项目单一；另一方面，在公共文化服务体系建设过程中，由于不太注重人民群众精神文化需求和基本文化权利保障，往往会把公共文化服务体系建设当作一种被动性的工作，没有深刻认识和领会人民群众文化消费与公共文化服务体系之间的关系。对民族民间文化资源挖掘不够、利用不充分；对民众文化消费分析不透、把握不准；对民众文化消费行为引导力不强，不能提供适合民众需求的文化产品和服务，其结果导致了人民群众参与文化建设的积极性不高，公共文化服务体系建设成效不大，公共文化服务体系的效能难以发挥。

2. 民族地区文化产业与文化事业发展互动性不强

文化产业是从事文化生产和提供文化服务的经营性行业，具有商业性和娱乐性的特征，是以营利为主要目的的；而文化事业则以提供公共文化服务、实现和保障人民群众的基本文化权利为目的，其本质是非营利性的，具有较强的公益性。虽然，文化产业与文化事业具有截然不同的标志，但是，两者之间存在着不可分割的关系，文化产业的发展和文化事业的繁荣，都是以一定区域的文化资源为基础的。两者之间既相互制约，又相互促进。一方面，文化产业特别是民族文化产业发展是对乡土文化资源的再创造，能够夯实民族民间文化传承发展的生活基础，对文化事业发展具有促进作用。但是，民族文化产业的加速发展，又可能会对传统文化资源形成掠夺或消解的趋势，从而阻碍文化事业的发展。另一方面，民族地区文化事业现有的薄弱基础和传统的管理思路，难以带动区域文化建设，甚至会导致一些落后文化、腐朽文化沉渣泛起，制约文化产业发展所需的优秀文化资源的获取，只有不断繁荣发展的文化事业，才能更好地引导人民群众的文化消费理念和行为，为文化产业发展拓宽空间。

当前，民族地区文化投入整体不足，文化活动经费匮乏，公共文化服务体系极其不完善，许多地方几乎没有什么高文化含量的娱乐活动，大部分自然村缺乏文化活动场所，更谈不上什么公共文化设施。特别是乡镇文化站建设，由于缺乏上级政府的人力物力和财力等保障性供应，其自身的“造血”功能又几乎为零，结果造成了“文化馆人去楼空，图书馆铁门紧锁，展览馆改头换面，影剧院经商办厂，艺术团队‘偃旗息鼓、刀枪入库’的局面”[①]。此外，由于种种原因，民族文化产业发展又没有很好地利用当地文化资源优势，如：乡村历史变迁、民间故事歌谣、民俗风情、古镇风貌等，将这些具有传统文化价值和浓厚地域特色的资源进行开发和审美创造，使其转化为更贴近自然、贴近民族和乡土风情的文化产品，形成文化产业规模，形成规模效益，以提高人民群众文化福利、为区域文化建设提供保障。公共文化服务建设与文化产业发展没有形成良性互动，公共文化服务建设的“等”“靠”“要”思想严重，基本上还是单纯依靠政府投入，没有在发展民族文化产业过程中积累民众文化福利。

3. 农村常住人口结构失衡，城镇化率偏低

广阔的农村地区是民族民间文化资源富集区。满足农村群众文化消费需求、保障农村群众文化权益、实现公共文化服务均等化和标准化发展，是民族地区公共文化服务体系建设的关键。也就是说，农村公共文化服务体系建设是民族地区公共文化服务体系建设的重点。对于广大农村群众来说，既是农村公共文化服务对象，又是农村公共文化服务体系建设主体。立足农村居民自身文化需要，发挥其主体作用是农村公共文化服务体系建设的重要途径。由于农村

① 徐碧英：《发展农村社区文化 促进社会主义新农村建设》，《法治与社会》2008年第1期。

居民的年龄、性别、学历层次、家庭收入等因素，往往会直接影响其文化消费愿望、结构，制约他们参与公共文化服务体系建设的积极性、主动性和创造性。一般来讲，越年轻越具有活力，越具有开放的心理，对公共文化服务建设要求越高、参与性越强；文化层次越高对文化消费的态度也越开明，文化消费支出越多、形式越多样、内容越丰富，越关注精神文化需求；城镇化率越高，平均享有公共文化服务资源越多，参与公共文化消费的机会也越多。

当前，由于农村一般农户的小规模土地经营效益低下，青壮年和有一点文化的劳动力大都流向城市谋生，农村常住人口中年龄结构、性别结构和学历结构严重失衡。从年龄和性别结构来看，农村常住人口基本成为“386199”部队，即老人、妇女和孩子；从学历层次来讲，农村留下的大都是受教育层次比较低的群体。他们当中很少人出村，更谈不上进城，平均享有的公共文化服务资源很少。现实的年龄层次、受教育程度及享有公共文化服务资源的现状，决定着农村常住人口的身体素质和文化素养偏低、参与公共文化活动机会少，既影响了其自身的精神文化生活意愿和文化消费能力，也影响了农民参与农村公共文化服务体系建设的积极性，极大地削弱了农村公共文化服务体系建设的动力。

4. 专兼职文化队伍建设和社会参与力不足，运行不畅

公共文化服务的具体执行者，往往是以各级政府组织和文化从业人员为主，社会团体和人民群众自发组织为辅的。长期以来，我国农村公共文化服务主要是依托乡镇政府组织，特别是乡镇事业单位来实现；其中乡镇事业单位中的文化站（室）是农村公共文化服务的主要提供者。

当前，由于国家财政对农村公共文化服务投入相对较少，加上民族地区本身财力不足，受交通不便、农民居住分散、村落规划滞后等非经济因素影响，民族地区公共文化服务体系建设仅仅依靠“国办”文化，难以维持稳定的公共文化服务体系的基本从业队伍，更无法谈及提高文化队伍的素质和服务能力。比如，一些农村基层没有文化专干，有的地方即使配置了文化专干，也存在文化专干专职不专用的问题，经常被非文化工作所占用，被当成“机动队”“消防员”，被乡镇不定期地抽调使用，作为后备力量去协助和配

合“主题工作”，没有硬性的文化工作任务，也根本没有精力和时间来考虑组织文化活动，更谈不上做好农村、农民文化活动的组织工作。再如，农村文化站行政关系上隶属于乡镇，乡镇党政领导往往不太重视也不熟悉文化事业，往往会听之任之；而业务指导由文化主管部门负责，往往又难以进行微观具体的组织和协调。农村文化服务多头管理，部门协调不顺，容易造成农村文化事业的合力弱化，影响农村文化资源的整合。另外，由于劳动力转移现象严重，民族民间文化传承人缺乏，农村文艺演出团体队伍不足，“民办文化”对“国办文化”的补充力量也十分乏力。结果导致农村公共文化服务体系的主渠道不畅，社会参与建设的积极性不高、参与面不广、参与力不够，公共文化服务内容稀少、形式单一、覆盖面窄、效能低下，公共文化服务体系的运行力不够。

5. 城乡空间布局和自然条件限制公共文化服务资源合理分配

一般来讲，公共文化服务对象与公共文化服务体系之间的“适合度”是影响其效能发挥的重要因素。比如，受自然环境、交通等物理因素影响延长了公共文化服务主体与对象之间的距离；经济因素影响服务对象的消费能力；合适的文化服务机构和文化服务项目影响消费者的认同感和满意度等，进而都会影响公共文化服务体系效能的发挥。

由于受城乡二元结构的长期影响，民族地区公共文化服务体系建设普遍较弱。特别是民族地区农村，大都地处边远山区，城镇化程度不高，人口分布较为稀散，交通十分不便，受城乡空间布局和自然环境、交通等因素影响，要实现广大农民群众与公共文化服务之间的“适度”距离实属不易。再加上有的地方在建立农村公共文化服务体系过程中，往往把它当作“面子工程”和展示项目，没有顾及广大民众对公共文化服务的可及性，公共文化服务体系建设没有真正延伸到基层、深入农村，更容易导致相当一部分农村地区缺乏相应的文化设施、服务机构和服务内容，广大农民的基本文化权利没有得到保障，现有公共文化服务效能没有得到很好的发挥。

三 民族民间审美文化消费与公共文化服务体系建立的必要性

生产与消费是一对孪生兄弟。文化生产和服务是文化消费的基础，文化消费是检验文化生产和服务建设实际成果的重要手段，是促进文化生产和服务进步的不懈动力。民族地区现有公共文化服务体系还十分薄弱，要满足人民群众日益增长的文化消费需求，保障文化权益，必须立足实际，挖掘民族民间文化资源，促进民族民间文化审美价值提升与转向，扩大民族民间文化消费份额。这是因为，民族民间文化本身来自民众生产生活，并一直影响着大众的文化生活，对于民族地区公共文化服务内容的开发而言，具有品种多、范围广、成本低、效能高等特征。民族地区公共文化服务体系建立，需要创新和发展民族民间文化产品和服务，使之与公共文化服务内容紧密结合，不断扩大民族民间文化消费份额，既能加强民族民间审美文化传承发展，又能促进公共文化服务体系的建立健全和效能的整体发挥。

1. 有利于完善民族地区公共文化服务指标体系

提供公平、富裕的公共文化服务，是建立和完善社会主义文化体制的基本要求。为人民群众提供更多更好的公共文化产品与文化服务，维护和保障人民群众的基本文化权利，是建立公共文化服务体系的基本职责。如何实现这一基本职责，关键在于建立和完善民族地区公共文化服务指标体系，最大限度地发挥公共文化服务效能。

改革开放 30 多年来，民族地区经济社会发展取得了举世瞩目的伟大成就，人民群众生活水平显著提高。在物质生活不断改善的同时，人民群众的精神文化需求也日益增长，追求丰富的精神文化生活逐渐成为民族地区广大人民群众的热切愿望。他们求知、求乐、求美的愿望日趋强烈；盼望得到更好的教育和培训，及时掌握最新的惠农政策、致富信息和致富技术；盼望能参与丰富的文化娱乐活动，获得精神愉悦和压力释放，期盼得到更多、更好的精神文化食粮。但是，由于民族地区公共文化服务发展水平还存在着底子薄、基础差、发展滞后等问题，民族地区公共文化服务体系均等化、标准化建设任务十分迫切和艰巨。加强民族民间审美文化消费式传承发展，将民族民间审美文化消费及发展纳入民族地区公共文化服务指标体系建设之中，既考虑了人民群众的文化消费能力，又照顾了当地群众的文化消费需求特点、内容及发展规律，体现了民众的文化消费性格与偏好，能较好地解决诸如民族地区经济社会发展相对落后、人民群众文化消费能力不强、结构不合理、满意度不高等诸多现实问题，能结合实际和现实需求，科学制定公共文化服务的指标体系，有效地发挥民族地区公共文化服务体系效能。

2. 有利于丰富民族地区公共文化服务内容

文化消费是文化传承发展的基础和保障，民族民间文化消费影响和制约着民族民间文化传承发展的方向和动力。当前，受商品经济和消费主义影响，一些民族民间文化消费在人们的消费视野里形成了一定的“审美疲劳”，渐渐地淡出人们的文化生活。立足文化消费现状，将民族地区公共文化服务体系建立、民族文化产业发展和居民文化需求紧密结合起来，把民族民间文化内容和元素有机地转化到文化产品和公共文化服务之中，既有利于在文化市场和公共文化服务的“活环境”中提高人们对民族民间文化的认同度，提升区域文化实力；也有利于丰富民族地区公共文化服务内容，有利于增强公共文化服务的原动力、增进广大民众参与公共文化服务体系建立的文化自觉。因为，文化需要生活元素，只有源于生活，才能更贴近民众；只有高于生活，才能引导人们的消费习惯和消费行为，提升人们的精神文化生活水平。民族民间文化本是特定区域内人们世代喜爱的文化形态，具有广泛的群众基础，提升民族民间文化审美价值并有效地置入公共文化服务项目之中，将会增添民族民间文化的活力和魅力。

3. 有利于强化民族地区公共文化服务意识

长期以来，公共文化服务体系总是按照文化事业管理的理念来运作，这种文化事业管理思维方式往往会脱离消费者的文化生活实际需要，导致公共文化服务体系效能不高。例如，许多乡镇的电影院闲置，除了影院放映设备和环境差之外，主要原因是电影从业人员自身的市场意识和服务意识淡薄，较少从产业发展和人民群众文化消费需求方面来管理公共文化设施。以民族民间审美文化消费为背景，建立和完善公共文化服务体系，不仅强调公共文化服务项目要符合人民群众的认知方式和审美习惯，更强调如何盘活现有公共文化服务资源，增强公共文化服务意识、改进服务方式、提高服务能力，吸引广大人民群众积极参与公共文化服务活动。

4. 有利于促进文化产业与文化事业的协调发展

文化消费与文化生产相互联系、相互促进。文化消费的增加，为文化传承发展提供了赖以生长发育的土壤和环境，即“文化生境”；文化事业的繁荣也可以引导人民群众树立新型文化消费观念，提高人们的文化素养。

当前，民族地区经济基础较为薄弱，公共文化服务与区域文化建设资金严重不足，文化设施较为缺乏，文化活动较为单一。如果仅仅依靠政府投资发展公共文化服务事业，很难满足人民群众日益增长的文化需求。而文化产业发展，不仅能带动经济生活的发展，也能带动区域文化建设、促进文化事业的进步。将民族民间审美文化传承与文化产业发展有机结合，既能为文化产业增产增值，也能有效地发挥民族文化产业的社会效能，极大地促进现有文化基础设施的维护和更新，促进公共文化事业的培育和发展。比如，民间演艺队作为一种新型基层文化协会或文艺团体，他们定期会演式的产业化运作，包括通过举办曲艺节、曲艺巡演、曲艺广场演出、曲艺征文等，不仅可以实现一定的经济利益，还可以推广民间曲艺，培育民间曲艺的文化消费市场，促进民间曲艺的传承和发展。再如，在乡村建立演出排练室，在乡镇建立表演舞台，既改善了农村文化基础设施，又提高了公共文化服务能力。

5. 有利于加强社会主义精神文明建设的主动性

公共文化服务体系建设过程，是以政府为主导的投资主体与服务对象（即客体）共同参与、相互促进的运动过程，两者缺一不可。没有政府为主导的多元合作投资，公共文化服务的均等性发展就无法实现；没有广大人民群众的主动参与与配合，公共文化服务体系建设也就失去了意义和根基。

当前，一方面，由于民族地区公共文化服务设施较为缺乏，以及利用率不高、服务不一定对路等现状，使得人民群众日益增长的文化生活需求难以满足；另一方面，受文化市场产品单一、内容良莠不齐，文化消费形式简单、水平低下，文化消费心理不成熟、观念滞后，文化消费攀比之风严重、封建迷信等腐朽落后文化抬头等诸多因素的影响，一些优良传统文化逐渐弱化，一些地方的思想文化阵地流失严重，制约和影响着社会主义精神文化的健康发展。如果这些问题不及时加以解决，不但会影响到广大人民群众的文化生活，影响到乡风民俗，而且还会影响到社会稳定的大局，影响到国家的长治久安。因此，不断挖掘民族优秀传统文化资源，并有效地融入人们文化消费之中，不仅能够增强人们对主流文化、乡土文化的认识和情感接纳，也能让广大民众从民族民间文化消费中感受到乡情亲情，体验到乡愁，享受到愉悦和幸福，感受到其独特的文化情致和魅力，感受到文化建设和发展与他们的生活密不可分；能让广大群众主动投身于经济建设的同时，充分利用和依靠文化、教育与科技等力量，自觉加强社会主义精神文明建设。

第三节 民族地区文化建设的需要

民族民间文化本身是一种地域性文化概念，它的产生和发展受一定区域内自然和人文社会环境制约，同时，也会对区域经济和社会发展起着促进作用。民族民间审美文化的传承和发展，是区域文化发展战略的重要组成部分。

一 区域文化发展战略地位

区域文化是一定区域内的人们在长期的生产生活实践中所形成的、具有浓厚地域特色的物质文化和精神文化的总称，它包含了区域文化的物质条件、社会规范和民族精神风貌等内容。其中，区域文化的物质条件包括文化产品、文化设施、文化场所、建筑物、文化与旅游景观等物质财富；区域社会规范包括法律规章、民间习俗惯制、道德约束等，主要是为了保证各种区域文化活动正常进行和健康发展；民族精神风貌包括特定区域内人们的价值观念、思维方式、审美情感、艺术修养、生活情趣、伦理道德、宗教信仰和文化心理等。区域文化作为特定区域历史所凝结形成的生存方式和内在机理，是区域经济社会跨越发展的强大文化支撑。

文化发展战略已经成为当代社会的一个世界性的核心问题。联合国教科文组织20世纪末就策划了“世界文化发展十年”活动，并于1992年成立了以联合国前秘书长佩雷斯·德奎利亚尔为主席的世界文化与发展委员会。1995年，世界文化与发展委员会经过数年的调查、积累、撰写和修改，推出了题为《我们创造的多样性》（*Our Creative Diversity*，1995）的报告，深入地论述了文化在人类发展中的重要作用。报告指出，发展不仅包括得到商品和服务，而且包括过上充实、满意、有价值和值得珍惜的共同生活。因此，文化作为发展的手段尽管很重要，但它最终不能降到只作为经济发展的促进者这样一个次要的地位。发展与经济是一个民族的文化的组成部分。发展可以对个人和集体产生强大的思想和精神影响。所以，对发展和现代化的各种问题的认识，说到底都集中在文化价值和社会科学两个方面。①

在我国，“科教兴国”战略也已成为全民共识，随着经济社会的不断发展，文化的战略地位也逐渐得到重视，从“文化立国论”“文化立省论”到“文化立市论”多个层面，文化发展战略得到全面实施。文化的经济化和经济的文化化②，最终实现文化经济一体化，凝聚文化软实力，已经成为世界发展的总体

① 金元浦：《文化创意产业概论》，高等教育出版社2010年版，第106页。

② 所谓文化的经济化，就是指文化进入市场，文化进入产业，文化中渗透经济、商品的要素，使文化具有经济力，成为社会生产力中的一个重要组成部分。所谓经济的文化化，就是指现代经济发展中文化的、科学技术的、信息的，乃至心理的要素越来越具有举足轻重的作用，其更深一层次的意义在于它代表着未来经济发展的基本方向。

趋势。当今世界综合国力的竞争，不仅仅是政治实力、经济实力、国防实力、科技实力的较量，而且表现为文化实力和民族精神的竞争。伴随着经济全球化而来的各种文化思潮、思想意识、价值观念、行为方式在世界范围的激烈碰撞，发展中国家在文化发展上也面临着严峻挑战。如果不能迅速确立自己的文化优势，形成民族文化的自觉和自信，就难以在激烈的国际竞争中捍卫自己的战略利益。同时，文化与经济、政治相互融合的趋势也进一步加快，文化的推动力和影响力越来越得以凸显，成为当代社会生产力的重要因素和经济增长的重要推动力量。特别是文化产业的不断兴起和发展，不断取代一些传统产业，成为产业结构调整和转型的主要方向，越来越成为国民经济的重要支柱产业，在整个经济总量中所占比重不断扩大。从国家层面来看，各国都高度重视文化的战略地位和国家安全，注重文化软实力的强化。从地方层面来看，越来越多的省份把文化产业发展作为产业结构调整和地方经济发展的工作重点，把加强文化建设作为新阶段取得领先优势和实施跨越式发展的重要战略；越来越多的市县也十分注重挖掘地方文化资源，发展民族文化产业，实施区域文化发展战略，形成区域发展新优势。

同时，随着经济全球化，尤其是文化产业的全球化，文化特征和表达受到了全球化进程的多种方式的挑战，文化的发展和遗产越来越受多方的关注，文化的多样性和多元共存也成为全球文化交流的一种方式。实施区域文化发展战略，注重挖掘民族民间文化资源，发展文化产业，在传统的、民族的、地区的有形和无形的文化多样性资源中不断创新，不仅是我们积极应对全球化变化的需要，也是我们避免陷入文化贫困，尤其是避免陷入经济贫困与文化贫困双重泥潭的重要举措。

总之，充分考虑经济全球化、现代科技迅猛发展和多元文化相互激荡的时代背景，密切关注信息网络技术的巨大影响，充分挖掘民族民间文化资源，体现区域文化特色，广泛吸收和借鉴外来优秀文化成果，把握先进文化前进方向，加强文化创新和产业发展，注重民族民间文化审美价值提升和转向，大力发展各类文化事业和文化产业，实现社会效益和经济效益的统一，为区域经济社会发展培育新的增长点，满足人民群众日益增长的精神文化需求，保障人民群众的文化权益，促进经济、社会全面、协调、可持续发展是区域文化发展战略的重要意义所在。

二　民族地区文化发展路径

区域作为经济和社会生活的基本单元，也是文化发展的生存空间和存在载体。区域发展模式是文化经济一体化的产物，文化经济一体化的程度和状态决定着区域发展模式的效率与形式；同时，区域发展模式又是经济一体化的外在表现与演进依托，在一定程度上决定了文化经济一体化的演进速度、方向。区域文化观念影响和制约着区域经济发展，同时，区域经济通过基础性作用也对文化传承发展产生全方位作用。一方面，区域经济社会不断发展和现代化进程不断推进，人们物质生活和精神生活的方方面面也会随之发生改变，从人们衣食住行到社会组织建设，从家庭状态到人际关系、风俗习惯，从个体的思想意识、价值观念、行为方式到社会风尚、精神面貌等，无一例外，都在不断改易变化；另一方面，区域文化作为一种文化资源，不仅是区域经济发展的助动力，也影响和制约各个地区经济发展模式和社会建设，其中，思想和行为模式是影响区域发展的深层原因。民族民间审美文化消费式传承是实施民族地区文化发展战略的重要路径，也是影响民族地区区域发展状态和模式的文化因素。

1. 区域路径

区域发展是区域政治、经济、文化、资源等多种因素耦合作用的结果，也是区域文化、社会、经济整体变迁的过程，其中经济发展是主体、是重心，也是物质方面的浅层表现；思想意识、价值观念和行为模式变化和进步是核心，是精神方面的深层表现。关于区域发展，西方学界借助经济社会学、制度经济学和演化经济学，提出了“新区域主义”，通过关注族群与地方合作经济、学习能力与发展能力、制度建设与社会调整控制等区域文化层面，改善区域环境、培育区域持续发展能力、积累“区域财富”，不断促进区域发展。“新区域主义”表明了区域文化是区域发展的重要内生性能动力量。[①] 其实，在区域发展实践中，不同区域的历史传统、生产生活习惯和文化背景影响并形成了不同的经验模式。区域文化观念始终潜移默化地影响区域发展主体，并以此为载体和媒介，在微观层面上，影响着企业或一个组织的发展水平、产权安排、产业选择等；在宏观层面上，影响区域经营理念、区域经济发展活力、区域协调创新能力和区域综合实力等。微观和宏观层面的叠加、重合、对接和互动，就形成了具有浓厚地域文化烙印的区域经济模式。可见，区域文化观念影响区域经济发展，区域经济又对区域文化观念的形成发展产生具有重要影响。两者互相推动、互相促进，共同演进成一种具有深层意义的区域发展模式，共同构成了区域综合竞争力。从理论界来看，不同层次的文化研究和相应的区域文化研究，也使得文化经济一体化研究的领域更为广阔，视野更为丰富。在具体区域文化的研究中，有微观层次的企业文化、社区文化、村落文化研究，也有中观层次的文化都市圈、文化大省、区域文化共同体研究，以及宏观层面的民族文化和全球化背景下的文化区、文化圈研究。力求通过区域经济共同体与区域文化共同体的互动发展和联袂演进，最终促进联系紧密的区域综合体的形成。

文化是一个民族历史地凝结成的生存方式和内在机理，文化是民族的血脉，民族是文化的标志，每一个民族都是一个独特的文化符号。中华民族多元一体，56个民族源远流长、各具特色的民族民间文化，是璀璨的中华文明的重要组成部分。它形成于区域特色性的自然、历史等条件，具有鲜明的区域性格，影响着人们思想意识、价值观念、行为方式、情感认知和思维逻辑等，对当地经济社会发展的作用不可估量。民族地区经济发展较为落后，除了自然地理环境、交通等物质性基础之外，文化创新乏力、观念滞后又是另一个重要原因。事实上，民族地区有着丰富的生态、矿产等物质性资源优势和特色的民族

① 苗长虹等：《西方经济地理学区域研究的新视角——论“新区域主义”的兴起》，《经济地理》2002年第6期。

民间文化资源优势，如何发挥其物质与文化资源优势，促进文化经济一体化互动发展，是区域发展的重要途径。目前，《中国农村扶贫开发纲要（2011—2020年)》已经把全国14个集中连片特困地区确定为未来十年扶贫开发的主战场，其中，武陵山区作为全国集中连片特困扶贫开发先行先试地区正在如火如荼地进行，基本确定了走“生态立区、产业兴区、开放活区、富民稳区、绿色崛起”之路，致力于建成“扶贫攻坚示范区、跨省协作创新区、民族团结模范区、国际知名生态文化旅游区、长江流域重要生态安全屏障”。围绕这一战略定位，如何挖掘文化资源、提升其审美价值，促进文化经济一体化发展，是民族民间审美文化消费式传承发展研究的重要课题。

2. 发展主体路径

在任何时代与社会里，人都是经济发展和社会进步过程中的最基本因素。作为科学知识与技术的载体，以及推动社会变革发展的主动力量，人必然是区域发展的主体。包括作为劳动力资源并具有普遍性的一般社会成员——个人；扮演重要角色的社会成员——能人企业家；以及由这些社会成员组成的具有重要功能的组织，如企业、政府等，共同组建成为一个具有一定文化特征的区域发展主体。

当然，不同的主体具有自己的行为特征，在区域发展中扮演不同的角色，发挥不同的作用。个人作为区域发展主体中的人力资源，具有数量和质量特征。从质量上看，既有学历和职称等知识层面的特征，还有价值观念、道德水平等精神文化方面的特征。其中，文化观念通过价值判断和预设作用，影响发展主体对新事物的态度、对新技术的应用等，进而影响科技转化和科技贡献，影响区域发展中的生产力。一般来讲，一个人的知识水平和科学技术掌握程度，反映了一个人的生产能力大小，而价值取向、文化观念则决定着这种生产能力的释放方向、程度与方式，并根据这个个体在组织中地位高低，影响着组织的生产模式。就单个企业而言，其发展明显依赖于企业家素质的高低①。就

① 陈吉元、胡必亮：《当代中国的村庄经济与村庄文化》，山西经济出版社1996年版，第235—254页。

政府行为而言，同样会受到公务员素质和认识水平，特别是主要负责人的文化素养和价值取向等影响和制约。

区域发展的主体是人，其背后则是文化，尤其是精神文化对发展主体和区域发展模式等都发挥着重要的作用。区域文化观念是影响发展主体思想意识和行为方式的深层因素，总是潜移默化地制约着区域发展主体的生产方式和生活习惯，包括主体的经济行为等。区域文化往往通过风俗习惯、生活关系、制度安排等影响人们的价值观、行为和意识，具有涵盖面广、价值取向复杂、消费力强、影响大等特征。民族民间审美文化作为一种区域文化，其消费式传承和发展，不仅是对文化本身的传承和发展，也是对区域发展主体素质的提升和对生产力的提高，需要我们从“根”上准确把握文化与经济互动的关系，加强文化审美价值转向，凝练区域文化特色和发展方向。

3. 文化内容路径

文化包括物质文化、制度文化、行为文化和精神文化多个层面。由于物质文化本身就是以经济为主要内容的文化，在此仅就制度文化和精神文化与区域发展的互动关系加以阐述。埃通加·曼格尔说：“文化是制度之母。”[①] 马克斯·韦伯认为，制度决定经济，而宗教、文化决定制度。制度对经济发展和社会变迁的作用日渐明显，制度完善和制度创新是区域发展的重要途径。同时，除了制度因素之外，精神因素也是影响经济发展和社会进步的重要因素，心理因素、文化因素和经济因素之间的关系更为错综复杂。从文化角度而言，不发达和落后就是一种心理状态，或者说表现为一种潜在的“贫困文化”，即发展的文化障碍。

改变“贫困文化”本身并不是要改变文化，而是要考虑根除与贫困相关的隐性和显性的文化价值观念，培养现代的心理特征、态度和行为的策略。人的心理特征的塑造和“现代性精神”的培养，对区域发展的配套推进和健康持续

① ［美］塞缪尔·亨廷顿、劳伦斯·哈里森：《文化的重要作用——价值观如何影响人类进步》，程克雄译，新华出版社2002年版，第27—125页。

有着十分重要的作用[①]。同时，要化解一个地方或整个地区的贫困，并不只是帮助一个具体的个体或家庭脱贫，而是需要结合当地的文化特点，通过社会组织与动员、社团参与、领导培训、发展机遇、转变观念等形式，调动全员的主观能动性，发挥文化经济的整体协调能力。

总之，区域文化是区域发展的基础，是区域发展的底蕴和灵魂。文化的区域性，在决定区域发展内容与方向的同时，也决定区域发展的特色、竞争力、辐射力、影响力。"只有民族的，才是世界的。"这对于民族民间文化促进区域发展的战略地位和战略作用是最为贴切的。民族地区如何挖掘民族民间文化资源，构建特色浓郁、结构合理、设施完善、人才辈出、精品纷呈、效益明显、影响面广的民族文化格局，充分展示民族民间审美文化特色，增强民族民间文化在全国乃至世界的影响，打造民族文化特色、生态环境、经济社会协调发展的区域发展模式，不仅是文化经济一体化研究由务虚到务实的标志，也是文化经济一体化的深层次实践。

① ［美］拉尔夫·林顿：《影响经济增长的文化和人格因素》，载谢立中、孙立平主编《二十世纪西方现代化理论论文选》，上海三联书店2002年版，第621—633页。

第三章　现实基础：民族民间审美文化资源

五峰土家族自治县（以下简称“五峰”），前身为长乐县，1914年更名为五峰县；1984年7月，由国务院批准设立自治县。五峰位于湖北省西南部，属武陵山支脉，以喀斯特地貌为主，平均海拔1100米，是一个典型的少数民族山区县。其境东邻宜都市和松滋县，南抵湖南省石门县，西与鹤峰、巴东两县接壤，北与长阳土家族自治县毗连。全县面积2372平方公里，其中耕地28.8万亩。辖5镇3乡，97个行政村，11个社区居委会，总人口20.8万人，其中以土家族为主的少数民族人口占84.77%。五峰山清水秀，风景宜人，境内有“幽峡百里、奇峰三千”的AAAA级景区柴埠溪国家森林公园；有被誉为“世界动植物基因库”和世界自然遗产的后河国家级自然保护区；有被称为“世界之谜”，列入神州九奇的暑天冰穴。五峰独特的地理环境、历史境遇、人口结构、地形地貌孕育出独特的土家族民间审美文化资源：瑰丽奇幻的民间文学、丰富多彩的民间艺术、高超的民间工艺、奇特的风俗习惯，为民族民间审美文化消费式传承发展奠定了坚实基础。

第一节　民间文学

山水秀丽的五峰，古有“桃源地”之称，美丽的山水激发了人们的灵感，丰富了人们的想象，相传李白流放夜郎时曾经过此地，有“壶瓶飞瀑布，洞口落桃花”之佳句（《长乐县志》）。从明代开始，统治当地的容美土司田世爵极其重视教育，推崇汉文，其子弟多饱读诗书，能诗尚文，自成诗派，有《田氏一家言》传世。在这种风气的带动下，当地很多的文人雅士模仿巴渝《竹枝词》进行创作，清代中晚期，张之纲、田泰斗等写下了不少“竹枝”诗篇，留下了许多有关土家族人民生产劳动、风土人情等方面的描述，至今仍然光彩夺目，如田泰斗的《竹枝词》：“农人随口唱山歌，北陌南阡应鼓锣，莫认田家多乐事，可怜汗雨拭盈蓑。”诗歌反映了人们劳动中打薅草锣鼓和唱山歌的习俗，可见，五峰是一个有着文学基因和传统的地方。除了文人创作，五峰民间文学更是值得一提的民族民间审美文化资源。

一　五峰民间文学样态

五峰民间文学样态丰富，包括神话传说、民间故事、笑话寓言、民歌民谣、谚语、歇后语等。土家族在历史上是遭受多重压迫与剥削的民族，因此，民间流传着许多历史人物传说，如《廪君化白虎》《向王天子的传说》《田土王觐见康熙皇帝》《向虚廷造反》《向叫花子请愿》等。五峰山川河流、名胜古迹甚多，特殊的地理环境滋生了各种风物传说：这里地形复杂，溪泉纵横，于是有了《采花台》《撒花溪》《鸡鸣泉》的传说；这里溪河纵横，交通阻隔，于是就有了《老君巧验鲁班桥》《王业造船》的传说；这里处处皆山，山山有洞，于是就有了《长生洞》《左泉洞》《将军洞》《藏金洞》《黄龙洞》的传说。五峰风物传说多与山川、河流、古迹、地名由来相联系，数量丰富，颇有趣味。

民间故事是五峰最有代表性的文学样式，五峰民间故事内容丰富，题材广泛：天界神仙、三皇五帝、文臣武将、才子佳人、机智小民都是故事的主角；风俗习尚、社会人伦、行为规范、道德观念等都是故事讲述的内容。五峰被中外民间文学专家誉为“民间故事之乡”，民间生活故事和笑话数量繁多、生动诙谐、流传广泛。这里流传最广的是巧女“苕”婿的故事以及杜老幺、张蹦窘、薛铁匠、田日白佬、覃戏子等一个又一个机智人物的故事，还有大量的幽默笑话。五峰民间故事和笑话或针砭时弊，或巧妙机智，引人入胜，让人开怀，是人们在劳动之余，放松精神、愉悦身心的重要途径。

五峰民间歌谣数量巨大，下文在民歌一节做专门介绍，五峰除了演唱的民歌，还有大量传诵的叙事诗，如《双仙会》《向虚廷造反》《金簪情》《五更情》《露水夫妻怕太阳》等，这些唱片叙事诗故事完整、情节曲折、语言生动，有很强的艺术性。

二　民间故事家刘德培

民间故事是五峰最有代表性的文学样式，人民大众都是民间故事的创作者和传播者，而五峰民间故事家在民间文学的繁荣中尤其功不可没。

五峰有许多民间故事家，能讲几十则、上百则故事的人随处可遇，能讲两三百则故事者亦有不少，其中最为著名的是民间故事家刘德培老先生。刘德培（1912.7—2000.12）曾任中国民间文艺家协会会员，被授予中国民间文艺首届“山花奖”终身成就奖，位居联合国教科文组织命名的“中国十大民间故事家”之首。刘老先生是五峰长乐坪镇珍珠山村一个地地道道的农民，只读过两年私塾的他境遇坎坷，10岁半即帮工谋生，奔波于湖北五峰、宜都、长阳、鹤峰、秭归、宜昌、松滋、枝江和湖南石门、澧县等地，引车卖浆、背脚放排、酿酒制豆筋、跑邮差、唱皮影戏、检瓦补漏以谋生。刘老先生命运多舛却生性豁达，酸甜苦辣的人生经历被他凝练为故事笑话，编创传讲，娱人自娱，成为著名的故事大王。刘老先生的讲故事天才于1976年冬被采风学者发现，其心记口传民间故事、笑话和传说达512则，谚语、俗语、歇后语2000多条，谜语800多则，民间歌谣1000多首，皮影戏文5本，此外还有“升匾词”（结婚仪式上的吉语）、“开盒词”（红白喜事中的说词）、“撒禄米词”（丧葬仪式中的说词）等大量民俗资料，被中国民间艺术家协会誉为“国宝”。著名民间文艺学家刘守华教授评价说：“刘德培老人在中国已发现的上百位知名故事讲述家中，艺术成就是最为杰出的，称得上一代口头语言艺术大师。这一成就不仅仅属于他个人，也代表着中国农民的艺术智慧，代表着中国民间口头文学的辉煌积累。”[①] 1989年6月由上海文艺出版社出版，1999年8月再版的48万字的《新笑府——民间故事家刘德培讲述故事集》（王作栋整理），基本上收集了老先生所讲的全部民间故事和笑话。

第二节　民间艺术

五峰人民的生存条件是相对恶劣的，高山险峻、交通闭塞、土地贫瘠，但是，这些并没有磨灭人们对美的追求和渴望，相反，高山秀水陶冶了人们的情操，迸发了人们的想象力和对生活的热爱，他们歌唱生活，舞动情怀，搬演戏曲，展演人生，创造出各类艺术。

一　民间音乐

五峰民间音乐包括歌乐和器乐两部分，民间歌乐主要是指民歌音乐，以薅草锣鼓为代表，民间器乐以湾潭“打溜子”最有影响。

① 《五峰土家族自治县志（1985—2005）》，三峡电子音像出版社2014年版，第690—691页。

(一) 民间歌乐

五峰被誉为“民歌之乡”，民歌浩如烟海，20 世纪 80 年代，自治县文化馆收集、整理民歌资料 1300 余首。五峰民歌内容丰富、题材广泛：有反映当地人民生产劳动的，如《薅草锣鼓》《高山顶上一兜茶》《洋芋歌》《赶仗歌》《打猪草》《裁缝歌》《山中牧歌》等；有情歌，如《不学杨柳半年春》《幺姑娘长成人》《五夏》《十爱》《十想》《六月葛藤在转青》等；有风俗歌，主要有“红事歌”“白事歌”，如《灯调》《陪十姊妹》《哭嫁歌》《巫教神歌》《佛教歌》《道教歌》等；还有叙事歌，如叙述清朝末年五峰、巴东等县人民的反洋教运动的《向虚廷造反歌》；记录孙中山领导的辛亥革命和北伐战争的五句子山歌《孙文十二月》；还有反映现代五峰人民在共产党领导下投身革命斗争的《五峰革命歌谣》(118 首)。

五峰民歌不仅内容丰富，广泛地反映了五峰土家族人民生活的方方面面，更以其自身独特性，丰富了中国民间文化宝库。

从调式上看，五峰民歌调式俱全，宫、商、角、徵、羽皆有，而以徵、羽两个调式为主，体现了古老的“徵羽乐风”。土家山寨半封闭的地理环境和生活状态使得五峰民歌的音乐风格与其他地区的民歌风格迥异，部分民歌调式存在“非商非羽”现象，具有调式的不确定性。

从曲体上来看，五峰民歌曲体有单曲体，也有联曲体。大部分五峰民歌曲式结构为一段体，即单曲体，单曲体民歌有一句式、二句（上下句）式、三句式、四句式、五句式和联八句等。所谓联曲体，顾名思义，是多个单曲体的联合，在需要长时间歌唱的场合，人们将数个单曲体民歌巧妙地连缀起来进行歌唱，如劳动歌中的“薅草锣鼓”，风俗歌中的“打丧鼓”等。在联曲体民歌中，艺术性最高的是流行于采花乡一带的山歌——“穿号子”。“穿号子”是将“歌”与“号”紧密结合在一起的一种劳动歌，由“梗子”和“叶子”两部分组成，“梗子”五言四句，“叶子”七言四句，两者既可独立演唱，又可互相穿插。如梗子：“天黑大雨落，小郎要过河。喊声小情妹，撑船来接我。”叶子：“情姐门口一条河，郎骑白马逗姐乐。骑在马上喊一声，你在家中做什么。”

“梗子”和“叶子”穿插起来，“梗子”由一人领唱，“叶子”由一人独唱或多人合唱，就形成了“穿号子”：“情姐门口一条河，天黑大雨落。郎骑白马逗姐乐，小郎要过河。骑在马上喊一声，喊声小情妹，你在家中做什么，撑船来接我。”这种由单曲体过渡到联曲体结构的民歌形式在全国民歌曲体中都是比较少见的。

从风格特点上来看，五峰民歌分为山歌、田歌和灯调。五峰山歌风格豪放粗犷，音调激越高亢，是人们行走在山谷旷野中寂寞的遣怀，是男男女女在劳动中的各自抒发、彼此应答，人们用高亢的音调对抗大山的寂寞荒凉，以自由的节奏、多样的颤音和滑音模仿自然的声音百态，回荡在山谷里的放声歌唱带给大山生机和活力。

五峰田歌是农民在农田劳动时所唱的歌，是一种大型的民歌套曲，它有很强的振奋精神、协调劳作的功能。土地是五峰人民的衣食之源，整日的田间劳作是单调的，也是枯燥和沉闷的，为鼓起劳动干劲、增添劳动乐趣，热爱生活的五峰人民创作出了田歌形式“薅草锣鼓”。五峰薅草锣鼓已有150多年的历史，新中国成立后的集体化大生产更是为薅草锣鼓的繁荣和发展提供了适宜的社会环境和政治环境，当时涌现了一大批优秀的薅草锣鼓曲目，如《叫声情歌你进来》《新打的锄头角儿咋》《花小姐送郎》《灯草花儿黄》《十写》等。薅草锣鼓的表演方式是歌（鼓）师领唱、众人帮腔，唱奏结合、互相衬托，曲曲相扣，结构庞大。薅草锣鼓的演唱过程结构完整，一般从早晨下田开始，一直唱到傍晚收工才停歇，艺人们通常遵循着“早晨唱花名，中午唱古人，晚上唱交情”的题材规律，安排演唱内容，选定演唱曲目。

薅草锣鼓的乐器以锣鼓为主，再辅以钹和唢呐，根据锣鼓数量的不同分为单锣鼓和夹锣鼓，单锣鼓是指由一个鼓、一面锣组成的演唱班子；夹锣鼓是指由两锣一鼓，或三锣两鼓搭配的演唱班子；单锣鼓和夹锣鼓之外还有“吹锣鼓”，是指在一面锣鼓或四面锣鼓的基础上加一支或者两支唢呐构成的演奏班子。薅草锣鼓的演唱中，锣鼓的节奏非常重要，因为它起着控制劳动强度和进度的作用，有经验的锣鼓手奏出的锣鼓节奏会在一天之中形成三起三落的“三潮”，在赶劳动进度的时候会加快节奏，演奏的高潮叫“放擂”，节奏激烈如饿马奔槽。薅草锣鼓固定的曲牌类有扬歌、半声子、一声子、对声子、三声子、杂号子等，演奏方法有“九腔十八板，三十六个号，七十二种腔”之说，这是突出薅草锣鼓演奏方法之多的夸张之说，实际上主要的唱腔有高腔、平腔、起马腔、走马腔、下马腔等，主要的号子有露水号子、起床号子、梳头号子等。

五峰薅草锣鼓主要分布在湾潭镇、采花乡等地。其实薅草锣鼓是一个统称，民间根据事的不同分得很细，有栽秧锣鼓、扯草锣鼓、薅草锣鼓、砍柴锣鼓（又叫山锣鼓）。薅草锣鼓是五峰县重要的审美文化资源，薅草锣鼓的挖掘、抢救、整理在文化传播，在民风民俗、语言文学、民族音乐史和民间艺术的研究方面有极其重要的意义。目前，县文化主管部门积极开展对薅草锣鼓的收集整理工作，已收集整理锣鼓歌近500首，并于2008年被列为国家级非物质文化遗产，跻身“国宝清单”。

除了山歌和田歌，五峰民歌中还有灯调和小调，灯调是新春佳节表演彩船、龙灯时所唱的曲调，灯调轻松活泼，热烈欢快，盛行于五峰西部的“地花鼓”最具特色，它没有固定的曲牌，唱腔自由，为群众喜闻乐见。小调是人们在日常生活中哼唱的短歌曲调，小调曲式结构方整，音域跨度不大，一曲多段，易唱易记，常伴以丝竹；从风格上看，有的抒情优美、感染力强，有的哀怨悲切、动人心弦。

五峰民歌的繁荣与发展，离不开民间歌手的天赋与热情，五峰有许多才情极高的歌手，以“湾潭三姐”和白鹿庄青岩冲村九组农民杨南甫等最为著名。“湾潭三姐”即万戊姐、杜元香和田香姐。万戊姐（1922—2007），本名万戊年，又名万祖玉，是五峰县湾潭镇红烈村的一名土家族女子，既是民间歌师，又是乡邻四舍红白喜事的“知客师”，还是手工便衣裁缝、刺绣能手。万戊姐有着与生俱来的歌唱天分，自幼随母学唱，10岁时其甜美歌喉声动乡邻，此后，常年受邀参加待嫁新娘陪十姊妹和民间喜乐场合唱歌助兴，民国时期，万戊姐多次被县府官员绅士轿抬县城唱堂会。新中国成立后，万戊姐受到省、地、县各级文化工作者关注，纷纷上门收集采风，其传唱的民歌近百首分别入选国家、省、地、县民歌选，是一位优秀的民间艺人。杜元香（1927—2009），又名杜元姐、杜香姐，湾潭镇大面大垭村苗族女子。杜元香嗓音奇好，记忆力惊人，擅长演唱叙事性、多段体分节式民歌，连唱几天几夜不重复。杜元香成名晚于万戌姐，但歌艺并不逊色，亦经常参加陪十姊妹和演唱堂会，在民间歌坛，两人也多次合作。杜元香在20世纪50年代即受关注，传唱民歌等资料入选各级民歌、歌谣集成卷。田香姐唱歌乐感好，韵味足，可惜在20世纪80年代病逝，虽与万戌姐、杜元香齐名，但留下资料极少。

（二）民间器乐

五峰民族民间器乐以吹打乐为主，主要的吹奏乐器除了一般民间乐器中常见的唢呐、竹笛、长号以外，还有两种较有地方特色的吹奏乐器——“咚咚喹”和木叶。“咚咚喹”亦称“呆呆哩”，用细竹管制作，竹管上端竹节处斜劈出薄片为簧，楔形吹嘴，管身长15—20厘米，开有三孔或四孔，音色明亮清越，现在民间善吹者已不多见。“木叶”则是因地取材，艺人手边的木叶草叶即是乐器，放在嘴边即可模仿风声鸟语，吹奏各种曲调。打击乐器有鼓、大锣、大钹、马锣、云锣等，五峰民间俗称演奏艺人为“响匠”，乐器为“响器”，乐器演奏为“吹吹打打”。

五峰民间器乐中，吹奏乐器和打击乐器常常联合演奏，在所有乐器中，唢呐的作用尤为突出，在吹打乐班中占据重要地位。五峰吹打乐演奏形式分坐堂演奏和行进演奏两种，堂会、戏剧演出时会设专门的“响匠台”（亦称“迎台”或“云台”）。所谓“响匠台”实为一张方桌，演奏者围坐于方桌三面，以吹奏乐手为中心，打击乐手分坐左右两旁。在迎亲送亲、造屋上梁、祝寿送匾、出殡送葬的时候，乐手们则在行进中演奏，吹奏乐在前、击乐在后为队列形式。

五峰吹打乐曲牌繁多，有“福”“禄”“寿”“喜”“节节高”“安乐意”“上席调”“旱路上”（迎宾曲）“得胜令”与“泣颜回”（此二者为丧葬曲）等，训练有素的乐班班主会根据不同的场景、不同的民俗活动选择不同的曲牌，喜庆悲伤，欢曲哀调，相得益彰。在五峰乐手的意识里，音乐不仅有悲喜，还讲究性格和情绪，迎接男宾，演奏唢呐主奏的“大乐”，吹唢呐调子，旋律豪放，气氛炽烈；欢迎女客，演奏直笛主奏的“细乐”，吹笛子调子，曲调清雅含蓄，气氛庄重。

五峰吹打乐有浓厚的民族风格与特色，吹打乐班在五峰已有200多年历史，不仅拥有繁多的曲牌和多样的演奏方式，在五峰不同地区还形成了各自不同的风格：东部的蒿坪、渔洋关、长乐坪等地吹打乐风格稳健、庄重典雅，西部傅家堰、采花等地吹打乐“六合班”活泼自由、诙谐风趣。在诸多地区的吹打乐中，尤以湾潭“打溜子”最为有名。

湾潭“打溜子”俗称“围鼓”“抽溜子”“打十盘鼓”“打家业”“打点子”“打路牌子”“打小家伙”等，是五峰土家族特有的一种民间器乐演奏形式。据《五峰县志》记载：“［围鼓］又称‘打溜子’，一般4—5人，有鼓、土锣、双钹（头钹、二钹）、马锣等。曲牌（锣鼓经）近百首，其节奏铿锵多变、律动感强。”《土家族简史》亦有记载。“打溜子”艺人平时种地打猎、拉木放排，平时分散在各村庄亦农亦艺，遇有婚丧嫁娶、年节庆贺，班主便召集大家参加演奏活动。

湾潭“打溜子”乐班由五人组成，器乐分别为鼓、土锣、马锣、双钹（分头钹、二钹，亦称上下手），在这些乐器中，双钹尤为出众，因双钹音色一高一低，一亮一哑，形成鲜明对比，乐手在长期的配合中形成一种默契，小小的钹在他们手上时而奏出短促而沉闷的“卜”音，时而奏出铿锵悦耳的“七”音，时而奏出富有动感的“可”音。双钹还能以不同的速度、力度和节奏奏出不同的音色，极富表现力。

五峰湾潭“打溜子”曲谱有文谱、武谱之分，文谱主要用于红、白喜事，武谱除用于喜事之外，还用于舞狮、舞龙等场合。“打溜子”常见的曲牌名有“燕平翅”“凤点头”“龙虎斗”“龙摆尾”“凤凰展翅”“寒鸭戏水”“鲤鱼板籽”“饿狗扑食”。“打溜子”演奏形式多样，手法灵活。乐手们将各种不同的曲牌有机地连缀成套，以精湛的技艺通过速度、音色、力度、节拍的变化表现出各种生动的形象和情趣。“打溜子”节拍变化频繁，节奏明快，起承转合，流畅自如，既稳定又流动，既热闹又清新。

自20世纪70年代初以来，五峰文艺工作者在五峰土家“打溜子”的收集整理、推陈出新方面做了大量的工作，1998年，湖北电视台《人物春秋》专题部对五峰土家族“打溜子”做了专题采访拍摄，于同年6月18日、25日在湖北卫视播映，进行宣传报道。2001年，五峰县文化体育广播电视局选送的器乐作品《打起溜子迎稀客》分别荣获全省首届楚天蒲公英奖（音乐金奖）、全国第二届蒲公英奖（音乐银奖）。

音乐是人们对情绪的抒发，对生活的歌咏，五峰民间音乐素朴而不简单，如一株乡野之花，在大山深处独放异姿，美化了人们的生活，丰富了人们的心灵，是不可忽视的审美文化资源。

二　民间舞蹈

五峰土家族是热爱舞蹈的民族，巍峨神秘的大山里，广袤无际的旷野中，人们跳身转体，弄脚缤纷，用自己的肢体释放活力、展现美好、表达情绪。亲人死去、悼念亡魂有跳丧舞，传统佳节、庆祝丰收有地花鼓舞，建房上梁、聚集娱乐有板凳龙，而最为流行和常见的是摆手舞。

（一）跳丧舞

跳丧舞又名跳丧、打丧鼓，是土家族人悼念死者的一种祭祀性歌舞活动。五峰土家族人民十分重视丧事活动，人死之后要举行隆重的丧事仪式，其中一个重要的环节是“打丧鼓”。“打丧鼓”有坐丧与跳丧两种，二者均为击鼓而歌，故俗称“打丧鼓”，坐丧只歌不舞，跳丧既歌且舞，这种歌舞就叫“跳丧舞”。跳丧舞入夜开始，一名歌师（鼓师）于死者灵柩旁击鼓而歌，唢呐伴腔，另有二名、四名、八名不等的歌郎（或称歌秀才、玩友）于柩前舞蹈应和，直到东方发白。

土家族跳丧舞世代相传，沿袭至今。清朝《长乐县志》所载：“家有亲丧，乡邻吊，至夜不去，曰‘伴亡’；于柩旁击鼓，曰‘丧鼓’；互唱俚曲哀词，曰‘丧鼓歌’。丧家酬以酒馔。”用击鼓踏歌的方式祭奠亡灵的习俗，体现了五峰土家族人独有的生死观，在他们看来，人死不过是灵魂离开躯体，随之而来的将是新生，所以跳丧舞十分热烈欢快，强弱分明的鼓点极富动感和感染力，以至有人说:“听见丧鼓响，脚板就发痒。”跳丧舞不讲究姿态的优美，而讲究舞姿的豪迈奔放，多模仿飞禽走兽和农事动作，主要动作有“虎抱头”“幺姑姐”“滚身子”“老汉推车”“风夹雪”等数十种。拢、顺、颤是跳丧舞的基本动律特征，当地艺人形象地总结为“脚下踩的升子底，手上挽的链子扣”。跳丧舞一般是边歌边舞，歌声高昂豪放，具有浓郁的山野风味，民间称为“喊”，所唱内容十分丰富，爱情、农事、谜语、传说、故事等无所不包。五峰跳丧舞是一种有着强烈地方和民族特色的民间舞蹈，已被收入《中国舞蹈集成》。

（二）地花鼓舞

又名扭鼓子、花鼓子，是五峰西部盛行的一种民间舞蹈。地花鼓属灯舞类，最初仅限于春节等传统佳节与大闹花灯活动时与舞狮子、舞龙灯、划采莲船一起穿插进行，后来在一些喜庆场合也单独表演。

地花鼓多由一旦一丑扮成一对情人或一对夫妻进行表演，也有四人、六人、八人花鼓，原则是要男女成双。旦角衣着鲜艳，手拿绣花手帕；丑角打扮怪异，手拿折扇。在打击乐小鼓、阴锣、大钵、马锣等的伴奏中，丑角先出场，插科打诨，与伴奏乐队、场下观众即兴交流互动，活跃气氛，然后旦角边唱边舞出场。

地花鼓的基本特点是:旦角以小碎步为基本步法，显得体态扭捏，双手随着身体的转动挥舞花帕，绕出许多花样，眼随手走，顾盼生辉，眉目传情；丑角以旦角为中心，以大八字步和鸭儿步为基本步法，围绕旦角弯腰屈腿，表情夸张、动作滑稽。地花鼓歌舞相间，歌唱时，场下观众积极帮腔，表演者的动作根据唱词内容即兴发挥；舞蹈时，动作根据固定程序，热烈欢快，气氛热烈，有很强的感染力。

地花鼓有文武、阴阳之分。文花鼓又叫散花鼓，动作优美多变，主要有“蹭四门”“踩四门”“靠手”“犀牛望月”等；武花鼓又叫打十样锦，基本是武术动作的组合，主要动作有“连枷跟头”“鲤鱼板籽”等。文花鼓和武花鼓统称阳花鼓。阴花鼓是一种仪式舞蹈，有很强的神秘色彩，现在已基本绝迹。阴花鼓表演时，舞者上场须先请神，待神灵附体后，二人手拿香火，口中念念有词，浑身不停颤抖，舞毕，由他人唤醒。

（三）板凳龙舞

板凳龙舞流行于五峰中西部农村，应该是古老的“舞龙求雨”习俗的遗留，在长期的流传中逐渐失去巫术与宗教的意义，已演变为一种娱乐健身舞蹈，主要于元宵佳节以及红白喜事、建房上梁等喜庆之日，在众人聚集的场所表演。板凳龙舞动作多来源于民间武术，故板凳龙舞既具有艺术观赏性，又具有强身健体的功能。

板凳龙的舞法多种多样，可一人独舞：舞者一人两手分别执前后腿舞动；可两人配对：舞者一人执前两腿，另一人执后两腿；三人搭帮：前两人各以侧手执一腿，后一人双手执两腿，还可数人群舞：每人各举一凳，前一名示龙头，后一名示龙尾，其余为龙身，另由两人举宝珠逗引龙行进，数人协调行动，节节相随，时起时落，穿来摆去。

板凳龙舞用打击乐鼓、大锣、双钹、马锣伴奏，节奏欢快，气氛热烈，固定曲目有双点头、四门进、上天梯、龙摆尾等，在轻重缓急变化多样的节律中，舞者跟随鼓点做出“黑狗穿裆”“龙摆尾”“龙翻身”“龙爬沙”“龙下儿”等动作，锣鼓阵阵，灵龙飞舞，人凳穿梭，让人眼花缭乱。

五峰板凳龙舞曾参加全国少数民族运动会、宜昌市春节联欢晚会表演，并多次获奖。2001年，五峰歌舞剧团表演的板凳龙《龙腾贝锦寨》获宜昌市电视大赛最佳表演奖；2011年，歌舞剧团表演的《土家板凳龙》获第九届民运会表演类第一名；2013年，《五峰板凳龙》再获第十届中国艺术节“群星奖”。

（四）摆手舞

“摆手舞”，土家语叫“舍巴”，是土家族古老的传统舞蹈，作为土家族自治县，每逢庆贺新年、纪念祖先或是聚众联欢，五峰人民都要跳“摆手舞”。

“摆手舞”有“大摆手”“小摆手”之分，两者的主要区分依据是规模的大小和时间的长短，“小摆手”一般一年一次，只摆一天或一夜，以村寨为单位举行，规模较小。“大摆手”则声势浩大，各村寨联合，每隔两三年正月初三到十五之间举行，一次“大摆手”可跳三天到七天。规模宏大，场面壮观，篝火边成百上千的人拉手成列、勾臂成行，欢呼齐跳。

从世界文明史上看，最古老的舞蹈形式是环舞或圈舞，圆形是最早的舞蹈空间形式。摆手舞作为一种古老的群体性舞蹈，男女老少都可参加，跳时舞蹈队形多呈圆形。摆手舞的舞蹈队伍中有“导摆者”“示摆者”和“押摆者”，“导摆者”在行列之前领头，控制节奏与速度；“示摆者”在行列之间示范，保证队形与步调；“押摆者”则在行列之后押尾，一般要跳完一圈之后才换一个动作。人们在绕圈摆手中感受到强烈的生命力和团体的感召力。

摆手舞以大面锣鼓伴奏，舞时，一到两名锣鼓手在摆手堂的中央击鼓鸣锣，指挥全场，当锣鼓敲出｜｜：点 列 列 咚咚｜点咚 列咚 点 咚咚：｜｜的节奏的时候，大家跳单摆动作；当敲出｜｜：点 咚 ｜ 点 咚 ｜ 点咚 乙咚 ｜ 点 咚：｜｜的节奏时，大家开始双摆，当敲出｜｜：点 咚 ｜ 点 咚 ｜ 点咚 点咚 ｜ 点咚 乙咚 ｜ 点 咚 ：｜｜的节奏时开始回旋摆。

各民族的舞蹈都有属于自己的动作特征，有自己的标志性姿势，五峰土家族摆手舞的动作特征可以总结为“拐、屈、颤、沉”。所谓“拐”，是指“顺拐”，这是摆手舞最主要的特征，即甩同边手，动同边脚，手脚配合，动作一致；“屈”是指屈膝，每跳一步，要求上身摆正，脚掌用力，膝盖向下稍稍弯曲一下；“颤”是颤动，是脚部与双臂略带小幅度抖动，给人一种有弹性和韧劲儿的感觉；“沉”是指整个舞蹈姿势中，身体移动中的重心下移的身体姿势。

动作的模拟是舞蹈审美性质的一个重要方面，五峰土家族摆手舞与社会生活紧密相连，它以现实生活为表现对象，舞蹈动作多来自对生活的模仿，有模仿日常生活中的小动作的，如“擦痒”“打蚊子”“抖虼蚤”“比脚”“擦背”等；有模仿农业劳动的，如“挽麻团”“打粑粑”“挖生土”“踩田”“砍火”等；有模仿狩猎活动和模拟禽兽活动姿态的，如“赶猴子”“拖野鸡尾巴”“犀牛看月”“磨鹰闪翅”“跳蛤蟆”等。摆手舞那健朴的舞姿伴着强烈的锣鼓节奏，给人以清新而热烈的感觉。

五峰土家族摆手舞属于歌伴舞，跳“摆手舞”时唱的歌，叫作“摆手歌”，摆手歌均用土语演唱，从形式上看有齐唱、领唱、独唱等多种方式，从内容上看有歌唱历史的、歌唱军事的、歌唱生产的、歌唱爱情的，不一而足。

五峰民间舞蹈形式多样——跳丧舞、地花鼓舞、板凳龙舞、摆手舞，人们在舞蹈中释放模仿的冲动，体味节奏的享乐，表达对神灵的礼赞，呈现对自身勇武与力量的夸耀。

三　地方戏曲

地方戏曲是流行于一定地区、凝结着这一地区民风习俗，具有地区的特殊性，并为本地区民众所喜闻乐见的演剧形式。它是一种“活态”的传统文化表现形式，传承着一定的历史传统，又期待着自身审美文化价值提升及其在时代精神中的创造性价值转换。

（一）柳子戏·傩愿戏·堂戏

五峰土家族有多种民间小戏，其中最有影响的是柳子戏、傩愿戏和堂戏。

柳子戏：

柳子戏俗称杨花柳戏，主要流行于五峰县西南部湾潭镇一带。清咸丰二年（1852）所修《长乐县志》有载：“正月十五……是夜，张灯演花鼓戏，日闹元宵。演戏多唱杨花柳戏，其音节出于四川梁山县，又曰梁山调。”从此记载可见柳子戏在五峰历史悠久，产生时间当不晚于清朝道光年间，而且在民间颇有市场，清末民初，即有五峰柳子戏艺人易三、田福正等艺人收徒授艺，培养柳子戏表演人才。最早的柳子戏只简单分为生、旦、丑三个行当，唱腔简单，所演多为民间生活趣事，后来在与不同地区、不同剧种的交流中，柳子戏艺人不断改进唱法、优化唱腔、增设表演角色、丰富演唱内容，使得柳子戏日渐成熟。

柳子戏的主要腔调有正宫调、八字调、阴调、悦（月）调和小调。正宫调叙事抒情，表现力强，有“哀子”“导板”“一流”“二流”“抽二板”“垛板”

“幺板”等板式唱腔，是生、旦主用的腔调；八字调基调诙谐风趣，为丑角腔调；阴调旋律激越，多用于表现悲痛情绪或区分鬼魂角色；悦（月）调优美欢畅，是喜庆场面演唱的腔调；小调轻松活泼，充满生活情趣，为小旦、小丑行演唱。柳子戏主要腔调音乐体制为板腔体，主要唱腔结构为上下句结构，即：起板＋上句＋上句过门＋下句＋下句过门＋尾声，板式共有“一板一眼”“一板三眼”“无板无眼”三种。

柳子戏乐队有管弦乐与打击乐之分。管弦乐有大筒胡琴、唢呐、笛子等；打击乐有土锣（大锣）、勾锣（小锣）、头钹、二钹、棋子鼓（两面蒙皮的扁圆形鼓）等。在柳子戏的伴奏乐器中，大筒胡琴的作用特别突出，其发音洪亮，音色浑厚，演奏时，艺人们在定弦（2—6）的情况下，以食指按在（4—i）音位切把，上下滑动按弦演奏，琴声时高时低，时进时出，颇具风格。还可以两把大筒定正（2　6）反（6̣　3）弦，即“南北调”合奏，音乐旋律更为丰富。

柳子戏主要剧目有生活小剧《扫地挂画》《王木匠打嫁妆》《姚癞子讨亲》《蠢子回门》等，还有一些民间故事剧，如梁山伯与祝英台故事剧《双蝴蝶》、董永与七仙女故事剧《孝感天姬》、张四姐与崔文瑞故事剧《大采桑》、二十四孝故事剧之一《曹安杀子》。柳子戏演出形式灵活，农家堂屋或晒场皆能演唱，加上其真实细腻、生动活泼的演出风格，源于生活、贴近生活的演出内容，深受五峰民众的喜爱。

傩愿戏：

傩愿戏又名傩坛戏、端公戏、鬼脸壳戏等，是从土家族祭祖还愿的祭仪中衍生而成的一个戏种。明朝天启年间，容美土司田信夫录入《田氏一家言》诗集中有《澧阳口号》：“山鬼参差迭里歌，家家罗帮截身魔，夜深响彻呜呜号，争说邻家唱大傩。”所谓“唱大傩”即指傩愿戏。傩愿戏曾经流行于五峰中西部一带，新中国成立之前，采花、湾潭一带有傩愿戏班，称为“傩愿坛”，戏班班主又称掌坛师，戏班成员 8 人以上，多为半职业人员，他们的职责是为“还傩愿”做司仪并兼演傩愿戏。

傩愿戏具有很强的巫术与宗教色彩，演出时供奉神像东山圣公（傩公）、南山圣母（傩母），演出内容分傩戏、傩技，傩戏有故事情节，有角色扮演，有人物对白，有动作程式；傩技则是喷水画符、摸油锅、滚榨刺、上刀梯等惊险功夫，神秘莫测。每年农历八月十五至腊月二十四，民间驱邪除魅、消灾袪厄，或者求子、除病、祈寿都演傩愿戏，一堂傩愿戏要经过许愿、显愿、还愿三个阶段，有一套完整的仪式，仪式上依次演出 24 处戏，在民众看来，这也是 24 堂法事。有时候仪式从简，只演 8 个剧目，叫“正八出”。

面具是傩愿戏中最有特征的部分，也是傩愿戏艺术的重要手段。五峰傩愿戏面具制作有肖像型和变形型两种手段，木质和皮质两种材质，朴野斑斓、古拙有趣，人们用颜色和造型来区别角色，表现性格，辨别忠奸，刻画神灵。面具是神灵的象征和载体，是人神交接的实物符号，是沟通人、鬼、神世界的工具，傩愿戏演员一戴上面具，仿佛一下进入神秘的境界，感觉自己不再是打柴的樵夫、种地的农民，而是得到某种神异的身份、特异的功能，面具提醒演员的同时也提醒观众：表演者已进入了另一个世界，面具已使他们神灵附体，本身就成为神，又对疫鬼增加了威慑力，因此斩妖驱魔，无所不能。

傩愿戏唱腔丰富，掌坛法师施展法术、呼唤神灵、沟通人神时用法师腔；神职人员执行神职、打通阴阳时用祭戏腔；生、旦、净、末、丑等现实角色则用正戏腔，正戏腔腔调多为上下句腔句式结构，亦有一句即为一曲和五句方为一曲者，落音多在“6”“2”上。傩愿戏的伴奏以锣鼓为主，唱腔的起落断句，表演的行至，气氛的渲染，皆以锣鼓配合。

傩愿戏是“还傩愿”活动的附属物，表演边歌边舞，歌腔原始、动作粗犷，主要剧目有《姜女寻夫》《姜女下池》《姜女晒衣》《雪山放羊》《拷打小桃》《毛货郎卖货》《柳毅传书》《槐荫会》等。

堂戏：

堂戏在五峰主要流行于白溢寨、水瀑司、牛庄、采花、五峰镇等地，于明末清初由川东经巴东传入五峰，又名花戏（即花鼓戏），俗传为“踩堂戏”（踩即演的意思），因其演出场所多在农家堂屋而得名。堂戏分为“杨花柳调”和“太和调”两个腔系。“杨花柳调”上文已做介绍，“太和调”属皮黄腔系，主奏乐器为京胡，俗称“小筒子腔”。“太和调”分南、北二路，南路（一流）弦式为5//2；北路（二流）弦式为6//3。其声腔主要用于演出“国家戏”，即朝代历史故事。堂戏没有专业戏班，也没有正规戏文台本，但有简单的服装道具，有固定的演出程式，历来为艺人口传身授，演出时戏不分场，通宵达旦，艺人凭故事梗概即兴编词，唱腔和道白均用方言，是有很强的五峰土家族特色的地方小戏。常演剧目有杨花柳调的《南山捡子》《艾舅子挎包》《王客卖货》《丁癞子讨亲》等；太和调的《四将争亲》《辕门斩子》《陈世美不认前妻》《徐庶过江》《平贵回窑》，还有改变过的现代戏《三世仇》《白毛女》《铁牛进山》等。

（二）南曲·满堂音·吹锣鼓

除了地方小戏，五峰民间还有多种曲艺形式，主要有五峰南曲、满堂音和吹锣鼓。

五峰南曲：

原称南曲，亦称丝弦。南曲在五峰邻县长阳颇负盛名，甚至冠以“长阳南曲”称号，似乎南曲为长阳所专有，事实上南曲大约在清代中期的嘉庆初年（1796）前后即传入五峰，晚清光绪宣统年间是其鼎盛时期。南曲在五峰90%以上地区流行：长乐坪、蒿坪、渔洋关、白鹿庄、水尽司、谢家坪、红渔坪、傅家堰等地都是南曲的传唱地。

五峰南曲旋律优美，节奏舒缓，以缠绵婉转悠远见长，有较多的颤音和下滑音，艺术表现力强，有很强的艺术感染力。五峰南曲音乐属于联曲体结构，简称“曲牌体”，核心曲牌四个：[南曲头][垛子][上下句][南曲尾]。[南曲头]起腔、点明音乐主题的作用；[垛子]起承上启下的作用，[南曲头]由[垛子]过渡、连缀其他曲牌，[垛子]一般以两个乐句交替进行；[上下句]又名“等板”，它是南曲中叙事抒情的主调，是最能体现南曲风格特点的主要曲牌；[南曲尾]是一个内容和音乐上的结尾。除了这四个核心曲牌，还有[滑腔][数板][银纽丝]和[叠断桥]也是常用曲牌。如南曲《夏景》：

[南曲头]夏日炎炎，避暑在林间，柳林河下一小船，采莲船上一位红颜。

[垛子]芙蓉粉面，亚赛天仙，乌云叠翠，美貌千般。

[上下句] 十指尖尖，斜倚栏杆。罗裙摆动，露出金莲，樱桃小口朱唇鲜，千娇百媚，动人留恋；三寸金莲站不稳，腰似杨柳美人肩，杏子眼，柳眉弯，送秋波，把情传，手拿一把垂金扇，身旁站立小丫鬟；那丫鬟，真会玩儿，捉蝴蝶，用线穿，佳人看罢微微笑。

[南曲尾] 猛然一阵狂风起，但只见，浪涌波翻船离岸边，影儿渐渐远，船在浪里颠，只听得，那佳人面似桃花瓣，温存动人怜！

五峰南曲题材广泛，内容丰富，在现存的100多个传统曲目段子中，或咏物抒怀、写景抒情，或讲述故事、酬唱应和。俗话说“三分曲、七分词”，南曲唱词极为雅致，从上文所引的《夏景》一曲可见一斑，文辞骈散结合，韵律和谐，读起来朗朗上口，用词优雅而不古奥、通俗而不俚俗，体现出创作者极高的文学修养，因此，学唱南曲者也必是地方上的文化高人。南曲经典名段《渔家乐》中“左边放下青丝网，右边垂下钓鱼钩”“清风不用银钱买，月在江中夜半游，闲来简板敲明月，醉后渔歌写春秋”等句，历来为世人所津津乐道，被当作南曲丽词雅句的典范。南曲的语言之雅，意境之美，不输宋词，如《风》这个曲段：“徐徐轻风，无影无踪，江湖常把扁舟送，吹卷杨花西复东。推动白云，现出奇峰，飘落黄叶，飞扬半空，敲动竹声摇金凤，檐前铁马响叮咚。渔翁说：七里滩头波浪险，芦花湾里系短篷。樵子说：满山黄叶萧萧下，老松摇首鱼化龙……”

五峰南曲弹唱乐器以小三弦为主，辅之以简板。演唱形式灵活多样：或一人自弹自唱，或二人一弹一唱，或由多人一起配合弹唱。试想：寂静的夜晚，稀疏的月影，徐来的清风，三弦咚咚，歌喉轻展，丽词佳句，一唱三叹，高低婉转，如诉如泣，该是多么让人沉醉让人着迷的民俗文化场景！南曲就是在这样的民俗场景下得以师传徒受、延续至今的。

高雅的文辞，完备的音乐唱腔体系，五峰南曲是不可多得的文化资源。五峰从1962年起就实施南曲传承计划，鼓励艺人带徒传艺，也取得了一定成效。20世纪80年代组织普查县内南曲曲种和艺人情况，召开全县南曲艺人座谈会，有10多位平均年龄72岁的老艺人参会。五峰南曲艺人存量目前已经极为稀少，只有陆先模、李子元、蔡永健等人能够自弹自唱，其中以杜海卿嫡传弟子陆先模的演唱技艺为最高。这迫切需要我们采取强有力的措施，抢救保护。

满堂音：

满堂音流行于五峰湾潭大面、岗坪一带，已有200多年历史，于20世纪70年代末被发现并整理形成，并正式命名“满堂音”，是一种以弹唱为主，兼以五峰方言说、表的新型曲种。

满堂音是一种厅堂坐唱形式的曲艺，其唱腔旋律及伴奏音乐来自土家满堂音声腔皮影戏，声腔与当地五句子民歌在旋律、音阶、调式、节奏等方面有一定的内在联系，主要唱腔为“琵琶板”，上下句式结构。伴奏乐器以土琵琶为主，辅以大筒、二胡、唢呐等烘托帮腔、渲染气氛。表演形式是边弹边唱，弹唱中不时加入对唱、齐唱、道白。满堂音长于抒情和描景，也能演唱以叙事为主的大段子，形式活泼，旋律优雅，代表曲目为《琴台放歌》《土家党员慈母心》《“贝锦卡”血溅虎门》等。

吹锣鼓：

吹锣鼓和南曲、满堂音一起被人们合称为五峰曲坛三枝花。吹锣鼓的前身为五峰民间的薅草锣鼓，1977年9月，为参加宜昌地区业余文艺会演，县文化馆创作人员王作栋与渔洋关文化分馆组织人员以薅草锣鼓为音乐素材，创作革命历史题材曲艺段子《铜锣声声》，取名“吹锣鼓”，该节目参演并获创作奖，吹锣鼓被宜昌地区曲坛正式认定为曲艺品种“七鼓一曲”之一。

吹锣鼓通常四人表演，四人各执一件乐器：唢呐、锣、鼓、钹，双拍子（钹）击乐；用双副音色略有差别的小土钹，分为上下手，错开击打。表演时四人在台上敲敲打打，说说唱唱，唱的是薅草锣鼓的调子，说的是方言道白，具有浓郁的地方特色。吹锣鼓也有双人表演的，双人表演一般是男女搭配，男持小鼓，女执云锣，唱腔过门随节奏敲击。吹锣鼓演员用的是手柄鼓，鼓在手上，随时可敲击，表演上不受场地限制，可以根据剧情需要，满场自由走动，因此显得灵活多变。

吹锣鼓形成不过短短30年时间，但它浓郁的乡土气息，生动诙谐的舞台表演，热烈轰动的剧场效果，深深地吸引了观众，为广大人民群众所喜闻乐见。

（三）皮影戏

五峰民间有演皮影戏的传统，常演剧目有《三打祝家庄》《三打白骨精》《三斧定瓦岗》《三英战吕布》和移植现代剧《新花木兰》《九件衣》《冤和仇》《冤家对头》等。新中国成立之初，五峰土家族自治县尚有5个业余皮影戏班，艺人29人。20世纪50年代，县文化馆大力扶植皮影戏。1953年，在水浕司建立皮影改革小组，制作排演现代剧目，皮影戏得到很大发展，但是“文化大革命”期间，五峰皮影戏受到冲击，发展走入低谷。1978年，水浕司、白鹿庄、湾潭等地艺人重组戏班，走村串户演出，皮影戏又迎来演出高峰，湾潭镇锁金山村农民柳庆顺等人组班在邻近村组演出500余场。如今，随着电影、电视的普及，皮影戏演出活动日渐稀少，面临后继无人之尴尬局面。

第三节　工艺技巧

民间工艺技巧是我国传统文化的重要组成部分，来源于民间，扎根于民间，发展于民间，具有品种纷繁、形式多样、多变鲜活、美不胜收的独特之道。民间工艺技巧广泛流传在衣、食、住、行、用等生产生活的各个方面。

一　饮食

五峰地处高寒地带，粮食以苞谷为主，小麦、土豆和红薯为辅。“面饭懒豆腐”（玉米饭称为面饭，用黄豆磨的合渣叫懒豆腐）是五峰土家人的日常主食，土豆是五峰土家人的日常辅食，所谓“家住来岩边，烧的栗柴火，喝（抽）的兰花烟，啃的洋芋果”。

五峰许多农事活动都与饮食习俗相关：下田薅草，要吃“薅草饭”；稻谷丰收，要吃“割谷饭”；上山打柴，要吃“挑柴饭”；起屋上梁，要吃“上梁席”；造船下水，烧陶出窑，工匠们以祭祀河神、窑神的“三牲”（猪头、公鸡、鲤鱼）为肴，从头到尾要打三次“牙祭”。

五峰土家族节庆饮食更是讲究：春节要吃甜酒、汤圆，预示“一年常甜”“财运常圆”；元宵节做带馅儿的“十五粑粑”象征“月圆以上，人圆以下”，吃年糕意为“步步高升”；二月十五春社节家家户户打豆腐、煮腊肉；清明节上坟插青，寒食禁火；牛王节吃乌米饭；端午节接出嫁女回娘家，食粽子、卤鸡蛋，喝雄黄酒；八月初二至十三为詹天节，人们用“十碗八扣”来祭祀土家人的厨师之祖詹厨师；中秋节酿米酒、吃月饼；重阳节吃重阳糕、饮菊花酒。

五峰土家族最隆重的饮食礼仪是“十碗八扣”，最具特色的饮食风俗是喝“咂酒”。

（一）十碗八扣

十碗八扣是五峰传统的盛筵，所谓“十碗八扣”，是说席上十碗菜有八个“扣菜”，故又称“扣席”，是五峰土家族红白喜事、节日庆典中招待至亲好友、贵客嘉宾才置办的筵席。

扣席的菜谱包括：头菜、鸡、肉、圆、蹄、羊肉、蒸酢、杂碎、合菜、小炒十道菜，除了合菜和小炒用炒的方法制作以外，其他多用蒸的方法烹调。

扣席的头菜是肉糕，制作方法很讲究：肉糕用猪肉、糯米粉加佐料和成糊状，放入蒸笼格子里抹平后糊上一层生鸡蛋，蒸熟后，切成长方块，肉糕并不直接上桌，而是用香菌、木耳、粉条、豆腐角、土豆丝等多种原料爆炒拌和而成的“合菜”垫底，将十六块肉糕按四方摆满合菜的凸显部分，最后在肉糕上涂上一些红色，显得饱满而喜庆。

其他几道扣菜的做法分别如下。

蒸渣：用肉片和苞谷粉子加佐料稀释拌和后，先在碗底放一层拌和匀了的苞谷粉子汤，然后把肉片重叠整齐地放成一排，再用苞谷粉子汤将碗装满，用蒸笼蒸熟。

正肉：又称扣肉，先把肉片切成厚薄均匀、大小一样的肉片，再把肉片并排重叠整齐地放在碗底，上下空隙塞满肉片，然后用盐菜、春芽之类干熟蔬菜将碗填满。

羊肉：先将熟羊肉切成片，平铺碗底，再装满小方块豆腐，没有羊肉，可用其他瘦肉片代替，也可纯用豆腐。

圆子（丸子）：把肉剁碎，加豆腐或糯米，和生鸡蛋拌匀，做成汤圆大小的丸子，用蒸笼蒸熟，取出后装满碗。上菜时丸子第四盘端出，取意四喜丸子，四季发财。

蹄子：先将猪蹄剁成小块，加佐料用生水煮熟，然后选形状、质地较好的肉块放在碗底，再随意装满碗。蹄子第六盘出菜，拆菜时先拆到下席正中，取意步步稳健，一路顺意。

鸡子：先将整鸡剁成块，和苞谷粉加佐料稀释拌匀，也可纯用鸡子，如前述蹄子一样上碗蒸熟。

杂碎：煮熟切片，铺在碗里，再放满其他常食干蔬菜、杂碎，最后上席，放在居中位置。[①]

来宾到齐，支客司便高喊："落座了——"礼铳三响，唢呐吹奏迎宾曲，端菜师傅高喊："顺啊——"端着调盘上菜了。扣席上菜、拆菜颇有讲究，每次上菜只上一道菜，每道菜应摆放在桌席中间，拆走一碗，即把前一碗推至上席中间，每盘与每个客人等距离，意为不欺客。拆走前一碗，不可一步到位，而是放在应放那方的中间，第三步到位，叫拆菜。十碗八扣上菜、拆菜必须按照既定顺序，大致顺序如图 3-3-1 所示。

扣席是五峰的传统待客盛筵，现在大多数地方不时兴了，只有少数边远山村和部分乡镇农村还保护着这种地方色彩浓厚的饮食文化习俗。

（二）咂酒

五峰土家族人民性格豪爽，好饮酒，酒是五峰土家人生活中不可缺少的饮

① 五峰土家族自治县政协文史资料委员会渔洋关镇联络组：《五峰文史资料（总第 5 辑）渔洋关专辑》1995 年 10 月。

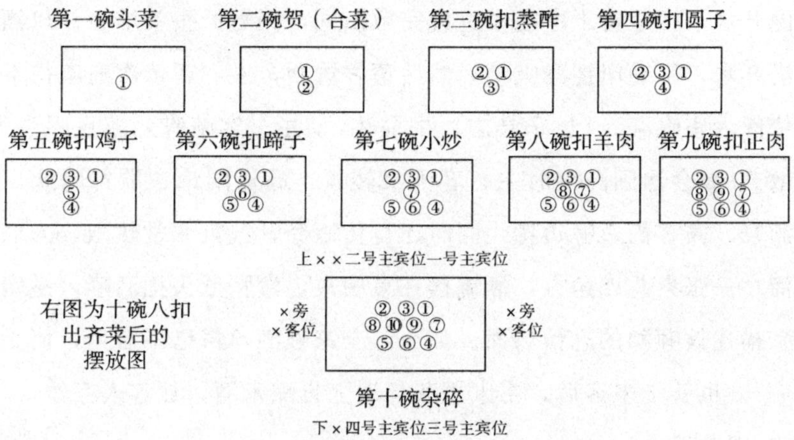

图3-3-1 十碗八扣出菜顺序及摆放

品，人们在酒中交流感情、解决纷争、体验喜怒、表达哀乐。《长乐县志》记载："土俗尚咂酒"，饮"咂酒"是五峰土家族特殊而有富有诗意的饮酒习俗，这一习俗沿袭已久。清代长乐县（今五峰）县令李焕春在土家山寨做客吃咂酒，带着几分醉意写下一首《竹枝词》："糯谷新熬酒一壶，吸来可胜碧筒无？诗肠借此频浇洗，醉咏山林月不孤。"包括五峰和鹤峰的容美土司改土归流以后，鹤峰第一任知州毛峻德在鄂西参加土家咂酒宴会后也写下诗歌："板屋团团坐，欢呼挈一瓶。白波卷细管，红友吸仙灵。户小陴筒醉，魂招楚泽醒。底须杯在手，曲部未图形。"

咂酒的酿造法并不特殊，《长乐县志》里说："其酿法于腊月取稻谷、苞谷并各种谷物配合均匀，照寻常酿酒之法酿之。"特殊的是咂酒的喝法，《长乐县志》中这样说："酿成掺烧酒数斤，置大瓮内封紧，俟来年暑月，开瓮取糟置壶中，冲以白沸汤，用细管吸之。味甚醇厚，可以解暑。"暑热的夏季，主人取出腊月酿下的美酒，装在专门的坛内，置于堂屋正中两张一合的厢桌下首，插入通节的细竹竿，咂酒的准备工作就算就绪。咂酒，土家语叫"咂抹坛"。"咂"是吸吮的意思，"抹坛"是揩抹酒坛的意思，"咂抹坛"即用细竹竿饮酒，用毛巾擦拭溢了酒的坛面。《长乐县志》载："每客一吸酒，主妇一注水。前客吸过，赴桌再举箸，而后客来，彼此不以为歉也。"饮咂酒时，敬酒的主人一手端一碗开水，一手持干净毛巾，说完敬酒词，侧身低头就竿吸一口酒，再往坛中兑满开水，用毛巾擦净吸竿，然后请客饮酒，主、客依次离座往下席位饮酒，又依次入座吃菜。《长乐县志》中描述："主、客喧哗，随意唱蛮歌俚曲，尽欢而散。"宴会达到高潮时主、客围桌转饮，高谈阔论、歌舞腾欢，因而产生了咂酒舞。宾客们边咂边舞，同时还行传酒令，气氛非常热烈，人们为此编下顺口溜"一张桌儿四角方，酒罐摆在桌中央，弯腰低头把酒咂，皇帝到此也一样"来描述饮咂酒的忘情场面。如今，土家咂酒习俗已不多见，而是演变为"传酒"——也就是来客后，主人用茶杯斟上自酿米酒，让客人互饮。

（三）罐儿茶

五峰为全国茶叶百强县之一，宜红工夫茶和采花、长乐、福禄毛尖、银毫等极品绿茶系列产品闻名遐迩。种茶和制茶历史悠久，因而茶俗的形成更是渊源有之。五峰以好客为乐事，不论生人熟人，总是以礼相待。正如一首山歌唱道："家雀子，尾巴撤，身穿绿背褂，一翅飞到前院里，喳的喳的喊；一翅飞到后院里，喊的喊的喳；小幺妹，快烧茶，外头客来哒。"

土家人视茶为灵物，认为山有山神，茶有茶神，禁忌将茶泼在地上，否则即玷污茶神。抓茶叶必须先洗手，名曰"净手"，这乃是对神灵的尊重，亦有防止污染茶叶的习俗。泡的茶，在杯中如有茶果果出现，当主家中必有客来。茶不仅用于待客，在特定情况下，还用于敬奉神灵。

五峰人待客，饮用细茶，茶具与泡制皆有讲究。款待客人使用专制的小土罐煮泡茶水。这种小土罐就是五峰土家人沿袭数百年的"敬茶罐"，贵客来家用敬茶罐上茶，最多时一次可款待十来人，其方法是：先将敬茶罐放于柴火（或炭火）上烤干，发烫后，放进茶叶，边摇动边烤，如此三番，茶香四溢，遂将炊壶滚水高吊冲泡罐中少许，视罐中冒一缕白雾，急加盖，煨片刻（谓"发窝子"）后，将滚水注满，文火缓烤，以均茶汁茶味，然后客人一一筛敬。五峰人称这种茶式为"喝罐儿茶"。其茶味十分可口，饮后，喉管里生出清甜甘苦的味道，不习惯喝茶者，喝后，不免有苦茶满口的感觉，让人回味。

“茶叶本是两头尖，知人待客茶上前；烧茶娘子本辛苦，儿孙后来做高官。”这首茶歌，表达了五峰人“以茶为礼”，不辞辛劳的茶俗。如：给人贺喜，叫“吃茶”；给人送的礼物称作“茶礼”；男女订婚以茶为礼，女方接受男方聘礼，叫“下茶”，结婚要“定茶”，同房叫“合茶”；新媳妇进门第一天早上必给公婆各敬一杯茶，公婆接过这杯茶后则回礼以“茶钱”若干；有的公公第二天早上迟迟不起床，新媳妇要把茶送到床前，叫作“喝揪脑壳茶”，哪怕这种敬茶方式茶钱高出一倍或几倍，公公也乐意掏腰包。

五峰人心地善良，以茶为善。有的人家在三伏苦夏于门前的大路上放一缸茶，让过路行人自由取用，这种习俗称“施茶”；或有过往路人入户讨茶水，主人多慨然允饮。

二　服饰

服饰是一个民族的重要文化标志。五峰土家族人民在生产和生活中创造了集绘画、扎染、刺绣、挑花、纺织等民族手工艺术于一体的土家族服饰，常见的有衣裙、头巾、帕子、帽子、围腰、鞋与鞋垫、花背带、小花被等。五峰土家族服饰布料多为自纺、自织、自染的土布，俗称“家机（绩）布”，颜色以灰、青、蓝、白、黑为主，或以其一为主，其他色布相间拼成。《五峰县志》(1994) 关于土家族服饰载：“旧时，家绩白布用锅灰或化香树叶熬煮染成‘吊灰布’、青布，做衣打粗穿”，“走亲访友穿青和纯白衣裳谓‘青打白扮’”。

土家族成年男子包墨青色丝或布做成的“蛮头帕子”，帕长 7—9 尺，从左至右顺时针卷戴头上，呈“人”字形，左边留两寸长帕头；上穿“琵琶襟”的无领满襟短衣，衣边镶梅花朵、绣银勾，外罩“鸦鹊褂”，即黑布单褂；下穿白布上腰的大脚裤，膝盖绣花，裤筒打“人”字路绑腿，配布鞋或草鞋，显得精神利索。

土家族服饰女装多为短衣大袖、矮领、左衽大襟，胸前勾花，袖口和衣襟上饰以小条花边；下身着筒裙、百褶裙或裤子。女裤以青蓝色为主，白布裤腰，裤脚宽大，蓝底加青边，或青底加蓝边，后边挑两三条宽度不同的“梅花朵”或“麦穗条”，裤子膝部绣花。

土家族姑娘的嫁衣精美绝伦，人称“露水衣”。露水衣上衣左开襟，大袖大摆，下配八幅罗裙或百褶裙，脚穿绣花鞋，系围腰，胸前右斜戴扣花牙签。花牙签特别讲究，共有三层，第一层是一块装饰有花纹和宝珠的银牌；第二层右边系一方巾，左边系百家锁；第三层垂挂牙签、宝剑、关刀、挖耳子、夹针等日常生活必需品及土家人认为避邪之物，整个扣花牙签重二三两，环佩叮当。头戴钉有银宝花的凤冠，宝花两边有一对龙，龙后有一对凤，凤后有一对虾，虾后有一对银帽襟，帽前下檐还有九只凤，每只凤嘴里衔三根银针。

五峰土家族妇女的首饰多而富有特色，多为银制品。妇女头饰有金或银莲蓬花、撇簪、银梳、插簪、瓜子针、茉莉针、芭蕉扇等，耳饰有“瓜子”“单环”“两环”等，项饰有粗细不同的轮圈，手腕上戴银手镯（称梗子），手指上戴银戒指。

五峰土家族小孩的服饰突出在帽子上，不同年龄、不同季节的帽子都有讲究：春秋戴“紫金冠”，夏季戴“冬瓜圈”，冬季戴“狗头帽”“鱼尾帽”“风帽”等。这些帽子上多有吉祥文字如“长命富贵”“易养成人”“福禄寿禧”，有的是吉祥图案，如“喜鹊闹梅”“凤穿牡丹”等。小孩的帽子除了驱寒保暖以外，最重要的是避邪求吉，所以很多还在帽檐正面缝上“大八仙”“小八仙”“十八罗汉”等银菩萨。小孩的佩饰也很多，脖子上、手脚上戴银圈，圈上挂响铃，这些配饰和帽子一样，都体现出长辈希望孩子安生、长生的愿望。

在五峰土家族服饰艺术中，值得一提的是土家织锦“西兰卡普”，相传为一个名叫“西兰”的土家族姑娘所创，西兰卡普极富民族和地方特色，与蜀锦、壮锦并称为三大名锦。西兰卡普在古老的木织机上织成，以棉纱为经线，采用通经断纬、反面挑纹的编织工艺，主要用作被面、床罩、桌布、椅垫、包袱、锦袋等。西兰卡普图样多达几百种，动物植物、自然风光、日月星辰、几何纹样、吉祥文字都是五峰土家族姑娘喜爱的内容，人们把美好的图景、吉祥的寓意编织出来，用以装饰自己的生活，福佑自己的人生。西兰卡普所用的丝线用红花、栀子、姜黄、洞洞树、五倍子等野生植物自制的染料染成，在长期实践中人们摸索出配色的窍门，如“黑配白，哪里得。红配绿，选不出。蓝配黄，放光芒”。在朴素的色彩观念指导下织成的西兰卡普色彩鲜明，绚丽夺目，富有浓厚的民族风格。西兰卡普是女孩子出嫁时的主要嫁妆，也是女孩子人才手艺的见证，正如民歌里唱的：“白布帕子四只角，四只角上绣雁鹅；帕子烂了雁鹅在，不看人才看手脚。”所以，心灵手巧的土家族姑娘十几岁就登上织机，开始编织西兰卡普。西兰卡普深受五峰土家族人民的喜爱，也是外地游客所钟爱的工艺品。

三　建筑

土家人在居住习惯上，除平地人烟稠密，群聚而居，形成村落外，大部分则为散居。原以同姓同宗为一寨，以姓氏作寨名，后来有的山寨逐步有了其他亲友杂居，便另命寨名。五峰先民选择定居点，第一位是趋利——土地丰富，柴水充足，出入方便；第二是避害——避免低洼潮湿、北风扫堂、山洪冲淹和山崩塌陷；第三是尚吉——美与秀的山环水绕，根与基峰的起脉承接，地形开敞的气与势。过去，土家人的住房多为吊脚楼。根据坡地特点，以一平整场地为主宅基地，利用主基地坎下小平地为附属基地，依山傍水借势兴建的木质房屋。五峰分横吊和转角拐吊两种，两种吊脚楼又有单吊和双吊之分，转角单拐吊最常见。

“依山傍水，房子长腿。”吊脚楼是正屋建在实地上，厢房一边与正房相连，其余三边悬空，靠柱子支撑。大多数吊脚楼前为缓坡，后有靠山，避风向阳。房屋地面为木板所盖，上层住人，下层放置农具杂物，饲养牲畜。正房接待客人、休息、吃饭；厢房为厨房、火垅、寝室。四周墙体大多为木板，立木为柱，连柱架梁，梁上搭檩，顺檩搭椽，屋顶两面水，布瓦覆盖。依山的吊脚楼，在平地上用木柱撑起，分上下两层，节约土地，造价较廉；上层通风、干燥、防潮，是居室；下层是猪、牛、羊圈或用来堆放杂物。一般人家规模为一栋四排扇、三间屋，或六排扇、五间屋；中等人家为五柱两棋、五柱四棋；大户人家则有七柱四棋的四合天井大院。

从前的吊脚楼一般以茅草或杉树皮盖顶，也有用石板当盖顶的；现在，大多吊脚楼用泥瓦铺盖。吊脚楼的建造是土家人生活中的一件大事。开工伊始，要“伐青山”，即到山上砍伐木料，一般选椿树或紫树，椿、紫因谐音“春”“子”意为春常在，子孙旺；备好木料便开始“架大码”，即加工大梁及柱料，大梁在吊脚楼的建造中极其重要，木工会在梁上画上太极八卦、荷花莲子等吉祥图案；加工好大梁就“排扇”，即把加工好的梁柱接上榫头，排成木扇；最后“立屋竖柱”，“立屋竖柱”选黄道吉日进行，竖柱前举行祭梁仪式，然后众人齐心协力将一排排木扇竖起，这时，鞭炮齐鸣，左邻右舍送礼物祝贺。立屋竖柱之后便是钉椽角、盖瓦、装板壁，以及装饰向天飞檐、阳台木栏。

在五峰，吊脚楼群保存较为完好的有湾潭九门和茶园吊脚楼民居群，五峰镇百溪河吊脚楼民居群，采花莫家溪民居群。

第四节　风俗习惯

风俗习惯是特定社会文化区域内人们在长期的生产生活实践中形成，并为民众共同遵守的传统风尚、礼节、习性等行为方式与规范，包括民族习俗、节日习俗、传统礼仪等，具有强烈的行为制约作用。

一　民间习俗

（一）生产习俗

五峰土家族生产方式以农耕为主，人们在长期的农业劳动中学会了就地取材，发明了许多适宜当地生产条件的犁、耙、锄头等农具；世代相传，积累了许多生产经验，用“烧火粪”“烧火田”“沤栏肥”的方式提高农田地温和肥力，增加产量，用连枷、风车、扳斗收割五谷，用石磨、石臼、砻、罗柜加工粮食，这些生产方式具有简单、原始、厚重的山地特点。

五峰土家族人民在生产劳动中还总结出许多天气和农事关系的谚语，如：“五月十三把刀磨（下雨），芝麻黄豆不结角（方言音 guo）”；“得谷不得谷，只看五月二十六（方言音 lu)”；“小满那天不下满，芒种田里无人管”；“伏干打满仓，秋干断种粮”；“立秋无雨神担忧，万物种来只丰收”；“冬无雪，麦不结”；“不冷不热，五谷不结”。人们还会根据天气预兆做好相应的农事准备，如果“正月雷打雪”那就意味着“二月雨不歇，三月无秧水，四月秧上节”，所以如果正月打雷下雪，有经验的土家农民即会蓄水和疏通沟渠，做好二月防涝，三月、四月抗旱的准备。

由于对土地和自然的敬畏，生产禁忌也是五峰土家族人民生产习俗的一个重要方面。五峰土家族农历初五、十五、二十五不下田耕作，因为“破五”不吉利；农历三、六、九日和腊月不能抛粮下种，因为那是“土瘟日”，有“下种遇红煞，种粮不归家”之说；即便是春种秋播也要测日，避开“属火”日，不然那种子不发芽；逢“戊”日不下地劳作，因为“戊”与“误”同音，“戊”日劳作会妨碍庄稼生长，劳而无功；收割时忌讳打听产量，忌说“粮食快收完了”之类不吉利的话。牛是农耕文化的重要象征，五峰土家族人有爱牛、惜牛的传统，清明、立夏、农历四月初八都要让牛休养息耕。

庄稼是五峰土家族人民的衣食来源，所以人们不但要择期播种和耕作，还要细心保护和照料。五峰大山绵延，野兽众多，时常破坏庄稼，聪明的五峰人便发明了保护庄稼不遭兽害的种种方法，如“施打棒”“安响杆”“放草人”等。所谓“施打棒”是指在田边安一圈木头做的“打棒”，拴上绊绳，如有野兽通过，触一处绊绳，“打棒”便接二连三倒下，棒打或吓跑野兽；“安响杆”是指将长粗竹竿中部剖开，绑在田边树上，在剖开处钻眼拉绳到住所，反复拉放绳子，坐在家里就能用“啪啪”的响声将野兽赶走；“放草人”是指在田边立巨大草人，头戴草帽，身披破衣，张开的臂膀处安放铁器，风吹铁片发出叮当响声，吓走刨食的野猪和麻雀。

五峰土家族依山而居，除了农业生产，打猎也是重要的生计。秋冬农闲，猎物膘肥肉满之时，人们就集体围山狩猎，俗称“赶仗”。五峰土家人赶仗像真的打仗一样，讲究装备、分工和战术，有“一铳二药三打手，一猪二熊三老虎”之说。赶仗是充满诱惑又有着相当危险因素的活动，所以围猎之前，人们必须先按传统方式祭枪、祭猎神，用施过咒语的纸人、纸马压住赶仗范围内的阵脚，然后进行严密分工，猎手分为“坐径”“赶脚”和“坐镇”三种角色，坐径者由打铳高手担任，负责向猎物瞄准射击；赶脚者由善奔跑、嗓门高、熟知各类野兽足迹者担任，负责领着猎狗追赶猎物；坐镇者由赶仗经验丰富的老年铳手担任，负责在高处打望，及时给坐径者和赶脚者提供猎物方位信息。打到猎物，即吹三声牛角“倒山号”，老猎手扯下七根茅草塞进猎物嘴里“封嘴”，再吹三声牛角“归家号”抬着猎物回家。猎手们严守赶仗规约，所得猎物除在本次赶仗中功劳最大的铳手和赶脚者略微多得以外，其他人都平均分配，保持了原始平均分配的做法，充分体现一种集体精神。

（二）人生礼俗

1. 生育习俗

人丁兴旺是五峰土家人的美好愿望，因此生儿育女被视为五峰土家族家庭生活的一件大事，围绕生育形成了许多习俗。婴儿降生是一个家庭中的巨大喜事，婴儿出生后的第二天，婴儿的父亲就赶紧带着一只鸡到嘎公嘎嘎（外公外婆）家报喜，生男孩抱一只公鸡，生女孩抱一只母鸡，嘎公嘎嘎根据鸡的不同判断婴儿性别，并回送性别相反的鸡，以期外孙子（女）将来找到好媳妇（好女婿）。婴儿出生第三天，外婆要为婴儿“洗三”，用艾叶、金银花藤等熬成的药水给婴儿洗去污秽和邪祟，同时打发送子娘娘，请亲友吃红茶蛋。“洗三”过后，根据“男九女十”的旧规，在男孩出生第九天，女孩出生第十天，“整祝米酒”，外婆带着猪蹄、鸡蛋及小儿衣物用品来“送祝米”。满月时，家人要为婴儿“整满月酒”。满月之后，产妇带婴儿回娘家“出窝”，娘家亲戚要给婴儿红包或礼物，俗称“打发”。婴儿满一百天时，为其佩戴长命锁，穿上缝有护身符的百家衣，保佑婴儿不受邪祟、病魔的侵害，健康成长。婴儿周岁时举行“抓周”仪式，周岁当日宴请过亲友，便摆放笔墨纸砚、工匠用具、糕点玩具等让孩子抓取，以此预测其日后的前途、志向和兴趣。

2. 婚嫁习俗

容美土司时期，五峰土家族青年男女多在摆手堂、女儿会、婚嫁、互助劳作等集体场合以歌为媒，相恋成婚；改土归流以后，受汉族文化影响，也实行“父母之命、媒妁之言”，婚前有一系列复杂的订婚仪式：放话（媒人沟通，探口风）、换帖（俗称“拿八字”）、过路（换帖一年后，亲家互相见面）、朝年（定亲后每年正月初五前男方到女方家拜年）、求肯（结婚前半年男方到女家求准成婚日期）、报期（男方到女家通报迎亲日期）。女方在换帖后就开始给待嫁女儿打妆奁、做嫁衣、制银饰，准备嫁妆。

五峰土家族婚礼中有一个有趣的环节就是“陪十姊妹”和“陪十兄弟”。五峰土家族诗人田泰斗在《竹枝词》里这样写道：“新梳高髻学簪花，娇泪盈盈洒碧纱。阿母今朝陪远客，当筵十个女儿家。”“筵十个女儿家”说的就是“陪十姊妹”风俗。陪十姊妹在女子出嫁前一晚举行，待嫁女子邀请自己 9 位未婚女性好友，在红烛生辉的闺房里围桌而坐，祝福话别，唱十姊妹歌。先由一人唱“开台歌”：“十姊妹来都请坐，听我唱个开台歌。一张桌子四只角，四只角上站喜鹊。喜鹊口里含白米，天不亮明歌不落。东边唱歌西边接，今晚唱歌凑热闹。我们姊妹团团坐，唱起歌儿话离别。”然后大家自由发挥，叙旧话别，赞美祝福，憧憬怀想，所唱歌词既有历代相传，相沿成习的老曲，也有即兴创作、触景生情的原创，姑娘们常以“十”为题，主要唱的有“十要”“十唱”“十想”“十爱”“十杯酒”“十二月”等，歌声通宵达旦，气氛热烈，情意浓浓。天色微明，陪十姊妹活动在“圆台歌”中结束：“一张桌子圆又圆，中间圆个古镂钱，古镂钱上四个字，花好月圆到百年。”待嫁女儿在姊妹们花好月圆、百年好合的祝福中走向婚姻。与此同时，将娶的男孩家也要举行“陪十兄弟”活动，十兄弟被称为“状元郎”，田泰斗写道：“箫声隐隐烛辉煌，十个儿童巧样妆。绝妙风流名色艳，华筵都唤状元郎。”洞房花烛和金榜题名一样是男孩的人生乐事，所以亲戚朋友要在陪十兄弟活动前为新郎奏鼓乐，送来朱漆金字木匾。

哭嫁是五峰土家族婚礼中一项最有特色的婚俗，土家女儿结婚喜庆之日是用哭声迎来的，出嫁新娘必须哭，从婚期定下之日便开始哭，这时的哭嫁断断续续，亲族乡邻谁来看望送礼，新娘就以他为题材哭诉，作答谢之礼，正式婚礼的前一天晚上到第二天上轿时，哭嫁达到高潮。五峰人哭嫁程序，“以‘哭开声’为序歌，第一道程序为哭爹娘、哭哥嫂、哭姊妹、哭众亲友；第二道程序为哭（骂）媒人；第三道程序为入席后的哭开脸（梳妆）、哭祖宗、哭穿衣、哭艺人等；尾声为‘哭上轿’”。新娘在轿子里还要哭诉不止，称为“哭婚桥”①。有趣的是，哭嫁歌的唱词表达的情绪多半是难舍、感激、担心、难过等，唯独对媒人十分不友好，多是责备、谩骂。五峰西部有一首“噘（骂）媒婆”的歌这样唱道：“死媒婆，癞媒婆，猪头脸盘尖尖脚。生就的害人精，坑人的老妖婆。东家哄，西家说，串来串去两边唆。死媒婆，癞媒婆，吃了人家肥肉砣。一张大油嘴，害人有几多。今天吃哒明天死，死哒变驴推腰磨。死媒婆，癞媒婆，死哒埋在大路坡。牛儿铆起踩，羊儿死劲跺，跺出心肝黄狗拖，看你来世当媒婆!”这只是一种习俗，所以无论怎么骂，媒婆都不会生气。

3. 贺寿习俗

庆寿在五峰被称为“做生”或“吃面”，五峰人36岁就庆寿，称过“大节巴”，当地人认为36岁是厄年，所以“做三十六”以冲厄，过了36岁就开始为自己准备寿棺。五峰人以六十大寿为重，从60岁开始，逢整岁做寿，寿宴是隆重的“十碗八扣”，并以民歌堂会或南曲堂会助兴。五峰有些地区还有一些特殊的庆寿方式，叫作“做生期斋”“打活丧鼓”。长乐坪百年关以西的地区，时运不济的男性在过生日的时候，请道士到家设坛安坛，穿堂跑场，收坛安神，称为“生期斋”，希望用法事赶走霉运；还有人在过生日的时候，邀约朋友到寿堂通宵达旦地为自己打丧鼓、跳丧舞，称为“打活丧鼓”。

① 《五峰土家族县志（1985—2005）》，三峡电子音像出版社2014年版，第657页。

4. 丧葬习俗

五峰土家族乐生重死，十分重视丧事，形成许多习俗。老人病危，儿女即守在跟前，在老人人生的最后时刻陪伴左右，一旦过世，即烧“落气纸”，放“落气鞭”，点长明灯，请“都管”派人“把信”。通知亲友。五峰土家人认为“人死众家丧”，哪家有人亡故，众乡邻都会自觉来帮忙。落气后，长子为老人请水、净身、穿衣。穿衣件数颇多讲究，多数地方为上偶下奇，仁和坪、升子坪等地上下皆单数。逝者无论男女，都会在里面穿一套红衣，说阴曹地府剥皮见红即免。

过去五峰丧事要做许多法事，新中国成立前，五峰县有职业道士近百人，出丧请道士开路，仪式多依道教，湾潭等地则依佛教。法事规模视贫富而定，“有‘把儿路’（‘啄点子’，不挂菩萨，三场法事）、‘响鼓路’（动锣鼓，三尊菩萨）、‘五方路’（两三个道士，设坛、设灵堂，做‘开五方’、‘解结’、‘寄包袱’等法事）、‘敬功路’（七八个道士，三四日）、‘绕关路’（十余道士，四五日）。‘做斋’者另加道士，多达30余名，设黄坛、亡坛、师坛”[①]。“五七”“周年”“三年出灵”皆做法事。新中国成立后，丧事从简，现通行十班鼓（又称打家业），西境诸乡则打丧鼓，在灵柩前跳丧是沿袭至今的古老祭祀形式，后来逐渐演变为一种舞蹈。

（三）信仰习俗

五峰土家族人民历史上笃信宗教、敬奉鬼神，相信五行八字、龙脉风水、因果报应。当地主要宗教信仰有道教、佛教、天主教和基督教，天主教和基督教信众较少，道教和佛教的信众较多。五峰镇、渔洋关镇、长乐坪镇、仁和坪镇、湾潭镇等处曾有道观16处，佛教寺庵14处，现在只有部分遗迹。但是，在五峰土家族中具有更广泛群众基础的宗教信仰则表现为原始的祖先崇拜及万物有灵的多神信仰。五峰土家族人视祖先神为家族的保护神，出门三叩首，早晚一炷香，小心供奉，频繁祭祀；在五峰土家族人心目中，古树巨岩，风雨雷电，皆有神性，不可冒犯；而家中红蛇、百年蟾蜍、千年神龟则被视为家神和

① 《五峰县志》，中国城市出版社1994年版，第589页。

灵物，虔诚呵护，不敢侵犯。

五峰土家族自治县群众信仰民俗较为复杂，不同地区各有差异，湾潭镇彭姓土家族群众信奉彭姓祖先神彭公爵主，五峰清江流域的土家族多信仰向王天子。清江是湖北省西南部的一条河流，五峰泗洋河、渔洋河、天池河都流进了清江，当地居民认为清江河河道为向王天子所开凿，“向王天子吹牛角，吹出一条清江河”。人们驾船渡河、拉网打鱼、放木拉排，都要祭祀向王，求其保佑。容美土司时期县内谢家坪高尖子山、湾潭黄连溪的崩坝坡等地都建有向王庙，在鸡爪观内还供奉有向王天子的塑像。关于向王天子的来历，据《长乐县志》载：向王庙“供廪君神相，按：廪君世为巴人立者，持务相为阛贵之王，有功于民，故今施南——等处尸而祀之，世俗相沿。但呼为向王天子而不审由来”。廪君是巴人始祖，土家族来源于巴人，故向王天子应该和彭公爵主一样是祖先神。

在五峰的采花、傅家堰等乡镇流行一种“唐祭”仪式，唐祭仪式本为古老的汉族儒家祭礼，明末清初传入容美土司与土家文化融合，沿袭成俗。堂祭分“告祖”“开祭”“祭祖”“祭孔”4 种类别，分婚姻习俗和丧俗仪式两种，祭祀成员由主祭、亚祭、引礼（孝）生、歌童、司乐等 20 余人组成。堂祭文本由歌、赋、文等体裁构成，言辞古雅，内容包括《诗经》《楚辞》及道教、佛教、楚文化习俗招魂等内容。如今五峰采花乡只能找到唐祭仪式艺人十多位，唐祭和其他许多传统文化一样，面临后继无人、濒临灭绝的尴尬局面，可喜的是唐祭已被湖北省人民政府确定列入全省首批非物质文化遗产代表作名录，也是全国非物质文化遗产重点抢救保护项目。

二　民间节庆

除了和汉族一样的一些节日习俗外，五峰土家族还有许多具有民族和地方特色的节庆习俗，如腊月二十九“过赶年”、二月十五“花朝大期”、四月初八“牛王节”、六月初六“晒龙节”、七月十五“过月半”，八月十三“敬詹节”、十月十六“寒婆婆打柴节”、冬月（十一月）十九“太阳生辰”等。

过赶年　改土归流以前，五峰百年关以西的大部分地区“过赶年”，所谓“赶年”是在腊月二十九（月小则二十八）前一天过年。这个习俗起源于明嘉靖年间，年关时节，容美土家山寨为了取得平倭战争的胜利，提前给出征的士兵吃年夜饭，然后在除夕之夜突袭倭寇，取得胜利，后来相沿成习，就有了“过赶年”的风俗。腊月二十九年夜饭吃毕，“合家老小，头戴面具，身背衣物、被子，手持刀、枪、棍、棒等凡能用作武器者，齐出大门，一阵呼哄喊叫，到屋前屋后巡视一遍，名曰‘巡山杀敌’”[①]。这一天还有很多禁忌，比如禁杀牲畜，以免牲畜的叫声暴露战事，特别是不能杀鸡，因为鸡担负报晓的职责。

花朝大期　在五峰，十二岁的女孩在要二月十五那天穿耳，这天还被视为天定的“大期”，即男女婚配的黄道吉日。

牛王节　在土家族的传说中，曾经有一头牛在四月初八那天帮助过被围困的土家人渡河，脱险之后，土王和族人尽心饲养这头有恩于本族的牛，视之为牛中之王，后来这头水牛老死升天，被封为“丑宿星君”，成为土家人心目中的牛王神，并把四月初八这天作为牛王节。因此每年四月初八，五峰土家人就整修牛圈，歇牛息耕，为牛梳毛洗汗，精心犒劳，还以酒肉粑粑敬“牛王菩萨”，上“牛王表”：“青城化身，为牛犊之主宰，傅山得道，司妖道之权衡……上呈青城山得道，牛王丑宿星君。”

晒龙节　六月初六是五峰土家族的“晒龙节”，这一天武人要晒战袍。传说从前曾经有一位土王英雄穿着祖传黄袍在抵抗外族的战争中浴血奋战，最后英勇牺牲，鲜血染红了他的黄袍。人们把英雄黄袍上的血晒干后收藏起来，尔后每年六月初六拿出来晒一次，以示纪念。于是形成了五峰土家人每年六月初六“晒龙袍”的习俗，流风所及，不仅是行伍之人晒战袍，这一天，家家户户都要晒东西：读书人晒书籍，出嫁女晒嫁衣，艺人晒龙、狮皮，叫作“晒龙衣”或“晒龙袍”。

① 《五峰土家族县志（1985—2005）》，三峡电子音像出版社 2014 年版，第 652 页。

月半节　五峰土家族流行七月十五过月半，那天娘家父母哥嫂要接出嫁女回娘家过节，谓“年是拜，月是接”；再忙碌也要休息一天，所谓“年小月半大，鬼神也歇三天假”，可见五峰人对“月半”的重视程度。

敬詹节　“八月十三，户户敬詹”，传说八月十三是土家族厨师始祖詹厨师被秦始皇错杀的日子，这一天，家家户户都要置办好酒好菜，对空出的上席敬酒三杯，纪念詹厨师，祈求天晴十八天好收割稻谷。

寒婆婆打柴节　过去，五峰土家族流行十月十六上山砍柴以敬寒婆婆。相传寒婆婆为鲁班之母，又说寒婆婆是天上主管冷暖的神仙，总之，这天打柴冬天就不会天寒地冻，老人们还根据这天的天气预测来年是否有倒春寒。

太阳生辰　五峰土家族敬奉太阳神，每年十一月十九是太阳的生辰，在那一天要早起焚香叩拜太阳。

三　游艺竞技

五峰土家族民间游艺竞技活动丰富多彩，是人们释放压力、宣泄情绪、沟通交流、娱乐放松的重要途径。除了耍狮子、舞龙灯等传统项目，五峰民间比较流行的集体大型游艺活动还有踩高跷、玩彩船、九子鞭等。五峰民间踩高跷活动流行于城东地区，春节或喜庆时举行，多由三人表演，扮男、女、丑角，三人脚下均绑高约1米的木棍，在进进退退、摇摇摆摆中唱着民间小调，幽默滑稽，令人捧腹，极具地方特色。五峰城乡在春节期间流行甚广的玩彩船也颇具特色，人们用竹木作架，扎成船形，再以布帛花朵加以精致彩饰，谓之彩船。表演时，一女子在船中双手操控船沿，随着锣鼓声直线进退、环形跑动；另有二人手持撑杆扮作艄公，作撑船、划船、摇橹状跟随跑动。待锣鼓声停，船便原地摇动，表演者一领众合演唱民间小调。五峰县采花一带还流行“九子鞭”，人们把长一米左右的竹竿两端各钻三个孔，每个孔以铁丝穿三枚铜钱，两端各九枚铜钱，再在竿部饰以彩绸、彩纸、彩画，两端缀以花须，就成了“九子鞭”。“九子鞭”可一人表演，亦可多人列队穿花表演。表演者边歌边舞，右手舞动九子鞭，在左手、两肩、腰部、两腿、两脚等处按拍节敲打，合以舞蹈步伐及跳跃等动作。

除了这些大型的集体游艺娱乐活动，热爱生活的五峰人民还发明了许多因陋就简，不受场地、资源限制的竞技娱乐活动，如比负重、抵木杠、扳轱溜等。五峰山多地不平，粮食、柴火等的运输主要靠背，因此负重是每个青壮年农民必不可少的本领。为了显示自己的强悍有力，人们常于田边地头开展负重竞赛，参赛者“三步两打杵”，行歇平稳，背得越重越有成绩，这项活动既比力气，也比技巧。抵木杠是采花、牛庄、白溢寨等地常见的游戏，游戏规则简单，两人随手找一木杠，双手抓杠，向对方用力，把对方抵着地就算胜利。扳轱溜类似于摔跤，田头地角，茶余饭后，两人相互搂颈绞胯，直至一人被摔倒为止，一旦开战，便有围观，围观者呐喊助威，气氛热烈。

第四章　典型案例：民族民间审美文化消费式传承模式

当今世界，文化不仅是一种象征符号抑或一种人类创造之成果，还是一种推动社会发展与进步的力量，或者说是一种生产力，是一个地区乃至一个国家综合竞争的软实力。五峰县委、县政府一直注重文化的推动作用，注意挖掘民族民间文化资源，加强区域文化发展战略和民族民间文化传承和发展工作，形成了一定的经验与模式。

第一节　民族村寨保护与生活审美文化消费式传承

民居建筑既能满足人们栖身的实际需要，体现其实用价值；又能满足人们的精神需求，使人们心情得到安宁和愉悦。建筑文化不仅与一个民族的社会经济发展有关，而且还与民族的思想观念、宗教信仰、风俗习惯等密切相关，体现着一个时代、一个民族一定的审美价值取向。

一　民族村寨保护与建筑审美文化

民族村寨是指少数民族人口相对聚居，少数民族文化特征及其聚落特征明显的自然村或行政村。民族村寨既是一个空间单元，又是一个社会单元。民族村寨在产业结构、民居式样、村寨风貌以及风俗习惯等方面都集中体现了少数民族经济社会发展特点和文化特色，集中反映了少数民族聚落在不同时期、不同地域、不同文化类型中形成和演变的历史过程，相对完整地保留了各少数民族的文化基因，凝聚了各少数民族文化的历史结晶。民族村寨是传承民族文化，特别是传承民族建筑文化的有效载体，也是发展特色文化产业，包括民族文化旅游、乡村旅游等特色经济的重要资源。

民族村寨保护与发展工作，是在国家高度重视少数民族文化建设，促进少数民族和民族地区全面协调发展背景下，以及中国传统聚落和乡土建筑面临消失的严峻形势下进行的。2009 年，国家民委和财政部联合下发《关于做好少数民族特色村寨保护与发展试点工作的指导意见》，正式实施少数民族特色村寨保护与发展试点工作。2012 年，国家民委又下发了《少数民族村寨保护与发展规划》。民族村寨保护与发展要求必须坚持以民生为本，充分调动和发挥村民的积极性、主动性和创造性，通过挖掘利用少数民族村寨特有的文化生态资源，积极探索不同建筑类型、不同地域特征的民族村寨保护与发展模式，能够真正做到促进群众增收，带动少数民族优秀传统文化的保护和传承；做到在发展中保护，在保护中发展。

民族村寨是集物质文化和非物质文化于一体的文化载体。民族村寨的保护与发展是对其乡土性、民族性的物质文化和非物质文化的保护与发展。从其建筑文化来看，具有独特的生活审美属性。

五峰传统民居以土家族建筑为主，具有其独特的生活审美。民居形制结构一般有“一”字形、钥匙头、撮箕口和天井屋四种。“一”字形即一条龙房屋，为正屋式结构，房间为单数，以堂屋为中心，向左右两边扩展。钥匙头亦称“七”字形或“L”形，为一正一横式建筑，在“一”字形基础上增加横屋而成。正屋是主屋，横屋是副屋，堂屋位于正屋中心，正屋结构与“一”字形结构相同。撮箕口是形如撮箕圈房屋，为一正两横式结构，由钥匙头形制变化而来。天井屋又名“四水归池”“三口井”屋，内外两重，左右厢房，中间天井，呈“回”字形，形成以天井为中心的封闭式结构，内重正堂为“厅堂”，外重正堂为“堂屋”，左右厢房多作客房、卧室、书房、厨房、伙房等，房与房之间对称，四周紧严，但相互贯通。

在造房程序和仪式上，五峰土家人把修新屋作为繁衍子孙的根基，有很多讲究，也看得十分神圣。修屋前，要请风水先生选好依山傍水、背风向阳的地方作为屋声。无论谁家起新屋，远亲近邻都来帮工，只吃饭不拿工钱，叫“打白工”。喜庆日是在堂屋上梁的时候，亲戚朋友都来送礼祝贺，叫“斟上梁酒”。

所谓梁，是指堂屋脊横梁。梁木选择有个古怪的规矩：屋主必偷偷在大山中寻找分杈成两根的标直大树，不问树的主人是谁，尽管偷偷砍下，锯成两根，同时从山上滚下，哪根头在前、尾在后、无伤无疤，就选哪一根。这种风俗，叫“偷梁木”，土家族寨中有俗规，偷梁木不算“偷”。梁木一旦偷砍下地，就要鸣放鞭炮，还要在上面搭红布，然后热热闹闹请八个后生抬回家，一路招摇过市，似乎“偷”得很光彩，树主不仅不追究，反过来还要表示祝贺，因为这是吉利与友谊的表示，就好比为人家子孙根基作了重大贡献似的。

上梁时，请两名歌师或掌墨师赞梁。赞梁有一定的曲调，较单调，实际上是一种韵白表演形式。待梁木在屋顶山上架好后，赞梁者便攀梯而上，一人提酒壶，一人端茶盘，茶盘内放着筷子、酒杯、腊肉、糯米糍粑。提酒壶者赞道：“手提酒壶闪金光，壶中美酒喷喷香，欢欢喜喜上屋去，要跟主东赞主梁。”端茶盘的接着赞道：“手端茶盘四四方，张郎造就鲁班装。四角造起龙凤榫，金漆盘子摆中央。”赞毕，二人开始上梯，每上一步就唱五句赞词，其内容是借颂扬古人恭维屋主的：“上三步，中三元，刘备关张访大贤；南阳有个诸葛亮，三顾茅庐下高冈。上十步，十全十美，张郎鲁班下凡间；修起高楼和大厦，主东富贵万万年！”

赞梁者攀上屋脊梁木时，二人各坐在梁木的一端，一边饮酒，一边互问互答，用长篇的赞词，赞扬主东的屋声像仙境琼楼、龙王宫殿，必发子发孙，祝寿绵长。赞梁后，向下抛“梁粑粑”。先把两个象征富贵的大粑粑拿在手中问下面的屋主：“要富还是要贵?”主人回道“富贵都要!”两个粑粑抛下时，主人家接在怀中（最忌讳接不住），然后将小粑粑抛下，边抛边唱：“笑哈哈，笑哈哈，双手拿起梁粑粑，四面八方一齐撒，大家越抢越发达!”这时屋场上人如潮涌，争抢粑粑，热闹非凡。抛过粑粑后，亲友们将一段段五颜六色的布料搭在梁上，叫“搭梁”。此时，鞭炮震耳，赞梁者又一步一赞，下到地面。于是，一栋新屋就在喜气洋洋的热烈气氛中立起来了。

随着经济社会的发展，如今在民族村寨保护和发展过程中，在充分挖掘土家族建筑审美文化资源基础上，结合自然地理环境、特色产业发展和居民生活需求，提出了民族村寨的民居建房的基本原则，进一步规范和统一规划了民族村寨保护和发展。比如：《五峰土家族自治县民居建房导则》要求如下。

1. 布局选址：应依山就势，后退道路一定空间，有规划图的按规划图建设。禁临路、平整田块中间而建。

2. 户型选择：应采用统一户型。

3. 户型组合：应为“L”形（钥匙头）、“U”形（三合水）。

4. 建筑层数：应为两层带盖，有规划图的按规划图建设。禁四层及以上建筑。

5. 构架柱梁：构架柱应凸出墙面 60 毫米，构架梁应凸出墙面 30 毫米，装饰应为板栗色外墙漆、贴杉木板板栗色家具漆。禁构架梁柱与墙面平齐，装饰其他颜色外墙漆、贴瓷砖。

6. 吊脚柱：应为钢筋混凝土柱、木柱，柱下必有吊垂，缝挑必有柱，装饰应为板栗色外墙漆、贴杉木板板栗色家具漆。禁有挑不设柱。

7. 墙面：应为白色外墙涂料，底层窗台下墙裙为青灰色 200 毫米×50 毫米外墙砖。禁采用大面积外墙砖，其他颜色外墙涂料。

8. 外门：应采用板栗色木门、板栗色钢质防盗门。禁采用不锈钢、白色铝合金门、白色塑钢门。

9. 外窗：应采用板栗色彩铝窗及板栗色彩铝防盗栓、木质板栗色木窗。禁采用不锈钢窗、白色铝合金窗、白色塑钢窗、欧式窗套构件。

10. 栏杆：应采用板栗色木栏杆、板栗色彩铝栏杆，栏杆高度1050毫米。禁采用欧式花瓶柱、不锈钢栏杆、砖砌栏板。

11. 门前台阶：应采用石材、水泥台阶。禁采用地面砖台阶。

12. 屋面：应采用小青瓦、青灰色水泥平瓦、与小青瓦分格尺寸相同的青灰色压型钢板。禁采用红色、蓝色、绿色等其他颜色水泥瓦、彩钢瓦、石棉瓦。

13. 屋脊：应采用小青瓦、灰砖青灰色水泥粉饰压脊。禁采用琉璃瓦脊饰、非土家族传统风格的脊饰和跷脚。

14. 周边植物：保护和种植房前屋后的各类植物，营造“青松翠竹、绿树掩映”的自然田园风光。

在专家论证和民众听证基础上，建议推行两种典型户型（如图4-1-1、图4-1-2所示）。

图4-1-1 五峰民居改造范例示意（一）

图 4－1－2　五峰民居改造范例示意（二）

二　五峰腰牌、洞口村寨保护与发展实践

（一）长乐坪镇腰牌村、洞口村概貌

长乐坪镇位于五峰县域中部，东邻渔洋关镇，南连湖南省石门县壶瓶山镇，西抵五峰镇，北与渔洋关镇蒿坪、长阳县都镇湾镇相连。镇域面积 374 平方公里，常用耕地面积 40996 亩，占全县土地面积的 7.1%。属武陵支脉，地势西高向东倾斜，峰峦重叠，最高海拔 2152.7 米，最低海拔 300 米，森林覆盖率 80.49%。境内旅游资源丰富，国家四星级景区柴埠溪大峡谷自然风景区幽峡百里、奇峰三千。全镇辖 16 个村，1 个居委会，117 个村民小组，6908 户。总人口 24904 人，其中少数民族 24254 人，占 98.98%；农业人口 23569 人，占 94.64%。涌现出了以诗人田泰斗、民间故事家“国宝”刘德培为代表的一批土家族文化名人，有土家族山歌、故事、皮影、谚语、跳丧舞及南曲等民族民间文化传承发展基础。

其中，腰牌村面积 11.62 平方公里，耕地面积 1805 亩。辖 6 个村民小组，乡村户数 482 户，总人口 1599 人。全村主导产业为茶叶、蔬菜、李子、生态养殖，有茶园2697亩，蔬菜838亩，油料366亩，粮食3628亩。全村通车公路44.3公里，硬化村级公路17.2公里。洞口村面积23.2平方公里，耕地面积2154亩，辖10个村民小组，乡村户数550户，总人口1712人。全村经济以蔬菜、茶叶种植为主，蔬菜1272亩，茶叶1673亩，油料821亩，粮食3775亩。村内有村级公路43公里，硬化8公里。

（二）特色村寨保护与发展实践

近几年来，在全县和长乐坪镇统一规划下，按照“统一规划、政府主导、农民自愿、整合资源、分步实施”的原则，在两镇的351国道沿线改造特色民居365户，改善了农民的居住条件，传承了土家族特色民居文化，推动了生态文化旅游产业发展，在打造集生态旅游、休闲娱乐、健身康体、特色餐饮和乡村旅游为一体的湘鄂休闲度假胜地、中国最美乡村工作中，取得了阶段性成效。

1. 突出规划引领，建设景美民强的土家族村寨。在特色村寨保护与发展工作中，紧紧围绕“生产发展、生活宽裕、乡风文明、村容整洁、管理民主”的新农村建设方针，根据省民委《关于做好少数民族特色村寨保护与发展试点工作的指导意见》及县政府印发的《五峰土家族自治县农村住房建设规划》要求，做好特色村寨保护的整体规划。首先，根据本村和村民实际需求，并结合现有土家族民居特色、民族民间文化氛围浓厚和紧邻柴埠溪景区等资源优势，确立“打民族牌、唱特色戏、走致富路、建和谐村”的工作方针及“全村域景区化”和“一步一景、步移景换”的建设思路，以发展为主线，以资源为依托，以特色产业培育为龙头，以村寨环境治理和民居保护与改造为重点，科学编制详尽的特色民居改造规划、村级特色产业发展规划、环境综合治理规划和新农村文化建设规划等。其次，强化宣传，使特色村寨保护和发展工作深入民心。组织村组干部参加县市特色村寨保护和发展培训、调研、听证、规划等工作，召开特色民居改造动员大会，深入农户家中广泛宣传，发放致村民的一封公开信，强调全县以本村为试点，举全县之力打造具有土家族风格的特色民居，推动最美乡村建设的特殊地位和重大意义。让每家每户、每位村民深深认识到实施土家族特色民居改造是建设最美乡村的重要举措，一幢楼房就是一道风景，一幢楼房就是展现土家族建筑风格的一个窗口，是建设美丽乡村、发展文化旅游业和特色产业的需要，也是改善民居环境、建设文明乡村、农民增收致富的有效途径。

2. 突出农民主体，建设风格独特的土家族村寨。根据村寨的资源环境和地理条件，充分尊重村民自愿，结合本区域自然、经济和社会发展条件，统筹考虑基础设施、产业发展、生态环境等情况，科学规划，做好示范户的选点和系统改造工作。按照统一推荐户型，逐步进行民居改造和规划建设。首先在两村 351 国道公路两侧可视范围内，按照“统一风格，分户设计；统一规划，分户实施；统一政策，分户验收”的原则和“农民主体”的原则，主要在原有建筑的基础上，对屋顶、屋面、外墙、门窗、走廊护栏、悬梁吊檐等感观建筑部分，按照土家族民居建筑风格进行改造。要求屋顶统一设计改造具有土家族特色的“钥匙头”（土坯房除外）。屋面统一设计为坡面青瓦上盖，并进行压脊翘檐。外墙涂白色外墙涂料，墙体四周 90cm 下脚边贴灰砖；也可采用仿灰砖的办法，并加以线条装饰。窗户仿古仿木格花装饰。护栏走廊以仿古或仿木格花装饰。悬梁吊檐以吊拱挂落、雀赞装饰。确定房屋改造对象并制订具体实施方案，统一培训工匠，集中学习特色民居改造户型方案及建房导则、施工技术。房屋改造原则上按统一风格自行改造，村委会实施以奖代补，聘请有资质或有经验的施工队伍统一组织实施。施工队伍要通过公开公平议价方式确定。改造完成并通过验收后，由村委会按标准收取农户改造资金，与以奖代补资金一起划拨给施工单位。村委会对建筑质量进行监督管理，改造完工后由镇村两级牵头，组织村委会、村民代表等人员验收。完工一户，验收一户，兑现一户。同时配套修建生态垃圾池、小型文化广场、休闲健身场地等，在保护民族特色的同时，满足群众对现代生活的需求。聘请由民间艺人组成的技术指导小组，为民居改造和村寨环境设施建设的技术指导提供全程服务，使改造后的村寨和民居既秉承传统风格又突出本土文化，具有鲜明特色。目前，351 国道沿线已成为土家族山寨一道靓丽的风景线，也在全县特色民居改造中起到典型引导、示范带动作用。

3. 突出特色产业，建设安康富裕的土家村寨。在特色村寨保护与发展工作中，始终坚持与新农村建设和脱贫奔小康紧密结合，把发展特色产业作为建设特色村寨保护与发展工作的重要内容，通过特色村寨建设带动群众增收致富。一是通过民族特色村寨的建设，大力发展乡村旅游业，开辟农民增收新途径。依托柴埠溪大峡谷风景区资源优势，把发展乡村旅游与改善民生相结合，实施景村共荣，采取“扶持引导，示范带动”的办法，鼓励有条件的农户发展以农家生活体验、民族特色饮食、旅游休闲娱乐、旅游商品销售等方面的旅游经济，帮助他们改善环境，完善设施，发展农家乐，开展旅游接待服务。二是积极调整产业结构，发展特色产业。除了依托民族特色村寨发展乡村休闲旅游外，充分依托当地自然、地理、气候优势，发展绿色生态产业，增加致富门路。把发展生态观光农业作为实现农民增收的主要抓手，重点培育茶叶、蔬菜、水果和养殖产业。依托兴农蔬菜专业合作社，大力发展高山无公害绿色蔬菜，蔬菜种植面积达8000多亩，合作社成员已达3000多户。依托长乐李子专业合作社发展空心李子产业，新建空心李子基地1500亩。依托巴人牧业专业合作社发展生猪和家禽养殖业，规模养殖户达20多户，年出栏生猪5000余头，家禽万余只。示范村已初步形成了市场牵龙头、龙头带基地、基地连农户的产业化格局。

4. 突出环境美化，建设优雅舒适的土家村寨。围绕试点村最现实、最直接、最紧迫的问题，加大基础设施建设力度，让试点村村民共享改革开放的成果。在特色民居改造区域，新修和改造村级公路40多公里，形成了集交通、生产、休闲于一体的环村公路网络。以提高农村供水质量、改善农村饮水条件、保障农村饮水安全、提高农村灌溉和用水率为标准，以集中建设供水工程为主，因地制宜建设分散供水池、水窖，合理布局农业灌溉节水设施，有效实施节水示范工程。实现了全村饮水安全达到100%；建设了一系列的茶叶蔬菜节水灌溉和农业展示园节水灌溉工程，最大限度地提高了水资源的综合利用效率。完善农村电网改造和电力工程建设，提高全村供电质量和水平，满足全村农民生活、生产用电需要。加强通信建设和光纤设施及机站设施建设，全村100%的农户具备安装电话和互联网络的条件，实现了移动、联通网络全覆盖。大力实施“清洁能源工程”，实施节能项目，加大农村能源综合利用率，大力推广农村沼气池建设，实施“一建三改”工程。兴建沼气池300多口，大力推行猪—沼—茶（菜）生态经营模式，使所有村民用上沼气和太阳能。

按照“有利生产、方便生活、促进流通、繁荣经济”的原则，加快农村基础设施建设，加强村容村貌整治，不断改善农村人居环境。一是抓好居民集中居住区的村庄环境整治，实施“三清”（清垃圾、清沟渠、清堰塘）和“一建三改”，改善农村面貌。对325省道和旅游公路沿线农房按照民族风格进行改造，构建“具有山区特色，体现民族风情”的村庄走廊。二是抓好给排水、供电、街道、绿色、亮化、污水无害化处理、垃圾集中清运、农贸市场、群众文体活动场所、客货运站点和通信设施建设。三是按照“布局合理、设施配套、生态良好、环境卫生、功能完善”的要求，大力实施以“六改”（改路、改水、改厨、改厕、改圈、改垃圾堆放）、“五通”（通路、通电、通水、通沼气、通互联网）为主要内容的农村基础设施建设，改善和优化农村人居环境。四是加强环境卫生整治，全面开展“三清两化、灭四害、治五乱”（清垃圾、清路障、清杂物；亮化、绿化；灭蟑螂、灭蚊子、灭苍蝇、灭老鼠；柴草乱码、粪土乱堆、垃圾乱倒、污水乱泼、畜禽乱跑）现象，彻底改变农村“脏乱差”现象。五是大力开展农村庭院经济建设，实现农村庭院花果化，鼓励农民利用“四旁”“四荒”地，种植绿色经济作物，提高绿化率。

5. 突出民族文化，建设内涵丰富的土家族村寨。坚持把民族民间文化保护和传承作为特色村寨的精神内涵，不断挖掘、提炼民族文化传统习俗中的精髓，实现民族文化的大弘扬、大发展。一是建立民族民间文化传承基地。挖掘整理民族民间文化资源，使刘德培故事、田泰斗诗篇广为流传，腰牌、洞口村与长乐坪镇中学联合建起了五峰南曲传承基地，非物质文化得到有效承传。南曲《春去秋来》获得自治县春晚优胜奖，《撒叶儿荷》获得全县老年健身技能展示会金奖、宜昌市老年特色体育项目展示赛第一名。二是开展丰富多彩的民族民间文化活动。在每年的传统节日，以民族民间艺人为主体，民族民间传统文化、习俗为主要内容，开展土家民族传统文化活动，实现了日常文化活动的民族化、特色化、本土化，不仅受到当地群众的喜爱，而且得到外来游客的高度赞誉，为民族村寨旅游业注入了强大的活力。三是成立民间文化组织。试点村成立了农民艺术团、农村文艺表演队。每年开展各类文化表演活动10余场，参加人数达百余人，活动走出村镇之外，积极参加“情满江城、魅力土家”五峰武汉手拉手文艺交流活动。南曲、薅草锣鼓、山吆子荷、土家吹打乐深受村民喜爱，丰富了村寨人民群众的文化生活。四是全面推进公共文化服务体系建设，促进新农村文化繁荣发展。全年不定期开展茶叶、蔬菜、空心理、五倍子等实用技术培训，实用技术培训普及率达80%以上。充分利用交通和教育资源优势，发展农村教育事业，适龄儿童入学率、义务教育普及率、巩固率均达100%。加强公共卫生和基本医疗服务体系建设，村级卫生室达到省级卫生室标准，逐步解决群众看病难、看病贵的问题，实现了“小病不出村”的目标，有效遏制了“因病致贫”“因病返贫”等现象。按照“村有文化活动室、组有文化中心户、中心片区能看有线电视”的要求，不断加强农村文化设施建设，配套建设图书、电教、体育等文化娱乐设施，在村级成立“新农村建设管理理事会”，充分发挥党员群众的主体作用和新农村建设管理理事会的职能作用，形成农户相互帮忙、互助互推的新风尚，提高农民的组织化程度，有效弥补基层组织、村民小组组织化的不足，鼓励和支持有条件的农村党员带头改造特色民居，主动参与并发挥先锋模范作用，带领群众掀起特色民居改造热潮。

第二节　民间艺术审美文化消费式传承

民间艺术是一定区域内劳动人民为满足自己的生活和审美需求而创造的艺术，包括了民间工艺美术、民间音乐、民间舞蹈和戏曲等多种艺术形式，带有浓郁的地方特色和民族风格，与民俗活动密切结合，与生活密切相关，体现了美观和实用的结合，既满足了人们日常生活的实际需要，也美化了生活环境，更满足了人们寄托情感、表达敬意、爱恋和娱乐的精神需要。民间艺术审美文化传承，既离不开人们的生产生活，需要与人们的文化消费需求相结合，又离不开政府和社会等各级组织的积极推动，需要在不断挖掘文化资源基础上，建立健全农村公共文化服务体系，在扩大的民族民间文化消费中加以传承发展。五峰在抓民间意识审美文化消费式传承工作中，着重加强了以下几个方面工作。

一　文化队伍多层化

文化队伍既是民族民间文化消费的示范者、引导者，又是民族民间文化传承的承担者、实施者。长期以来，五峰土家族自治县注重发现文化能人、培训文艺骨干、培养文化队伍，形成了一支专兼职相结合的文化队伍。目前，自治县民间文艺队伍大致分为三大组成部分。一是非遗代表性传承人。通过多年的积极保护，全县有国家级代表性传承人 1 名，省级代表性传承人 14 名，市级代表性传承人 78 名，县级代表性传承人 300 名，县级代表性传承人为全市数量最多。二是民间文艺团体的演艺人才。自治县登记在册的民间文艺团队 2 个，未登记在册的多达数十个。其中夕阳红老年艺术团规模最大，从老县城五峰镇迁往渔洋关镇，吸纳演职人员 30 多名，能够自编自演适合社区群体口味的文艺节目，其老年腰鼓队成为地方文艺活动的骨干力量；白溢坪山幺子嗬艺术团，拥有撒叶儿嗬成员 51 人，毛方明、向科美、向科俊、毛开虎等为骨干成员；一批轻骑兵似的民间文艺工作者，活跃在全县城乡的婚庆场所，很多民间山歌手、民间吹打乐手、民间溜子乐班在民俗活动中开展项目传承活动。三是县级专兼职文化工作队伍。全县有常年活跃在县域城乡的文化志愿者数十名。县文化馆、歌舞剧团也经常开展业余文艺骨干培训活动，县非遗保护中心不定期开展非遗项目保护传承培训活动。

为加强民族民间文化消费式传承，结合旅游文化强县目标，全县上下兴起“人人会唱一首山歌、会讲一则民间故事、会跳一段民族舞蹈”的热潮。2012年、2013年，连续举办山歌免费培训班，吸纳机关、企业、旅游景区导游参与培训300余人，唱山歌也成为县直机关员工的文化必修课之一。星岩坪山歌拥有近300人的民间歌手队伍，通过连续多年的山歌培训活动，隗传章、覃正美等省市级代表性传承人不遗余力地开展传承活动，星岩坪山歌向周边乡镇，向柴埠溪、后河旅游景区扩展。湾潭镇举办中老年山歌大赛，别具韵味的民间小调得到进一步关注。县非遗保护中心在白溢坪和湾潭镇开展薅草锣鼓基地传承活动，新增薅草锣鼓歌手50余人。白溢坪撒叶儿嗬班底赴武汉洪山广场表演，获得宜昌市“乐在新农村”大赛一等奖。县城西边6个乡镇共有千余人传承撒叶儿嗬，毛方明、向科美为该项目省级代表性传承人。土家花鼓子在采花乡、傅家堰乡、五峰镇有着深厚的群众基础，当地民众广泛用之于结婚、洗三、祝寿、庆丰收等红喜事，覃遵春、张泽志、樊孝珍为花鼓子项目省市级代表性传承人。宋家春、黄忠维为板凳龙民间知名传承人。板凳龙连续获得全国农民运动会一等奖、楚天群星奖作品奖、十艺节全国群星奖，并参加2014年全国农民春节联欢晚会节目录播。

二　资源挖掘常态化

五峰歌舞，具有浓郁的地域民族特色，拥有较高的艺术性、观赏性、民俗性，是广大人民群众娱人自娱的文艺方式，也是一个山地民族勤劳、达观、智慧等民族特性的群体性展露，在自治县民众的日常生活中发挥着不可替代的文明教化功能。比如，五峰板凳龙既是富有魅力的民间体育，也是独特的民间舞蹈。舞蹈基本动作有“龙出头”“龙翻身”“龙爬沙”“龙绞尾”等。其伴唱歌词为“门口一条冲，冲里九条龙，出去三姊妹，回来九弟兄”。花鼓子是土家人对新生命诞辰的欢娱歌舞。一方小手帕是该舞蹈唯一道具，两步半是其基本舞蹈步伐，队形变化有人少对跳时的转圈和多人对跳时的穿花；上身肢体动作以“朴拙”为特点，身体呈现出三道弯似的“S”形。围观者或休息者都可以随时跟唱帮腔。还有，五峰撒叶儿嗬也被列入第四批国家级非遗保护名录。近年来，围绕星岩坪山歌、五峰薅草锣鼓、五峰土家族撒叶儿嗬等歌舞类省级、国家级非遗保护名录的传承活动，《湖北文化》《宜昌文艺》《三峡日报》《三峡晚报》等报刊给予了多篇次报道；围绕“土家妈妈罗长姐”事迹创作编排的舞台剧《拥军妈妈罗长姐》、情景剧《妈妈》，《人民日报》《解放军报》、新华社等国内权威性媒体进行了大篇幅报道。围绕五峰板凳龙打造与参赛的节目，得到了中央电视台、山东电视台和各大网络媒体全面报道。围绕县域之内各类群众文化活动、各乡镇农民艺术节会活动、各村级文化广场群众文化活动，各级政府和文化部门给予大力支持，做好引导和培训工作。2011 年、2012 年，星岩坪山歌手隗传章参加在宜昌市举行的采花茶叶推介会，现场演唱山歌博得满堂彩；星岩坪山歌手和薅草锣鼓传承人多次参加文化遗产保护和传承的相关表演活动，向省市重要文化来访客人作汇报演出。撒叶儿嗬多次出访武汉、宜昌，参与文化节会交流活动。2011 年，《五峰板凳龙》参加在贵州举办的第九届少数民族传统体育运动会，代表湖北省夺得表演类项目比赛一等奖；2012 年，大型广场舞《五峰板凳龙》获得楚天群星奖作品奖。2012 年，对五峰板凳龙实施重点打造，有机地糅合板凳龙与竹马两大独特的民俗健身体育项目。英俊的土家族小伙在龙舞的闪烁腾挪中，尽传土家族男儿的阳刚之气、雄浑之美，由土家族少儿演绎的龙舞劲歌又表达出一种文化遗产薪火相传之意。2013 年，五峰板凳龙参加在青岛市城阳人民广场举行的第十届中国艺术节广场舞全国总决赛中，从 13 个参赛节目中脱颖而出，得分名次排在东道主山东两支参赛队伍之后，位居第三，一举夺得全国群星奖。

五峰民族民间文学的整理主要是以刘德培为代表的长乐坪民间故事的发掘、整理与相关非遗项目的申报。五峰民间口头文学土壤深厚，从湾潭一处摩崖石刻（据考证约为 1860 年前后）载：“新修改荒路，民工小憩必逞口才……”可窥一斑；另有清代土家族诗人田泰斗竹枝词，清徐奉恩著《兰茗馆外史》，咸丰版、同治版《长乐县志》等，均记载有民间故事讲述活动盛行之风俗。其中，长乐坪民间故事属民间文学类，是五峰山民在劳动生活中创作的包罗当地风俗习尚、社会关系、道德规范、历史神话、自然风物等的口头“百科全书”。其分布以长乐坪镇为中心，覆盖全县所有乡镇。

长乐坪民间故事广见于土家人的婚丧嫁娶习俗中，虽属口传心授，但传习场景自然，“讲”“听”双方平等，且讲述者在下一阶段很快变为听众，而听众也能眨眼间实现向传讲者角色的快速转变，是典型的社会传承方式。长乐坪民间故事内容丰富，题材广泛，故事情节精妙，人物形象鲜明，易传易记易讲。经挖掘、整理，形成大量代表作。其中，取材于神话传说的故事有：《盘古传说》《伏羲传说》《神农传说》《轩辕传说》《尧舜传说》《观音赞修洛阳桥》《逢岩不弯舟》《老君巧验鲁班桥》《王业造船》等。取材于历史人物的故事有：《文王访贤》《姜子牙成扫星》《庄子传说》《唐太宗封五方神》《甘罗十二为丞相》《孔明是怎样葬在定军山的》《孟浩然一生没当官》《苏东坡门前枇杷树》《碧鼠闹东京》《刘伯温访主》《吴三桂与湖广填四川》《乾隆皇帝游江南》《乾隆题诗》《乾隆访才》等。取材于地方风物和岁时节令的故事有：《月亮岩》《鸡公岩》《珍珠山的来历》《黄龙洞》《阮家大堰》《付家洼》《清和桥》《有詹无詹，单看八月十三》《正月十五赶毛狗》《五月初五喝雄黄酒》《八月十五吃月饼》等。取材于动植物的故事有：《银羊子》《牛为什么被贬下人间》《苦雀的来历》《老虎还情》《冬竹》《山楂》《金瓜》《叶子烟的来历》等。幻想童话故事有：《喜鹊和老鸦子》《狗接客》等。取材于机智人物和民间生活的笑话故事有：《杜老幺的故事》《张士发的故事》《田舜年九岁出对难祖翁》《写信画斑鸠》《巧妇择婿》《顺风旗的故事》《真苕假苕》《皮匠驸马》《两个女婿》《五姨佬》《道士过年》《道士像》《二百五和洗脸盆》《扯白佬算命》《法水》《八卦与五爪》《骡子大仙》《打锣还账》《苕婆婆做人》《天上飞的》《薅棉花》《豆腐老子南瓜儿》《篾匠装病》《鳝长鳅短日》《日白的都元帅》《学生姓万》《喝酒打嘴》《先抠先痒》《竖起耳朵听》《阿弥陀佛》《摸手不唱戏》《你是自讨的》《秋婆婆生幺儿子》《背脚佬和草鞋》等。以上所有取材中，尤其以反映机智人物和民间生活的笑话故事为最多，约占长乐坪故事总量的80%。这类故事写实性强，蕴含丰富的笑料，借以批判贪婪、奸狡、懒惰、吝啬、欺诈、伪善等现象，是劳动人民的智慧和土家民族乐观情怀创造出来的民间文学瑰宝。

目前，长乐坪民间故事已收集整理出596则，分神话传说、历史故事、风物传说、动植物故事、幻想童话故事、机智人物和生活笑话故事等。其传讲者遍布五峰8个乡镇，尤其以1998年受联合国教科文组织与中国民间文艺家协会表彰的“中国十大民间故事家”之首的刘德培最具有代表性。此外，柳合甫、张厚田、龚礼成、田甫春、李章茂、吴吉轩等都是一方故事高人，他们的故事、诗篇也深受人们喜爱。

自2009年以来，全县按照“不漏掉一项艺术门类，不漏掉一个民间艺人”的要求，对各村组进行拉网式调查，普查涉及七大类17个品种民族民间文化项目，搜集民间器乐曲牌200余首、民歌2000余首、音乐曲谱200多份、民间故事100余则，统一建立了电子资料档案，装订文本资料181本。已经成功申报采花毛尖茶作为省级非物质文化遗产项目名录，正在对传统古老的制茶技艺进行保护。李凤英竹编画已经因其精致和秀美闻名遐迩，李凤英本人因此而获得省级百名工艺美术大师称号；县委宣传部已经牵头组织力量对九老十八匠在民间的存续状况进行了初步普查，拟在进一步精细普查的基础上，在县城新区民俗文化活动景区实施开发性保护。

三　文化保护产权化

近三年来，五峰文艺工作者创作大量新民歌，获国家级奖项10多次，获省级奖项30多次，其中《咂酒歌》获得全国群星奖。有首歌谣说得好：“满沟壑，满山坡，插个枯枝也长歌。结成串，长成坨，枝枝丫丫都挂果。想唱不唱喉咙痒，山歌伴着日子过。”星岩坪山歌属省级非遗保护名录，在此基础上，打造了“五峰歌舞秀”，赴北京参加全国少数民族地区文艺会演。同时，在用好用足民族歌舞形式基础上，排练一台面向旅游大市场的《茶山七仙女》，在柴埠溪、后河等主要景区常年上演，提升景区门票含金量；与鹤峰县人民政府合作，策划区域性土司文化旅游线路，推出土司政治文化景点，建立山歌、撒叶儿嗬、薅草锣鼓、摆手舞等若干窗口展示区。

自治县通过省级、国家级文化艺术之乡的系列创建活动，使得民众观念不断更新，对文艺创建促进地方经济发展的理念达到新的认识高度，推动全县精神文明建设、公民道德建设上新水平，促进自治县域的文明与和谐。发掘和盘活本县具有鲜明地域特色的各类优秀民间文化资源，推动民间文化艺术生态的整体保护和创新发展，培育一批具有生命力和影响力的特色文化品牌，培养一批扎根基层的民间文化队伍及乡土文化人才，弘扬中华民族优秀传统文化，带动基层公共文化服务体系建设。通过歌舞类作品的发掘、整理，并通过现代媒体推介，促使文化产业化迈开步子，通过歌舞类声像制品、民族文化产业园，旅游歌舞拳头产品等，带动文化产业发展壮大，不断增强文艺事业自身的造血功能。公开出版了相关制品及作品。王作栋整理的《新笑府》书籍及故事光盘，由上海文艺出版社出版，2012 年由三峡电子音像出版社第三次出版，收入刘德培经典民间故事 200 多则。闫刚、王华武选编的《五峰民间故事》，收录五峰民间故事 500 多则，编入五峰土家族自治县文艺丛书，2004 年 10 月由湖北人民出版社出版。廖崇刚、王华武选编的《刘德培研究》，收入各类研究文章近 50 篇，编入五峰土家族自治县文艺丛书，2004 年 10 月由湖北人民出版社出版。望宏端编文，刘兴美绘画的《故事大王刘德培》（连环画绘图本），2012 年 7 月由三峡电子音像出版社出版。王永红编著的《中国民间故事湖北五峰卷》，2007 年 4 月由知识产权出版社出版。除此以外，数以千计的谚语、谜语、歇后语、方言俚语等民间文学种类作为珍贵附录，被收入《五峰县志》《自治县志》等，得到整理与传承。王华武主编的《民间谚语》、胡德生主编的《民间歌谣》、闫刚主编的《文化作品》、龚德俊主编的《演唱作品》、胡德生主编的《地方戏剧曲艺》、龚德俊主编的《民间吹打乐》、胡浩主编的《民歌》等作品相继由湖北人民出版社出版。

四　文化消费公共化

公共文化基础设施建设是文化消费公共化的基本保障。各级党委、政府重视公共文化服务体系建设。县委、县政府借县城地质避险搬迁之机，在渔洋关镇新建县文化馆、县图书馆、县体育馆、县博物馆、文化广场等公共文化基础设施，高标准组建县民族歌舞剧团，全面清理、科学设定县民族歌舞剧团、县文化馆、县图书馆、县文物事业管理局、县博物馆、乡镇综合文化站的编制人数。严格落实国家相关政策和《五峰土家族自治县自治条例》的规定，把文化体育事业费纳入财政预算，确保文化体育事业费如数拨发和递增；落实乡镇综合配套改革规定，确保乡镇村组文化事业"以钱养事费"按比例递增，保障基层文体工作者的基本待遇逐年有所提高。给予财政倾斜，允许公共文体服务机构返聘有文艺特长、有工作经验、有事业追求的退休人员，继续从事文艺创作、编导等特殊文艺岗位的工作。正式出台《五峰土家族自治县文化文学艺术成果奖励办法》，每年安排奖励资金20万—30万元，用于重大文艺成果奖励，纳入财政预算；确保中央文化体育与传媒补助资金、省级农村文化建设资金、体彩公益金全额用于文化体育事业发展。注重抓好农村公共文化服务设施建设，形成了县、乡（镇）、村、文化中心户四级联动的文化工作模式，工作上各有侧重，功能上相互配合、相互补充，为民族民间文化传承发展提供了运行保障机制。

文化实践活动是实现文化消费公共化、促进民族民间文化消费式传承的最直接方式。首先是通过县、乡（镇）、村、文化中心户四级组织，从不同层面积极开展丰富多彩的文化活动。五峰各乡镇举办文化节历史悠久，各乡镇群众文化艺术节此起彼伏，各具特色，成效明显。仁和坪镇借省际边界优势，举办湘鄂农民文化艺术节，大栗树村级文化广场活动坚持近十年，影响湘鄂边；采花乡充分发挥"山歌之乡"和茶叶生产优势，举办春茶开园文化艺术节和山歌艺术节；傅家堰乡借助"中国马里兰烟第一乡"优势，开展各种文化艺术活动；湾潭镇利用“薅草锣鼓”等国家级非物质文化遗产资源优势，开展各种以保护和传播相结合的文化艺术活动；渔洋关借县城避险搬迁之机，积极开展社区文化艺术节和中小学文化艺术节，等等。这些文化艺术活动，由起初的“政府出钱，大家看热闹”，变为“政府搭台，部门唱戏，文化经济相结合，生产休闲两不误，人人参与，个个受益”的新型节日，为继承发展民族民间文化、丰富人民群众精神文化生活、提高文化消费质量、壮大文化队伍作出了贡献。

加强县歌舞团建设，发挥歌舞团的示范带头作用，通过文艺会演，传承民族民间文化。五峰自治县民族歌舞剧团是全省明确保留财政供给机制的四家专业剧团之一。经过改制、重新招收并培训演员、选派青年骨干演员去北京进修舞蹈编导，队伍在流动中基本稳定，在演艺专业上不断成长，整体演艺水平快速提升。每年完成县委、县政府交办的接待演出任务，开展慰问演出、大型文艺晚会、送戏下乡等文化惠民活动。2009 年以来，县歌舞团每年演出场次均在 150 场以上，观众人数在 10 万人次以上。其中 2012 年演出 360 场；2013 年承办“情满江城——魅力土家”长时段、大规模的答谢送演活动，在武汉市各行政区、各开发区和大专院校演出 22 场。每年与县文化馆一道策划元宵节大型灯会与民俗演艺品牌活动，举办县级春节联欢晚会，丰富人民群众的文化生活，2013 年，举办的县级春节晚会获得全省春晚节目展播二等奖，春晚节目南曲《春去夏来》获得全省十八个优秀节目之一。举办全县范围内的山歌、摆手舞、撒叶儿嗬、贝锦卡踏歌等群文赛事，营造更加向上的群文活动氛围；对影响地域文化发展的重大群文活动事项，采取“一事一议”办法，足额保障活动经费。继续支持旨在调动广大农民参与积极性的各类文化艺术节会，支持采花山歌艺术节、仁和坪镇湘鄂边农民文化艺术交流，包括群星奖节目打造、主要文化团体对外交流与展示、群文品牌创建等活动。采花歌手祝佳佳以一曲地道山歌《半崖一树花》获得歌坛关注，夺得“我的中国星”全国总冠军；县非遗中心针对大集体劳动生产环境的消失，将六七十年收集整理出来的薅草锣鼓词曲刊印后发给民间，教会传承人恢复性演唱，采取返还民间的方式，传承效果取得突破性进展，推动薅草锣鼓在山区相对平整地带田野演艺格局的恢复；

白溢坪、红渔坪等村级文化广场，突破传统忌讳，男女老少齐跳撒叶儿嗬，使其成为当地备受欢迎的群众性健身舞蹈之一。编印《容美遗风》教材，开展民族文化进校园活动。2014 年，通过对暑期大学生志愿者的民族文化培训活动，让志愿者把山歌、撒叶儿嗬等传递给留守孩子。

五　合作交流扩大化

民族民间文化消费式传承，不仅需要在区域范围内扩大文化消费，奠定文化传承的群众基础，还需要不断加强对内对外交流，在开放式的文化交流中，相互促进，共同发展。

文化交流形式多种多样，不同形式的文化交流都会发挥不同的作用。通过出版发行民族民间文化书刊，扩大对外影响，利用出访、调研、考察等机会，把具有五峰特色的民族民间文化作品带往外地，扩大宣传。比如，星岩坪山歌等作品被传到内蒙古、浙江、广东等地后，受到当地专家肯定和群众喜爱。通过文化精品对外参赛，对内提升文化创作水平，对外提高民族民间文化知名度。比如，打造的《五峰板凳龙》，参加青岛决赛，获得全国群星奖，实现五峰群星奖的历史性突破。排练大型无场次纪实舞台剧《土家妈妈罗长姐》，参加全省首届少数民族文艺会演获得大奖。排练情景剧《妈妈》，代表湖北省参加广州军区文艺会演获得一等奖，为推出全国道德模范罗长姐作出了积极有益的贡献。2014 年 10 月初，创作排演的土家风情歌舞《我在茶乡等你来》应中央民族歌舞团的邀请，在北京参加“光荣绽放”秋季演出季，成功进行了专场演出；10 月底，参加宜昌市首届艺术节，获得文华大奖，同时获得多个单项一等奖。白溢坪山幺子嗬农民艺术团多次代表自治县出访交流，获得各类奖项等。

加强民间组织文化活动交流。包括社团在内的民间组织在民族民间文化保护继承创新中具有重要作用。五峰民间文化社团较为发达，有民族研究会、民族文化艺术协会和民间故事、南曲等专业协会十余个，拥有会员和登记在册民间艺术家近千人。各个协会注重加强会员之间的交流和协会之间的合作，聚集着大批专家、艺人的民间社团在民族民间文化传承发展中发挥了不可替代的作用。

加强对口交流活动，与高等院校、歌舞剧团联姻，加强交流与合作，采取请进来、送出去的办法，加强民族民间文化资源的挖掘整理、人才培养、学术交流等活动。先后与华中师范大学、中南民族大学签订合作共建协议，每年选送专业文艺人才到高校培训，确保本地文艺人才持续得到进一步深造与培养；每年接待专家学者深入乡村采风，整理提升民族民间文化审美价值。2013 年，按照县委、县政府的要求与部署，县歌舞团精心打造土家歌舞精品，赴武汉各区、相关高校进行为期一个多月的文化交流演出，演出 20 余场次，观众近十万人，面向武汉三镇着力提高五峰土家族文化的美誉度，为打造五峰旅游、茶叶、文化三张名片增色添彩。

第三节　茶文化体系建立与生态审美文化消费式传承

茶是一种深沉而隽永的生态文化。中国茶已是华夏文明的一个组成部分，成为流淌在这个古老民族里的悠久而鲜活的血液；茶又是“国饮”，茶的健康消费、茶叶的质量安全、茶园的绿色美化、茶主题活动的多姿多彩等，都代表着一种生态文明。茶产业发展是五峰土家族自治县特色产业发展的代表；茶叶经济也是其县域经济发展的重要组成部分；茶文化体系的建立健全是五峰生态文化传承发展的典范。

一　茶文化与生态审美

生态文明，是指人类遵循人、自然、社会和谐发展这一客观规律而取得的物质与精神成果的总和；是指以人与自然、人与人、人与社会和谐共生、良性循环、全面发展、持续繁荣为基本宗旨的文化伦理形态。在消费主义影响下，建立文化生态理念和强化文化的生态发展尤为重要。

（一）茶文化的生态性

茶是我国人民日常生活中的主要饮料之一，也是一种文化。茶不仅具有止渴生津、消除疲劳、益思明目、驱除疾病的药效和一定的营养价值，而且汤色明亮，香气芬芳，滋味可口，风味独特，具有很高的欣赏价值和文化韵味。饮茶和赏茶已经成为人们生活和文化享受的重要组成部分。在我国，茶的种植面积和产销量均位居世界第一；制茶工艺以及深厚的茶文化赢得世人的广泛关注和由衷称羡；饮茶的习俗，自古迄今盛行不衰。饮茶者跨越阶层地域，上者细品佳茗，下者抱着玻璃茶罐咕咕牛饮。茶与“柴米油盐酱醋”并列，是居家必备之物。茶作为一种饮品，一种农产品，强调健康、安全是第一位的。中国古代农业文明所倡导的就是一种“天人合一”的价值理念，这是最原本的“原生态”，涵括着“价值内在于自然”的思维取向。正如当代茶人陈香白先生所说：“基于天人合一的观念，中国茶道美学总是要从人与自然的统一之中去寻找美；中国茶道美学思想的基础就是人道。……茶事过程实质上就是促进人体与自然尤其是生活环境的谐调统一。”①

茶作为一种文化，它倡导“茶道是自然的，尊崇自然的”②，具有典型的生态审美意识。茶文化在全世界风行，决非仅仅是让人们接受一种怡悦的文化形式，而是要让人们受惠于大自然的同时，也关照到大自然的自身成长。特别是当现代人面临生态危机与环境恶化时，茶的种植方式与品饮方式以及茶文化的现代欣赏，更加强调了，作为绿色物种的茶，无论从哪种角度来说，都是符合客观规律的、化解生态危机与环境恶化的生产与生活资料。茶文化不仅倡导崇尚自然，也积极倡导“用茶道修心”。通过茶道的修心，悟出茶之“洁”性与人道之合一，茶之“和”性与人类德行之“和”的统一，茶之“美”性与自由之妙的等同，茶之“雅”性与温文尔雅同趣，茶之“淡”性与淡泊之心同

① 陈香白：《茶道即人道——中国茶道思想分析》，《农业考古》1995年第2期。

② ［日］仓泽行洋：《东方文化与茶道》，《农业考古》1995年第2期。

在。只有当茶能对人的生理健康和人格精神层面都发挥作用时，才能促进人们不断强化生态理念，这便是体现茶文化的精髓。

（二）五峰茶产业发展与生态审美文化

五峰是一个典型的山区农业县，农业经济在县域经济中占举足轻重的地位。县委、县政府始终坚持以发展特色产业促进农民增收为目标，以深入推进农业产业化经营为方向，以改善农村生产生活条件为重点，以整合使用各类涉农项目资金为突破，在农业农村工作中取得了显著成绩，形成了以茶叶为主体的系列特色产业。2013 年，全县新增茶叶种植面积 1844 亩，年末茶叶种植总面积达 188208 亩，其中高效生态茶园近 7 万亩，建设了青岗岭万亩生态茶园等一批示范基地。茶叶产量达 18814 吨，实现茶叶总产值 6.96 亿元，占农业总产值的 22.6%。[①] 全县拥有“采花毛尖”“天麻剑毫”“向师傅茶”“水仙春毫”等多个湖北名牌产品，5 项设计专利，2 项发明专利。核心品牌采花毛尖荣获“中国名牌农产品”“湖北名茶第一品牌”“进京迎奥运产品”“钓鱼台国宾馆特供茶”“中国驰名商标”等称号，四度蝉联“湖北名牌产品”，连续五届蝉联“中国农博会金奖”。

茶产业是五峰土家族自治县的主打产业，茶叶产值收入占全县产值收入的 2/5，茶叶收入在农民收入总值中占很大比重，茶叶产业对五峰经济社会发展和文化建设作出了重大贡献。五峰茶产业与茶文化以其发端早、生产规模大、管理规范、品质优良和绵延不绝、风韵卓然的魅力，具有生态审美文化的代表性。

1. 自然代表性

湖北武陵山区具有适宜茶叶生长的地理环境和自然条件，拥有茶叶种植与生产的优越条件。五峰的地理环境和自然条件更具代表性。五峰位于北纬 30° 的优质茶产区带，境内溪河密布，山峦层叠，森林覆盖率高达 81.2%，居全省县市区之首。五峰为亚热带季风气候，四季分明，气候温和，光照充足，雨

① 数据来源于《2013 年五峰国民经济和社会发展统计公报》。

量适中，年平均日照时数 1554 小时，年平均气温 13.1℃，年平均降雨量 1588 毫米，年平均湿度 76％，无霜期 250 天左右。据土壤普查资料，全县高山面积占 35％，中山面积占 42％，低山面积仅占 23％。全县土壤以山地黄棕壤为主，PH 大多在 4.5—6.5，土层深厚，土质结构疏松，有机质含量丰富。五峰的茶叶富含硒等矿物质，茶多酚、咖啡碱、氨基酸等元素丰富。五峰境内无大型工矿企业，无污染源，山清水秀，生态环境优美，是理想的无公害茶叶生产基地。高覆盖率的森林绿地、无公害的生态环境、终年云雾缭绕的山地气候，充沛的雨水、肥沃的土壤、温和的气候，形成了五峰“云雾山中出好茶”的得天独厚的自然条件。2003 年，五峰县就被农业部确定为无公害茶叶示范基地县。

2. 历史代表性

五峰是中国古老的茶叶产区，也是中国宜红茶的故乡。早在公元 3 世纪的西晋时期，就有“武陵七县道出茶最好”的记载。古之武陵七县道包括今之五峰、长阳两县之地域。公元 758 年陆羽所著之《茶经》，一开头就有“茶者，南方之嘉禾也，一尺、二尺及至数十尺。其巴山峡州有两人合抱者”。据考证，唐代的巴山峡州称为峡州夷陵郡，它包括五峰（唐代称巴山）、长阳、宜昌、远安、鹤峰等县。两人合抱的大茶树就是生长在临溪两岸的大茶树。这表明早在 2300 年前五峰境内就有自然生长的茶树。早在公元 1600 年前后，五峰宜红茶就远销英、俄等国，享誉海内外。18 世纪初，曾经有英国商人到五峰开设茶庄，至今还有“英商宝顺合”的金字招牌存于采花茶业有限公司总部。至民国初期，外地在五峰设立的茶庄有 13 家之多。抗战之前的百余年间，是五峰茶叶生产的兴盛时期，茶叶产量曾达 505 吨，全县有 26 家较大的茶厂。1917—1937 年，五峰经上海、广州口岸出口红茶达 90070 箱（每箱 12.5 公斤）。20 世纪 30 年代，五峰生产的“香艳牌”宜红茶在全国功夫红茶评比中获得大奖。20 世纪 50 年代，以五峰水浕司谢承珍等 7 名采茶能手为原型，编演了轰动全国的现代京剧《茶山七仙女》，国家副主席董必武在观看演出后欣然题诗。

3. 生产管理代表性

五峰一直是全国的重点产茶区，茶叶生产和茶文化的发展一直受到五峰各级政府和社会各界的广泛重视。五峰现有的8个乡（镇）中，有7个乡（镇）的88个村产茶，产茶农户达3.5万户，从业人员13万人。五峰的茶叶基地面积占全县常用耕地面积的2/3。不仅在种植和生产规模上成为农业经济的第一大支柱产业，而且从生产管理和产品质量上也力争进入全国茶叶前列。

从20世纪80年代开始，五峰就致力发挥茶叶传统优势，始终坚持以品牌建设为核心，着力于建设大基地，培育大企业，打造大品牌，弘扬土家特色茶文化，推动产业不断上档升级。在培植龙头企业方面，采取政府主导、市场运作的方式，引进宜昌国贸集团控股，整合县内40多家茶叶企业组建成立湖北采花茶业有限公司，使其在短短几年内发展成为国家级农业产业化龙头企业。在茶叶生产加工方面，强化了茶叶标准化种植与生产，注重打造生态环保性茶叶。对新建茶园，严格按照无公害生态茶园的建园要求，实行茶园建设的水、电、路、肥、机“五进园”，普及推广“猪—沼—茶”生态栽培模式，坚持优选园地、高起点规划，高标准建设，确保建园质量；对于老茶区，按照无公害茶园的标准，有计划、有重点地实施茶园改造，逐步提高标准化生产水平。对于新老茶园，都采取严格投入品管理，由茶叶合作社和茶叶企业负责辖区内无公害生态茶园所需农药、化肥的采购和发放，并建立采购使用台账。同时，执法部门切实加强农资市场监管，在全县推行农资经营备案制度，禁限用高毒、高残留农药进入茶区。全面执行《无公害茶叶生产、加工技术规程》，制定并施行《五峰土家族自治县无公害农产品条例》，大力推广频振灯、黄板等病虫害绿色防控技术，建立健全茶园生产管理与茶叶加工企业自检制度，全面加强茶叶质量安全控管。近几年来，经国家农业部抽样检测，五峰茶叶产品合格率均为100%。全县共有51个茶叶产品获得无公害食品、绿色食品和有机茶证书。在茶叶精深加工方面，以五峰绿茶为主，恢复宜红茶，发展乌龙茶，开发速溶茶、茶饮料以及茶多酚、茶碱、茶黄素等深加工产品，全面提升五峰茶叶附加值，推进产业链延伸。

4. 科技代表性

五峰注重茶叶产业的科技化研究与转化。2008年，五峰茶叶产业化发展配套技术研究与示范项目被国家科技部纳入“科技富民强县专项行动计划”予以支持。在品种的选育上，实现了“本地化”，从本地茶树群体中选育出鄂茶7号、五峰310、五峰212三个省级无性系茶树良种。五峰310的氨基酸含量高达6.3%，品种特性非常明显。在种苗的繁育上，实现了“工厂化”，在全国率先探索茶叶轻基质穴盘苗生产技术，采用“工厂化”模式繁育茶树种苗，形成了相关技术标准及操作规程。在良种的推广上，实现了“订单化”，采取“政府下订单、企业按订单生产、政府对茶农给予良种补贴”的办法，积极鼓励广大茶农选用本地良种茶苗。

5. 文化代表性

五峰茶文化是土家茶乡文化的代表。土家茶文化力求简单，崇尚俭朴，具有礼俗相融、物我相融的特性。如在土家人的饮食习俗中，人们把自己独创的罐罐茶、油茶汤、泡儿茶、擂茶奉献给客人，表达了对客人的恭敬之情，在礼与俗、物与我之间形成了自然交汇于一体的格局。五峰儿女以茶为媒，不仅与中原地区始终保持着频繁的交流，也与英商往来频繁，使土家茶文化内涵不断丰富，外延也不断扩大。五峰土家茶乡文化，不仅从丰富多彩的生活情趣和高品质的文化情趣中，充分展示了其茶文化的民族性和生活性，而且，随着经济社会发展和茶产业壮大的需要，不断吸收哲学、文化、美学、医学、农业、民俗学以及科技、宗教等内容，在内涵和表现形式等方面都得到了进一步扩大、延伸、创新和发展。

二　茶文化体系的生态审美构建

中华茶文化作为一种兼具物质和精神特质的中介文化，既包含了中国传统文化精神的丰富内涵，也包含着现代生态文明发展之要义。随着现代经济社会的发展，茶文化体系建设，需要继承和发扬中华传统茶文化精髓，并结合现代科技、文化创新等发展需要，提升其生态审美价值。

（一）茶文化体系的内涵

文化有广义和狭义之分，同样，茶文化也有广义和狭义之分。茶文化体系就是建立在广义茶文化基础上的系列文化的统一体。

茶文化是以茶为载体，并通过这个载体来实现各种文化的传播，促进茶与文化的有机融合。广义上讲，茶文化是指以茶为中心的物质文明和精神文明的总和，其内容包括茶叶的历史发展、茶区人文环境、茶业科技、茶叶生产制作与销售、茶类和茶具、饮茶习俗和茶道茶艺、茶书画诗词等物质与文化艺术相结合的生态表现形式。狭义上讲，茶文化则专指其精神文明或“精神财富”部分的内容，是茶在被运用过程中所产生的文化和社会现象。一般来讲，在谈论茶文化的时候，往往会局限于狭义的茶文化；或者，即使在必须从广义上认识和理解茶文化时，也仅是扩大了茶文化的内涵，没有把各个单元性的茶文化加以整合，从相互联系、相互作用的系统中，以促成茶文化与茶产业互动关系为视角来统筹把握茶文化群。因此，从广义角度构建茶文化体系，不仅是茶文化发展的理论需要，也是茶产业发展的实际需要，是地域文化与生态文明建设的客观要求。

茶文化体系是茶文化特质和文化复合体的组合。一般来讲，文化的最小单元，即文化的某个项目，不论它是人的某一行为还是使用的某一工具，都是文化特质。相关的文化特质的集合构成文化复合体，各文化复合体包含的文化特质数目并不相同。例如，种茶不论其用途如何，均是一种文化特质。如果从制造和消费茶品的整体过程来看，它便是一个文化复合体；而从以茶为主题所从事的相关活动来看，则是另一个与种茶有关的文化复合体。这样，一些相关的文化复合体集合起来，便形成一个文化体系。也就是说，所谓茶文化体系，是从文化资源的角度来分析茶文化中所包含的丰富内容，将茶文化作为可开发的文化经济资源来考虑，并将其建立在广义的茶文化内涵基础之上的一个生态文化系统，它主要包括茶的发现、茶的历史、茶的种植、茶的生产、茶品的销售、茶与风土人情、饮茶器具与艺术、茶礼仪式、文学艺术、科技成果、茶主题活动等方面的内容。或者说，茶文化体系是在突破传统小农茶叶经济和茶人品饮等单元文化局限的基础上，逐步构建和完善以人类健康和发展为中心的茶学产业科技文化、茶业经营战略文化、茶品人类健康文化三位一体的现代大茶业与大文化良性互动的生态审美文化体系。

（二）茶文化体系的生态审美价值

从一般意义上讲，文化具有引领社会、教育人民、促进发展、维护安全等功能。具体从构建茶文化体系的作用来看，茶文化体系不仅对茶文化产业化发展具有直接推动作用，也对茶产业的发展具有提升精神力量和价值的作用。

1. 茶文化的价值提升作用

茶文化体系的构建，不是把单一元素的茶文化赋予新的内涵，而是需要将茶文化作为一个整体，不断加以创新、发展、完善，使其能与茶产业形成全方位的良性互动关系，充分发挥茶文化的整体引领作用。这是因为，一方面，茶文化体系对茶产业发展具有直接的推动作用。这种作用是由文化的创新驱动、产业融合、品牌效应、低碳经济等特点和功能所决定的。比如，茶文化在很大程度上是对茶产业发展过程中的精神、理念、观念的凝集，它是以观念创新为原动力的，其传播、经营等形式也主要是一种文化观念、理念和价值观的传递。正是这种观念创新，使得茶产业的自主创新意识得到强化，茶产业获得不断扩大的利润空间和消费群体，推动了茶产业的技术进步和整个经济创新能力的提高，使得整个茶产业更具生命力。同时，茶文化能够为茶产业及其相关产业提供扩大规模、开发新产品和新服务的巨大机遇，能够引导茶产业改变传统生产、生活观念，降低生产能耗，树立节约能源、保护环境的意识；能够渗透和提升茶产业及其相关产业，从而推动其产业结构优化和升级，不断向纵深高端发展。另一方面，茶文化体系对茶产业发展具有价值提升作用。饮茶本身就是一种文化，追求一种精神愉悦。茶产业生产和壮大，需要挖掘茶文化，打造科学的茶文化体系，用茶文化引领茶产业发展。构建茶文化体系，不仅能从生产管理理念、技术创新、品牌打造等方面推动茶文化的发展，同时，也可以从精神状态、士气、志气、志向等方面引领茶产业高定位、高追求、大发展，帮助茶产业树立敢想敢干的精神，强化“思想有多远，就能走多远”的气魄，克服茶叶生产的小农意识，立志把茶产业做大做强。

目前，从五峰茶文化发展的总体情况来看，它具有悠久的历史和较为深厚的文化底蕴，形成了从茶叶种植、茶园养护、茶叶加工制作与销售，到茶节、茶会、茶诗、茶歌、茶联、茶事等方面都颇具特色的土家族茶文化。但是，仍需要从茶文化整体与茶产业发展的良性互动中加以强化。首先，需要与经济社会发展的整体需要相结合，构建一体化的茶文化发展格局，促进茶文化和茶产业发展全方位互动。比如，可以借鉴“文化＋旅游＋科技”的成功经验，将文化、科技、旅游三大产业从市场角度整合为一体，以种茶、茶园养护、采茶、制茶、品茶、旅游、休闲、衍生产品、主题文化活动等为内容，形成围绕文化、依靠科技、面向旅游市场的综合发展模式，构建茶文化体系，从而增强茶产业发展的综合竞争力。其次，需要与我国茶产业发展现状相结合，构建符合时代要求的茶文化体系。茶叶是我国的国饮，茶叶质量安全事关广大人民群众的身体健康和生命安全。影响茶叶质量安全的因素很多，既包括农药残留、有害重金属残留、有害微生物、非茶异物和粉尘污染等因素，也包括茶叶的原料生产和加工两大监管过程中的质量安全因素。这些因素与问题，不仅是生产技术和管理方面的问题，也是一个文化建设问题。既需要从生产管理技术与制度方面加以解决，更需要通过茶文化体系建立及其审美价值提升等途径来化解核心问题。再次，需要与人民群众实际需要相结合，构建人民群众乐于接受和自愿加以运用的茶文化体系。建立生态文化茶园，加强无公害茶园的病虫害防治等工作，不仅要求茶农掌握应用农业防治、物理防治和生物防治等无公害茶园病虫害防控技术，还需要进一步强化“茶林相护”的生态茶园意识，通过各种渠道增加农民在生态茶园建设中的综合收益，使他们能够真正认识建设无公害茶园的重要性和必要性，自觉投入生态茶园的建设和维护之中。

2. 茶产业发展的提升作用

茶是一种富含文化的特殊商品。发展和壮大茶产业，增强茶产业的竞争力，不仅需要提高茶叶产品的品质，而且需要其产品和整个产业拥有深厚的文化底蕴。因为，品牌是一种文化现象，产品是暂时的，文化是永恒的，优秀的品牌都有深厚的文化底蕴。如果一种茶仅仅被看作一片叶子，它显然是一种物质；只有把茶塑造成一种文化，它的价值就无法估量了。茶叶经济发展是茶叶生产销售和茶艺文化推广相互作用的结果，茶文化就是茶叶经济的先锋和最好的广告。茶叶经济活动如果没有茶文化的参与将是跛脚的经济，是原始的经济，只是农产品买卖的经济，很难发展成现代的经济。特别是在科技不断发展、产业不断调整、市场竞争更为激烈的今天，构建茶文化体系，大力弘扬和宣传茶文化，充分发挥茶文化的推动和提升作用尤为重要。一方面，需要通过构建茶文化体系，充分发挥其对茶叶生产加工等价值引领作用。茶叶规范化生产问题，不仅是生产流程等技术性规范问题，更是一个认识问题，其中包括文化的认识问题。目前，从我国茶叶生产加工的总体情况来看，与先进产茶国相比，存在较大的差距。比如：茶树良种普及率过低；茶园生产力整体水平低下，生产成本高；茶叶加工技术与设备落后；产品档次低，产品的技术含量与附加值较低等。特别是还存在着以家庭经营为主、管理水平低、管理不规范等问题。解决这些问题，就需要加强茶文化建设，充分发挥茶文化的引领作用，促进茶叶生产和加工行为的规范性。另一方面，要通过构建茶文化体系，有效地提升茶产业综合竞争力。虽然五峰在茶产业整合方面作出一定探索，形成了以采花毛尖为主体的“1＋N”的茶叶生产企业模式，但是，品牌还是比较繁杂，茶叶生产企业比较凌乱，茶叶品牌创建工作还是刚刚起步，绝大多数品牌注重在省内参展促销宣传，处于省内市场的“自娱自乐”，或者叫作“窝里斗”，导致“省内热闹、省外无名”，难以在全国叫得响，市场竞争力还不强。需要通过构建种植、加工、营销、衍生等一系列的特色茶文化群，使这一文化群体所蕴藏的潜力、蓄积的优势得到充分发挥，与茶产业发展形成良性互动关系，引领茶产业形成强大竞争力。

3. 生态文明建设的促进作用

构建茶文化体系，促进茶产业发展，不仅是经济社会发展问题，也是生态文明建设问题。这是因为，茶业是一种绿色、生态产业。茶与“柴米油盐酱醋”一样，成为人们生活的基本消费品，是与人们生活息息相关的食品，必须强化生态理念，确保质量安全。在茶叶种植中，要远离污染，不能使用人工合成的农药、肥料等禁用物质；在茶叶加工过程中，要保持清洁环境和原生态的发展观，不能受机具和燃料的污染，不得使用任何人工合成的食品防腐剂、添加剂、人工色素等；在茶园养护中，需要做到生物防虫，水、路、电、肥、机到园的生态高效的茶园。同时，“茶是和平的饮料”，茶能净化心灵，美化人生，善化社会，文化世界；以茶结缘，可以广交天下朋友，能使人与人之间心灵相通，消除隔阂，促进人与人和谐相处与深入了解；茶又是“社会的君子”“良师益友”，在茶友的互相鼓励、交流的影响下，让生活中有茶，在茶生活中结交高人与雅士，能把平淡的世俗生活提升为具有美感、价值感和充实感的高雅生活。以茶为主题的文化活动，包括茶诗、茶歌、茶故事、茶会茶节等，能丰富人们的文化生活，陶冶人们的情操。总之，无论是种茶、制茶、销茶过程，还是饮茶及分享、体验茶衍生文化过程中，无时不体现出一种生态理念。需要通过茶文化体系的审美构建，促进人与人、人与社会、人与自然的和谐发展，充分显现生态文明建设的重要地位和价值作用。

三 生态审美文化的消费式传承

茶文化体系的构建，是茶文化自身发展以及茶产业腾飞的客观要求，也是生态文明建设的实际需要。五峰土家族自治县根据茶产业发展实际和茶文化体系审美价值发挥的客观要求，主要从茶叶种植养护、生产销售、茶品茶道和茶叶衍生四大方面，加强其生态审美文化的传承和发展。

（一）种植养护的生态文化

种植养护的生态文化，强调茶叶种植不仅是一种生产，更是一种文化，需要从指导茶叶种植与养护、提高茶叶品源质量中，不断强化其生态审美文化意识。

1. 高产高质的茶种培育文化

长期以来，五峰在结合本地生产实际需要的基础上，因地制宜，先后培育了适合本地种植和发展的优质茶种。比如：鄂茶 7 号是以五峰水浕司陈家坡老茶园一棵 80 年树龄的茶树为育种材料培育而成的，属无性系、灌木型、中叶类，具有生长势强、分枝较直立、叶形紧结有毫、叶底嫩绿明亮等特点；五峰 310 是以五峰采花乡原枫竹园村一棵 80 年树龄的茶树为育种材料培育而成的，属无性系、灌木型、早芽种，具有芽叶黄绿、茸毛多、叶质较厚软、分枝较稀等特点。建立这种种植文化体系，不仅保护了种苗的优质品质，而且拥有很好的"血统"，能够进一步从茶叶古树的历史、文化内涵、茶道等文化资源中，将传统种植文化与现代种植文化有机结合，提炼茶叶种植文化审美价值，并将其有效注入种苗培育之中。

2. 统植统管的茶树种植文化

茶树种植是茶叶高质高产的关键。所谓统植统管的茶树种植文化，就是在"公司＋茶叶合作社＋农户＋基地"模式下，对茶叶种植、茶园养护打造成统一种植规格、统一施肥施药、统一灌溉管理、统一质量安全标准、统一技术指导等一系列的科技文化。五峰在茶树种植等方面做了大量的探索，制定了较为系统、科学的管理方法，也打造了诸如青岗岭万亩生态茶园等一系列茶园基地，并形成一系列关于茶树种植的物质、制度文化，使之与茶诗、茶歌、茶故事等精神文化相融合，成为广大人民群众容易接受的形式，使茶农充分认识茶树种植的重要性，自觉规范茶树种植行为，提高茶树品质和茶叶生产质量。

3. 生态和谐的茶园养护文化

茶园是茶叶生产的第一车间。茶园的养护不仅要有好选址、好设施、好茶树，做到道路、排灌、机械、有机肥和绿色防控的"五到园"，还要有好的整体视觉效果，有综合性的整体效应，有高品位的生态文化体系。这不仅是茶叶生产的需要，也是加强生态文明建设的需要。比如，五峰具有丰富的林业资源，"五峰绿茶"是在"十亩森林养一亩茶"的环境下培育出来的生态、绿色而富有文化韵味的优质茶叶。绿色森林给茶叶带来更多的玉露滋润，更清新的空气。五峰茶园大都实现了“茶在林中、林在茶中、茶林一体、茶山林海”的生态建园模式，园中采用茶果（板栗等）、茶药（杜仲等）、茶林（玉兰等）、茶花（栀子花等）等方式的间作，茶园路旁四周栽植金银花、月季、菊花等，有一种自然和谐之美，更添了茶叶的自然花香。比如，“五峰采花茶”，其本身不仅是一种以地名命名的茶，更是一种茶林相护的生态名茶，力求从“采百花精气”的文化视野去提升“养生态茗品”的价值内涵。

（二）生产销售的生态文化

茶叶生产制作文化与茶叶种植文化一脉相承，需要在指导茶叶生产加工、提高茶叶产品文化品位与价值中，强化其生态审美意识。

1. 实用与美感相融合的采摘文化

茶叶的采摘不仅影响茶叶产量和品质，而且影响茶树的生长发育，也影响茶成本和整体经济效益。茶叶采摘文化的实用性，主要是指茶叶单位面积采摘的总量和单位时间采摘的数量、茶叶采摘的时间与环境、茶叶机采或人采的形式、茶叶盛装器具、茶叶采摘后保鲜及卫生管理等方面的经济实用性。茶叶采摘文化的审美价值，一方面，是指茶叶采摘的成型效果，即根据茶叶产品制造的需要，按照“一芽”“一芽一叶”或“一芽两叶”等要求采摘；另一方面，是指根据不同的文化需要，采用祭祀型等方式，把茶叶采摘礼仪、形式等方面的文化内涵渗透到茶叶采摘中。茶叶采摘文化的生态审美，除了体现传统的确保茶树生长和茶叶产量与品质的技术、观念之外，还要结合现代生产需要和茶叶多品种、多品牌生产需要，反映现代茶叶经济发展需要的采摘技术、观念的文化意识以及茶叶价值提升所需的文化内涵。

2. 传统与现代相结合的加工文化

制茶是整个茶业生产过程中的重要环节，制茶工艺的优劣直接关系到茶叶品质及其市场走向，直接关系到茶企业的发展。茶叶加工文化，不仅是保证茶叶生产加工健康安全的基本，也是提高茶叶产品色香、成型、口感等品质，实现茶产品品牌提升和茶产业发展的基础。需要在继承传统茶叶加工工艺基础上，利用先进设备和先进技术创新制茶工艺，从茶叶加工的投料、摊青、杀青、揉捻、理条、筛分、匀堆、提香等生产制作程序中提升其生产文化，使茶叶产品能在清洁卫生的生产加工环境、科学生产的工艺上以及规范的加工流程中，不断提升其物理价值和文化品位。

3. 自然与审美相统一的包装文化

包装本身就是一种文化。这是因为，文化本身就是包装设计和品牌推广中的重要因素，通过在包装设计和品牌推广过程中，挖掘和发挥文化的审美作用，能进一步提升商品的价值品位。由于茶叶商品中具有更为丰富和特殊的文化属性，在茶叶商品的包装设计和品牌推广中，必须充分考虑茶的本质特点，体现出我国茶文化的高深淡雅属性。同时，也要充分体现包装就是一种文化，体现出包装文化的审美性，关键是要强调自然与审美相统一的文化。茶叶生在自然，长在自然，汲取天地之甘露，吸纳万物之灵气，是一种绿色饮品。茶叶包装设计，不仅要吸收一般商品包装所需要的美感和艺术性，更要传承和体现茶叶的“绿色”气质，尽可能地展现茶叶的“绿色”意识和生态文化，而且，最好还能与本地茶文化资源紧密结合，充分体现茶的神韵特质。

4. 一品一故事的品牌文化

茶产品的文化，不仅具有不同地域茶产品的大众文化性，也具有不同品牌的个性和特殊性，是地域文化与产品个性文化的结合。五峰在不断提升绿茶与红茶、春茶与夏茶生产质量的基础上，注重挖掘传统文化资源，与开发和拓展现代茶品、茶饮紧密结合，形成了不同品牌的不同故事。比如，五峰的采花品牌，就来自一段美丽的历史传说：清康熙年间，容美土司田舜年多次进京拜见康熙皇帝并纳贡，备受一代圣主康熙大帝的赏识，被其收为义子。一次，田舜年进京，将为纪念土家族的祖先苡禾而制作的“清明茶”献于康熙，该茶经开水冲泡，清香四溢，康熙大帝捧杯闻香，顿感心旷神怡，纵情论茶，赞不绝口。田舜年将“清明茶”的典故讲述给康熙听，并唤来随行的侍女唱起山歌：“采花姑娘云中走，头上插茶花。……茶山姑娘采茶忙，献给君王品新茶。”歌毕，康熙起身踱步，沉思良久，欣然命笔：“宫廷灯火耀京华，山村歌舞三五家。我家纵有荷花曲，不及农家喝茶花。”并将“清明茶”更名为“采花茶”，嘱为"贡茶精品，永世为继"，采花茶因此得名。采花毛尖巧妙地利用这段故事，将品茶与修身养性结合起来，设立了湖北茶博馆，并相应开展茶文化生态休闲游，形成了自成一体的文化特色。

（三）茶品茶道的生态文化

人与茶、茶与人的关系历来是一种水乳交融的境界，故有茶如人生、人生如茶、佳人佳茗之说。茶品，即二十四茶品、茶道。据说陆羽所造茶器，凡二十四事。茶品茶道，可以说就是一种为人之道、修身之道。茶品，汇天下茗品于一体。这里的茗品，不是简单的茶叶产品品质或者单纯的"质量"好坏，它更应该是一种品德、精神、心灵上的体现。而茶道是一个审美的过程，追求的是雅致，是一种感觉、一种意境。茶道，是人与自然交流的过程，可以陶冶情操，开阔胸襟。品茶，可以使被红尘玷污的心灵得以净化。正如古人所云：茶道即人道，品茶即品人。只有茶品人品相得益彰，才能达到茶人合一的完美境界。构建茶品茶道文化体系，也主要体现在大众消费型和茶企业生产型两大方面。

1. 消费型的茶品茶道文化

中国传统的茶文化博大精深，可以说是一整套融合伦理与宗教的天人观。从茶品方面来讲，既有包括水质澄澈与鲜活、水味甘香与清寒的水品文化，也有包括明亮与活泼、无异味与干燥的火品文化，包括质地纯正、形制古朴、以秀雅为尚、以素器为尚的器品文化，还有包括结构简洁明快、形制简单朴素，布局开放通透、环境清幽秀雅的室品文化。从茶道方面来讲，强调环境、礼法、茶艺、修行的四大要素，形成了宫廷、文士、宗教、民间等不同实践主体的茶道，有以乌龙茶、绿茶、红茶、花茶等不同茶类为主体的茶道，有修行类、茶艺类、风雅类、技进类等不同体验形式的茶道，还有不同地域类的茶道、表演型茶道、非表演型茶道等。人们在长期的种茶饮茶过程中，让茶文化充满了现实生活，它既有居身贵妇深闺的典雅风范，也能进出寻常百姓之家；它能让田户农人通晓花草摆设，也能让粗工鄙人领略山水造景。茶要求卫生，坚持洁净；它在简单朴素中见自在，无须排场铺张；它在界定万物彼此间的分际中，给我们一套修身养性的方圆规矩；它还代表传统文化的真谛，因为不论原本贵贱高低，只要你是茶道信徒，就是品茶上的贵族。

五峰有悠久的产茶历史和底蕴深厚的茶文化。陆羽曾于唐玄宗年间到三峡地区考察，并记载了五峰在此前就种植茶叶，且品质优良。五峰人在长期的种茶、制茶、销茶和饮茶历史过程中，不仅形成了严格的敬茶礼节，也产生了奇特的饮茶风俗。五峰人视茶为圣物，禁忌将茶泼在地上，抓茶叶必先“净手”，来人来客，总要沏上一杯香茶。五峰传统饮茶有灌灌茶、油茶汤。五峰也有很多以茶命名的地名，如采花乡的茶丘村、湾潭镇的茶园村、五峰镇的茶园坡和后茶园村等。五峰还有形式异彩纷呈的茶文化，人们在种茶、采茶的劳动中，创造了千百首“茶歌”，如《茶歌》《采茶歌》《阳雀采茶》《茶号子》；还有大量的茶诗、茶舞、茶艺、茶故事，在民间得到广泛流传。这些茶文化，从各个不同侧面反映了土家族茶农的生活、情操和当时的社会情态，也反映了五峰茶叶生产和茶产业的发展水平，具有很高的文化价值。

2. 生产型的茶品茶道文化

茶企业文化不仅具有一般企业文化的共性，更需要根据自己的经济活动特点，培养和发展自己的个性文化，即企业的茶品茶道文化。一般来讲，茶品强调的是“清、香、甘、淡”。所谓“清”，即秉自然灵秀之气，形色俱清；“香”，即其嗅如兰；“甘”，即其甘如荠；“淡”，即淡而有味。茶道则强调以茶为媒的生活礼仪，也被认为是修身养性的一种方式，它通过沏茶、赏茶、饮茶，增进友谊，美心修德，学习礼法，是很有益的一种和美仪式。茶道，不仅是人们对饮茶的环境、礼节、操作方式等饮茶仪程的约定俗成的规矩和仪式，更是在茶事活动中融入哲理、伦理、道德，通过品茗来修身养性、品味人生，达到精神上的享受。茶品茶道不仅是个人的修身养性的方式，更是茶企业文化的基础；不仅需要企业知道如何生产茶、生产好茶，更需要企业将茶品茶道文化贯串到制茶、销茶的全过程，贯串到企业生产、管理、文化建设等各个环节，贯串到企业的职工思想之中，使茶品茶道精神在企业职工的生产实践中得以体现，在茶产品中得以凸显。

就五峰茶产业来讲，在整合资源、壮大茶企业过程中树立了一个成功的典范。如，在2008年以来，由湖北五峰采花茶叶公司通过与宜昌国贸集团开展战略合作，整合全县200多家茶叶加工厂组建成一个大型茶叶集团公司，形成了一家集茶叶科研、生产、销售、茶树种苗繁育于一体的现代化农产品加工企业。该公司现拥有加盟企业40多家，设有18个自动清洁化生产车间，建成国内一流的采花茶叶科技园和湖北茶博馆，建设了具有国际领先水平的名优茶智能生产线和高精度质检设备，开发名优茶产品，企业发展成为国家级农业产业化重点龙头企业和国家高新技术企业，企业规模、综合实力位居全国同行前列，成为当之无愧的行业龙头和引领湖北茶产业发展的标杆企业。同时，在企业文化建设方面，如何结合以“和”为核心的中国茶文化，提升“以儒治世、以佛治心、以道治身”的文化精神，强调经茶事，修品格，实现人茶和谐安乐之道，打造“盛世采花，人茶致和”的企业文化，为茶企业文化建设作出了一定探索。

（四）茶叶衍生的生态文化

茶叶衍生文化是以茶为主题，所衍生出的茶理念、茶器具、茶活动、茶主题旅游等方面的文化体系。这种文化体系，貌似与茶产业没有直接联系，也是最容易被忽视的文化体系，但是，它对于一个地域的茶产业发展具有极为重要的促进作用。

1. 茶生态文化

生态文化是文化在特定环境下的一种延伸和创新，它倡导人与自然和谐相处，倡导绿色的生活方式和文明的人文道德观念，使人们真正地了解自然，崇尚自然，保护自然，享受自然。茶叶的生态文化，既是明确提出人与自然和谐相处的经济、社会、自然共生的现代哲学思维，也是在茶叶物质生产、科研、教育、经营、消费过程中，坚持生态理论、生态方法、生态措施的茶文化建设、消费与实践。茶生态文化体系，既有物质性的生态文化，也有非物质性的生态文化。建设生态茶园、生态化加工工厂、以茶为主题的生态性旅游环境等，都是物质性的；而生态理念、生态加工技术、生态性的茶诗茶歌等，则是非物质性的。

生态文化是一种健康素养，一种文化的审美。因此，打造茶的生态文化，需要与人们的健康意识和审美观念结合起来。一是要建立一种现代茶品包括相应技术、服务等能把人和茶叶、茶业、茶文化引入审美过程中的审美纽带，从外在到内在、从表层到深层地有机融合起来，构建、完善、发展审美主体和审美客体相得益彰的审美关系。二是要建立一种人对茶叶、茶业、茶文化的审美过程中，从物质形态领域跨入非物质形态领域的审美桥梁，既要成就物质审美形态的现代茶品，也要成就非物质审美形态的现代茶品。三是要建立一种人和现代茶品包括相应技术、服务之间能有效构建和发展审美关系的路径，使人们的审美体验、感悟、联想、创意过程能从物质形态领域跨入非物质形态领域，使之能超越合乎客观规律之真和为人目的之善，从而开启人茶同化的渐进过程，达到天人合一的至上境界。

2. 茶乡旅游文化

随着社会经济的不断发展，旅游业正步入以休闲度假、康复养生为主的时代。人们对良好的自然生态环境日益向往，渴求在休闲惬意的自然生态环境中调节身体机能，达到休闲养生、体验生活、回归自然的目的。

五峰不仅有柴埠溪大峡谷、后河原始森林、白溢寨等景区景点，也有一系列改良后的生态茶园和生态农业科技园，有特色鲜明的建筑、饮食、习俗等土家文化和地域文化。五峰绿茶与五峰山林美景相互交融，茶乡美景与茶文化堪称一体，不仅是旅游发展的重要资源，也是促进茶产业发展的重要资源。按照“可进入”要求构建茶乡茶园道路交通网络，按照“可停留”理念构建茶乡完善的服务体系，“可享受”思路构建茶乡丰富的游览项目，充分挖掘五峰茶乡的自然资源和人文资源，丰富和发展茶乡旅游文化，打造若干包括参观茶叶生态加工、生态茶园和农业园，参与茶主题文化活动，体验采茶、制茶过程，亲近秀美山水，品尝特色美食等生态茶乡旅游线路，使生态审美文化得以广泛传播。

3. 茶主题文化活动

茶主题文化活动是构建茶文化体系的重要元素，其表现形式是多样的，包括茶节、茶会、茶艺、茶歌、茶戏、茶诗、茶故事等。如今，五峰在茶主题活动方面有一定的群众基础和较为丰富的活动形式。比如，在茶艺方面，创造了《五峰茶艺》和《功夫绿茶》等主题文化，传达了“纯、雅、礼、和”的精神追求。在茶节、茶会方面，每年清明节举办土家族采茶节，举行祭茶仪式；每年组织茶企举办茶叶巡回展。在茶歌、茶舞方面，五峰歌舞剧团根据当地茶文化与茶业发展要求，创作了《最美茶乡》《我在茶乡等你来》等系列优秀作品，丰富茶主题文化与活动内容，为茶产业搭建更大的发展舞台，进一步促进了茶叶衍生文化的繁荣发展。

第五章　实证分析：民族民间审美文化消费式传承调查

民族民间文化源于一定族群和环境下的生产生活，民族民间审美文化传承发展也需要根据其赖以生存的环境，扩大其传承发展的“生活场域”。加强民族民间文化消费调查，其目的就在于分析掌握民族民间文化与民众文化消费的融合度，以便能够有效地扩大民族民间文化传承发展的“生活场域”。

第一节　民族民间审美文化消费式传承调查立意

分析掌握民族地区经济文化发展现状，结合研究需要，科学编制调查问卷和走访提纲，认真选取调查样本和组织调查走访，是获取真实有效调查资料的基本前提。

一　民族民间审美文化消费式传承调查背景

影响民族民间文化消费的因素很多，其中，居民文化消费能力与公共文化服务现实基础是其主要原因。综合分析和准确把握居民文化消费能力和公共文化服务基础，其目的在于更加准确地编制民族民间审美文化消费式传承调查的考核指标。

由于受地理环境、交通条件、经济基础和地方财政等因素的限制，民族地区人均消费水平、公共文化投入和公共文化设施远不及较发达地区，考察其居民文化消费内容、能力与特点，包括民族民间文化消费结构、区域文化发展策略、公共文化服务绩效等，不能完全按照发达地区统一标准执行，也不能只看公共文化设施建设和财政投入状况，关键要立足区域文化资源，需要结合居民文化消费现状及满意程度来制定具有针对性的考核指标，重点考察居民对民族民间文化的开发利用以及政府所提供公共文化服务的满意程度。因此，在调查和评价民族民间文化消费式传承发展过程中，需要对民族地区经济社会发展、文化建设与文化发展战略、公共文化服务能力等情况进行梳理。

1. 经济社会发展状况

五峰是一个典型的山区农业县。根据宜昌市第六次人口普查统计，宜昌市常住农业人口为 2689532 人，其中，男性 1361900 人，占 50.6%；女性 1327632 人，占 49.4%。五峰常住农业人口为 164672 人，占宜昌市常住农业人口的 6.1%，其中，男性 84313 人，占宜昌市常住男性农业人口的 6.2%，五峰的 51.2%；女性 80359 人，占宜昌市常住女性农业人口的 6.1%，五峰的 48.8%。[①] 五峰农业人口中，男性比例要比女性比例高出 3 个百分点，同比宜昌市男性农业人口比例也要高出 0.6%。

2013 年，全县实现地区生产总值 50.59 亿元，同比增长 14.28%；地方公共财政预算收入 23291 万元，同比增长 33%；社会消费品零售总额 15.2 亿元，同比增长 16%；城镇居民可支配收入 13585 元，同比增长 12.6%；农民人均纯收入 5001 元，同比增长 13.9%；金融机构存款余额 60 亿元，同比增长 25%；贷款余额 18.9 亿元，同比增长 23.7%。全县公路总通车里程达到

① 宜昌市人民政府第六次人口普查领导小组办公室编：《宜昌市第六次人口普查机器汇总资料》，2012 年 12 月。

2241公里。全县完成邮电业务总量10064万元，电话总数达到162000部，固定电话17000部，移动电话145000部，计算机宽带用户16510户。全年接待国内外游客156万人次，实现旅游综合收入89200万元，分别比上年增长24.8%和30.0%。全县拥有专业技术人员2272人。中小学33所，其中普通高中1所，中等职业学校1所，初中8所，小学23所。另有特校1所，公办幼儿园1所，民办幼儿园18所。学生总数13291人，在职教职工1507人。九年义务教育完成率达到100%，小学适龄儿童入学率达到100%[①]。

在公共文化服务的财政投入方面：2013年，全县财政总支出为225109万元，一般公共服务支出19127万元，占财政总支出的8.5%。文化体育与传媒支出3619万元，占财政总支出的1.6%。其中，县文化体育旅游局投入达2302万元，占全年文化体育传媒投入的63.6%；县文化事业管理局投入121万元，占全年文化体育传媒投入的3.4%；县文化馆投入164万元，占全年文化体育传媒投入的4.5%；三大部门所占文化体育投入为全年总数的71.5%。

从公共文化设施来看，2013年，全县拥有艺术表演团体1个，乡镇综合文化站8个，“农家书屋”108家。全县有档案馆、公共图书馆、文化馆、文化分馆、体育馆各1个。公共图书总藏量6.12万册。全县通广播、电视的村均达到100%，广播覆盖率98.29%，电视覆盖率99.17%。

无论是从公共文化的政府投入，还是从公共文化设施来看，五峰公共文化服务还比较薄弱，加上受山大人稀、交通不便等因素影响，存在空间分布不尽合理的现象，特别是广大农村居民与公共文化服务设施的“可接近”或“易接近”程度不高。但是，从近五年来公共文化服务投入占财政支出比重来看，五峰公共文化服务体系的建立是有较大成效的。比如，从文化体育与传媒投入来看，2009年支出为924万元；2010年支出为856万元，比上年减少7.3%；2011年支出为1417万元，比上年增加65.5%；2012年支出为1452万元，比

① 数据来自五峰土家族自治县政府网：http：//www.hbwf.gov.cn/art/2010/7/13/art_32_5481.html，2010年7月13日。

上年减少 2.4%；2013 年支出就达 3619 万元，比上年增加 149.2%。其平均增长速度超过财政收入和支出的年平均增长速度，如图 5-1-1 所示。[①]

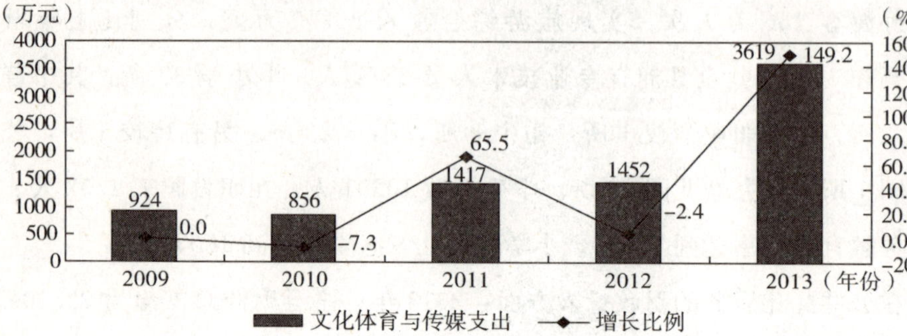

图 5-1-1 近五年五峰文化体育与传媒支出

2. 居民收支与消费结构

经济是文化消费的基础，居民家庭人均收入和支出水平是决定其文化消费能力与质量的重要因素。2013 年，五峰城镇居民人均可支配收入 13585 元，农民人均纯收入 5001 元，比上年人均增加 1516 元和 609 元，增幅分别为 12.6%和 13.9%。农村居民生活消费支出 5995 元，比上年人均增加 801 元，增幅为 15.4%，其中：人均食品消费支出 2474 元，比上年人均增加 5 元，增幅 0.2%，恩格尔系数从上年的 47.5%下降到 41.2%；教育文化娱乐服务 305 元，比上年增加 115 元，增幅 60.5%，由 2012 年的生活消费支出总数的 3.7%提升到 2013 年的 5.1%。

从居民人均家庭收入、恩格尔系数和教育文化娱乐服务支出比例来看，五峰人均经济水平和文化消费支出的绝对数都不高，文化消费能力比较脆弱。但是，从近五年人均纯收入和近两年的家庭支出比例来看，五峰居民文化消费水平上升速度和上升空间都比较大，居民文化生活需求增速也较快。从近五年农民人均纯收入来看，2009 年为 2968 元，恩格尔系数为 51.3%；2010 年为 3265 元，恩格尔系数为 49.8%；2011 年为 3789 元，恩格尔系数为 45.0%；

① 数据由五峰土家族自治县统计局提供。

2012 年为 4392 元，恩格尔系数为 47.5%；2013 年为 5001 元，恩格尔系数为 41.2%（详见图 5-1-2）。从近两年农民教育文化娱乐服务支出来看，农民教育文化娱乐服务支出总额与支出比例都有了大幅度提升。[①]

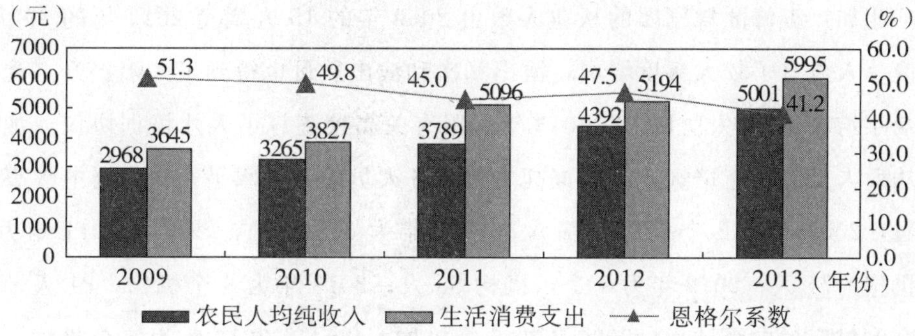

图 5-1-2　近五年五峰农民人均纯收入、支出

3. 公共文化建设情况

文化队伍是农村公共文化服务的具体执行者，文化队伍的数量和服务态度、服务行为是农村公共文化服务绩效的直接影响因素。从文化体育事业基本情况来看，2013 年，五峰拥有文化体育机构 15 个，从业人员 84 人。其中文体局 1 个，从业人员 16 人；图书馆 1 个，从业人员 7 人；文化馆 1 个，从业人员 6 人；文物管理所 1 个，从业人员 2 人；歌舞剧团 1 个，从业人员 39 人；文化执法大队 1 个，从业人员 1 人；体育机构 1 个，从业人员 2 人；在八个乡镇中各设立 1 个乡镇文化站，从业总人数为 11 人，服务于五峰常住农业人口 164672 人，人均服务对象 14970 人。从广播电视事业机构及其从业人员来看，2013 年，全县广播电视机构 9 个，从业人员 81 人。其中，县广播电视站 1 个，从业人员 31 人；乡镇广播电视站 8 个，从业人员 50 人，为农业人口总数的三万分之三。

总之，从文化机构或从业人数来看，五峰公共文化服务的基础设施薄弱、文化队伍数量严重不足。特别是乡镇文化站、乡镇广播电视站从业人员数量缺

① 数据由五峰土家族自治县统计局提供。

乏，业务水平不高。但是，如果从近五年文化体育事业发展情况来看，虽然文化机构设置在减少，但是文化服务队伍在编人数基本没有减少，特别是面向公共文化服务的在编人员有所增加（详见表5-1-1）。文化服务队伍更加要求精干。比如：五峰歌舞剧团的从业人数由2009年的15人增至2013年的39人，不仅总人数有了较大幅度增加，演出场次和演出质量也得到了大幅提升，受益观众年均在10万人次以上。2013年还跟有关高校签订了人才培训协议，加强了从业人员的专业培训，不断提高文化服务人员的业务水平。从广播电视事业来看，2009年为6个机构，77人；2010年为6个机构，79人；2011年为9个机构，71人；2012年为9个，机构83人；2013年为9个机构，81人。其中，农村广播电视站为：2009年为5个机构，11人；2010年为5个机构，11人；2011年为8个机构，42人；2012年为8个机构，53人；2013年为8个机构，50人。可见，农村广播电视服务机构和从业人员都在不断扩大。[①]

表5-1-1　近五年五峰文化体育事业基本情况统计

年份	文体总数		文体局		文化馆		图书馆		乡镇文化站		文物管理所		歌舞剧团		文化执法大队		体育机构	
	机构（个）	人员（人）	机构（个）	人员（人）	机构（个）	人员（人）	机构（个）	人员（人）	机构（个）	人员（人）	机构（个）	人员（人）	机构（个）	人员（人）	机构（个）	人员（人）	机构（个）	人员（人）
2009	22	68	1	16	1	10	1	7	8	13	1	3	1	15	1	2	1	2
2010	15	78	1	14	1	10	1	8	8	15	1	3	1	17	1	1	1	2
2011	15	85	1	8	1	8	1	8	8	13	1	2	1	43	1	1	1	2
2012	15	85	1	24	1	6	1	8	8	12	1	2	1	38	1	1	1	2
2013	15	84	1	16	1	6	1	7	8	11	1	2	1	39	1	1	1	2

4. 公共文化服务状况

根据国家“十一五”和“十二五”文化改革发展规划对农村公共文化服务建设的要求，提出了农村电影放映工程、农村广播电视“村村通”、乡镇综合文化站和村文化室建设工程、农家书屋工程和基层图书馆（室）、文化信息资源共享工程、农村文化保护等方面的十多个指标。就五峰农村公共文化服务项

① 数据由五峰土家族自治县统计局提供，笔者汇总统计而成。

目来看，在农村电影放映工程方面，除政府组织下乡放映之外，大多数为社会和民间组织放映，基本达到了“一村一月一场电影的实现率”。在广播电视“村村通”方面，近五年广播电视通村率均在100%，其覆盖率也在不断上升(详见表5-1-2)。

表5-1-2　近五年五峰广播电视普及情况统计

	2009年	2010年	2011年	2012年	2013年
广播覆盖率（%）	88.1	94.8	94.8	98.2	98.3
电视覆盖率（%）	95.2	96.6	96.7	99.2	99.2
有线电视用户（户）	8623	8642	10300	11000	12000
宽带网用户（户）	230	235	250	300	510

从近五年全县图书总藏量来看，2009年52510册（古籍60册、图书37801册、报刊16252册)，2010年56008册（图书45008册、报刊11000册)，2011年57498册（图书46008册、报刊10166册)，2012年59565册(图书47613册、报刊11306册)，2013年61243册（图书49271册、报刊11416册)。[①] 在民族民间文化资源挖掘和非物质文化遗产保护方面，自2009年以来，全县按照“不漏掉一项艺术门类，不漏掉一个民间艺人”的要求，对现有的民族民间文化进行了拉网式调查，收集、整理、出版了一批民族民间文化刊物；编印若干民本教材，积极开展民族民间文化进校园活动；加强公共文化服务建设和民族民间文化产品与服务融入公共文化服务项目的推进工作等。

5. 公共文化服务绩效

关于服务绩效评价，主要采取服务对象和管理机构评价相结合的形式，侧重服务对象的评价。关于服务对象评价将在后文作详尽阐述，在此，主要从引领社会生活风尚和培育共有精神家园两大方面对管理机构评价进行简单描述。

在引领社会生活风尚方面，各个乡镇立足本地实际，结合农民生产生活需求，积极开展丰富多彩的文化活动，举办农民文化技能培训班、文化生活引领

① 数据由五峰土家族自治县统计局提供，笔者汇总统计而成。

班等。比如，渔洋关镇结合县城避险搬迁，加强对失地农民的安置，为小区安装健身器材，加强绿化和广场文化建设，开展送电影进小区活动等。仁和坪镇利用与湖南石门交界的地理优势，举办湘鄂边界农民体育文化艺术节，开展掰玉米、筛粮食、扛烟包、扔萝卜等一系列与农民生产生活相联系的文化体育活动，健身强体，丰富生活。长乐坪镇结合民族村寨保护等项目，加强乡间循环道路建设、村容村貌治理，引导干部群众积极开展跳民族舞、唱民族歌等活动，为村组“送戏下乡”等。采花乡结合茶叶生产和茶文化建设需要，开展春茶开园艺术节，为农民送戏下乡，到田间地头开展各类艺术培训，加强综合文化站建设，延长免费对外开放时间等。湾潭镇结合党建工作和特色产业发展举办农民文化艺术节，展示党员风采和农民昂扬向上的精神风貌。

在培育共有精神家园方面，五峰县委、县政府注重从农村、农民身边挖掘典型，树立榜样。“拥军慈母”罗长姐获第四届“全国道德模范”称号，“仁义孝子”李元成、“热血哨兵”吕俊峰获第四届“全国道德模范”提名。全县上下掀起“学习道德模范，弘扬长姐精神”热潮，各乡镇也通过知识竞赛、才艺展示、村民道德理事会等形式，大力推进精神文明建设，践行社会主义核心价值观。

二　民族民间审美文化消费式传承调查目的与方法

民族民间文化消费式传承调查，主要以五峰民族民间文化消费现状与发展趋势为调查分析基点，力求从民族民间消费与民族民间文化传承的实证分析中，把握民族民间文化传承发展与民众日常文化消费的融合状况，为拓宽民族民间文化传承发展空间，夯实民族民间文化传承发展基础提出建议和对策。

（一）调查目的与内容

1. 调查目的

文化消费是一种用文化产品和服务满足人们精神文化需求的消费，充分体现了文化与消费主体的融合。文化传承主要是指民族共同体内的社会成员对维系本民族的文化基因的代代相传，其根本要求就是强调本民族文化基因与民族共同体的有机结合。也就是说，文化与消费主体的融合度，不仅反映了文化消费的水平与质量，以及文化传承的状况，而且反映了文化消费与文化传承的关系：文化消费为文化传承奠定的基础怎样，包括消费群体是否广泛、消费愿望是否强烈、消费行为是否规范、消费内容结构是否合理、需求方向如何等；文化传承和发展为文化消费提供的内容如何，包括文化产品是否丰富、品位是否高尚、服务质量是否过硬、消费方式是否合理、消费者的认同度与是否感兴趣等。

由于民族民间文化属于一种区域文化，是一定区域内的民族共同体在长期的生产生活实践中形成的，为共同体所认同、接受，世代相传的物质文化、行为文化和精神文化的总称，它源自特定时期的生产生活环境，并在开放的文化交流中传承发展。因此，民族民间文化的消费式传承调查，需要结合一定区域的经济社会发展实际，从文化消费能力与结构、民族民间文化认知与接纳、民族民间文化消费愿望与参与、民族民间文化传承体验与评价等方面展开调查，寻求民族民间文化传承发展与人民群众文化消费的最佳衔接点，为挖掘民族民间文化资源，厘清民族民间文化传承发展内容、方向，拓宽民族民间文化传承发展渠道，夯实民族民间文化传承发展的生活基础提出建议和对策。

2. 调查内容

通过文化消费和民族民间文化传承发展含义与相互关系厘定，以及对五峰民族民间审美文化审美资源梳理、民族民间审美文化消费式传承模式分析，围绕本调查目的，经操作化选择并设计出具有针对性和代表性的调查指标，构成调查问卷。力求通过问卷调查与走访资料分析，准确掌握人民群众的文化消费意向、能力、结构与评价，了解民族民间文化消费份额、民族民间文化消费式传承发展现状，评价分析民族地区公共文化服务能力和区域文化发展效能，最大限度地保证和提高调查的可操作性和获取资料的真实性。

在调查问卷的编制中，我们主要从基本信息、多项选择和单项选择三大板块中，设计了包括受访者性别、民族、年龄、学历、职业、收入、文化消费支出等基本信息，文化消费结构、能力、意愿、评价，民族民间文化消费意愿与民族民间文化传承发展现状，民族地区公共文化与区域文化发展绩效四大方面内容。共计 34 题，其中基本信息选项 7 题，多项选择（按照顺序限选三项）11 题，单项选择 16 题。具体结构详见表 5-1-3。

表 5-1-3　　民族民间文化消费式传承发展调查问卷主要内容结构

主要板块	主要调查内容
基本信息	包括调查对象性别、民族、年龄、职业、学历、收入、文化消费支出，以便把握不同调查对象与民族民间文化消费传承的关系
文化消费	包括消费结构、闲暇活动、文化活动兴趣、文化消费的主要方式、参加文化活动的主要原因、文化消费对提升生活质量的影响、平均每年可以阅读多少本书刊、每年参加多少次技术培训或讲座、每年观看多少次演出或电影、每年参观多少次展览、每月会上几次网络、是否对自己的文化生活满意等
民族民间文化传承发展	包括选择文化消费产品主要因素、平时最关注和了解什么民族民间文化、乐意参加民族民间文化消费活动的原因、影响民族民间文化传承发展的最大阻碍、加强民族民间文化传承发展主要原因、参加民族民间文化活动的机会、参加民族民间文化活动的感觉与收获、是否对政府重视民族民间文化传承发展状况感到满意、是否对民族民间文化传承发展现状满意等
区域文化建设与发展	包括影响农村公共文化服务建设的原因，对广播电视村村通建设、农村图书室（屋）建设、农村公共文化设施建设成效、乡镇村组或协会组织开展的文化活动以及对本地文化发展情况的满意状况等

（二）调查方法与组织实施

1. 调查方法

由于本次调查内容较为宽泛、复杂，调查对象较为分散、多样，主要采取入户调查的方法。先由本课题组负责人召集课题组成员进行统一布置，提出相关要求，再由本课题组成员深入所选定乡镇、村组和农户家中，进行深度走访和问卷调查。调查员进入调查对象家中，请调查对象当场填写问卷后当场回收。调查员对因受教育程度低而无法自填调查问卷的受访者，采用访谈的形式进行调查，由调查员帮助填写问卷。

2. 调查的组织实施

在问卷调查样本选取上，首先，我们在五峰土家族自治县八个乡镇中，选取了五峰镇、湾潭镇、长乐坪镇、渔洋关镇、仁和平镇五个乡镇；其次，采取配额抽取的办法，从以上五个乡镇中选取了 21 个村组的 500 余户居民。在调查问卷发放中，大部分由课题组成员亲自调查，小部分由当地村组负责人协助调查，发放过程中须按照相对等额抽取样本的原则，尽量从性别、年龄等表象特征中筛选不同调查对象，尽量保持样本的相对均匀性。

调查问卷统一收回后，由受过专门培训的硕士研究生负责问卷调查的数据整理。首先统一进行问卷整理、编号，核查问卷的有效性，剔除无效（34 个问题中未作答超过 3 个的，以及 11 个多项选择题中所选答案超过 3 个的）问卷；然后用 FOX6.0 进行录入，并查错。调查数据显示，本次调查共发放调查问卷 1000 份，实际回收 1000 份，回收率 100.0%；经剔除无效问卷后，实际回收有效问卷 991 份，有效回收率 99.1%。最后采用 SPSS13.0 软件进行统计分析。

三　民族民间审美文化消费式传承调查基本信息分析

1. 性别和民族结构分析

本次调查样本中的男性为 546 人，占 55.1%；女性 445 人，占 44.9%；少数民族 843 人，占 85.1%；汉族 148 人，占 14.9%。性别和民族信息统计详见表 5-1-4

表 5-1-4　　性别和民族信息统计

性别	人数	比例（%）	民族	人数	比例（%）
男	546	55.1	少数民族	843	85.1
女	445	44.9	汉族	148	14.9
合计	991	100.0	合计	991	100.0

2. 年龄结构分析

本次调查样本中的年龄分别为：20 岁及以下 113 人，占 11.4%；21—30 岁 197 人，占 19.9%；31—40 岁 171 人，占 17.3%；41—50 岁 331 人，占 33.4%；51 岁及以上 179 人，占 18.1%。详见图 5-1-3。

3. 职业结构分析

本次调查主要深入基层调查，在采访对象中，基层群众比例比较大。其职

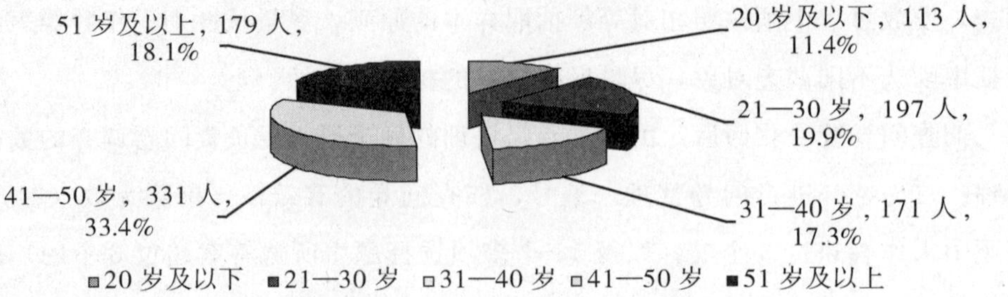

图 5-1-3　样本中年龄分布

业情况主要是：公务员 44 人，占 4.4%；事业单位职工 87 人，占 8.8%；企业职工 88 人，占 8.9%；教师 61 人，占 6.2%；文艺工作者 27 人，占 2.7%；个体工商户 163 人，占 16.4%；农民 448 人，占 45.2%；其他 73 人，占 7.4%。详见图 5-1-4。

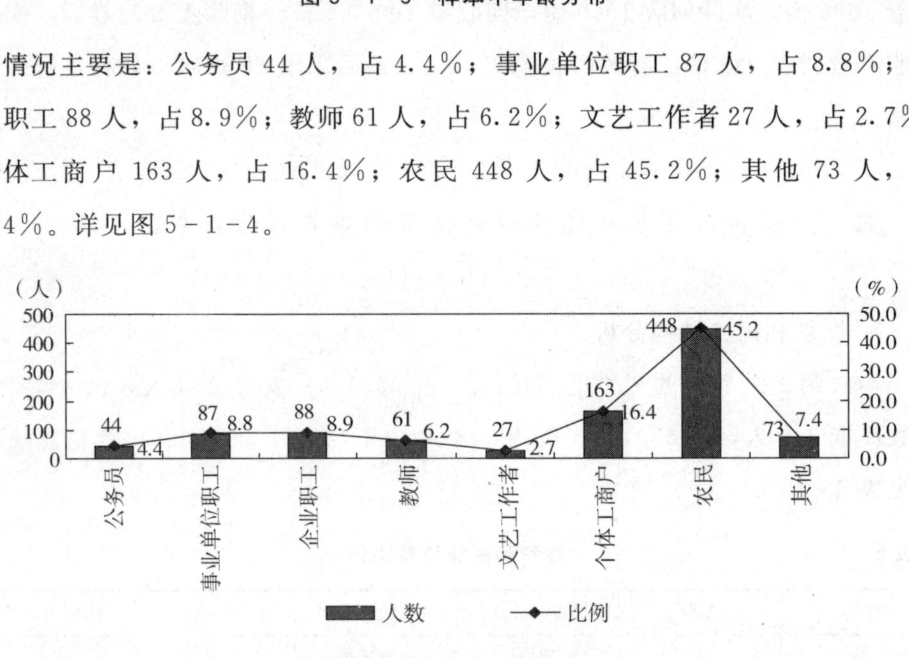

图 5-1-4　样本中职业结构分布

4. 学历结构分析

由于本次调查主要针对五峰常住人口，其学历层次较低，其结构分别为：小学及以下 135 人，占 13.6%；小学 147 人，占 14.8%；初中 264 人，占 26.6%；高中或中专 334 人，占 33.7%；大专及以上 111 人，占 11.2%。详见图 5-1-5。

5. 家庭人均收入分析

本次调查样本中的家庭人均年收入分配为：4000 元及以下 122 人，占

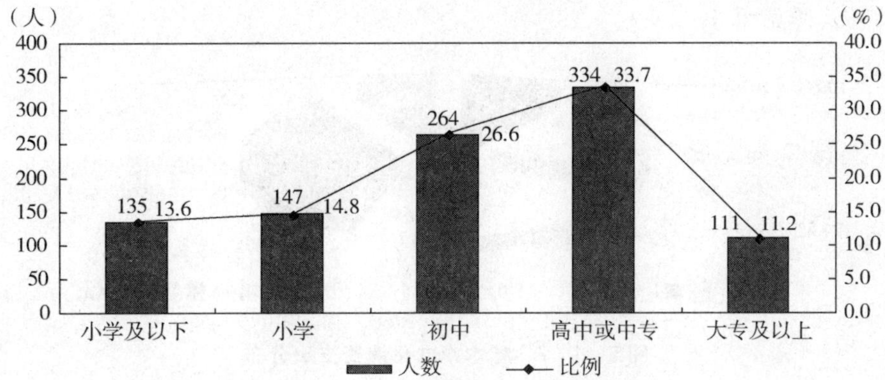

图 5-1-5　样本中学历结构分布

12.3%；4001—6000 元 255 人，占 25.7%；6001—8000 元 205 人，占 20.7%；8001—10000 元 267 人，占 26.9%；10001 元及以上 142 人，占 14.3%。详见图 5-1-6。

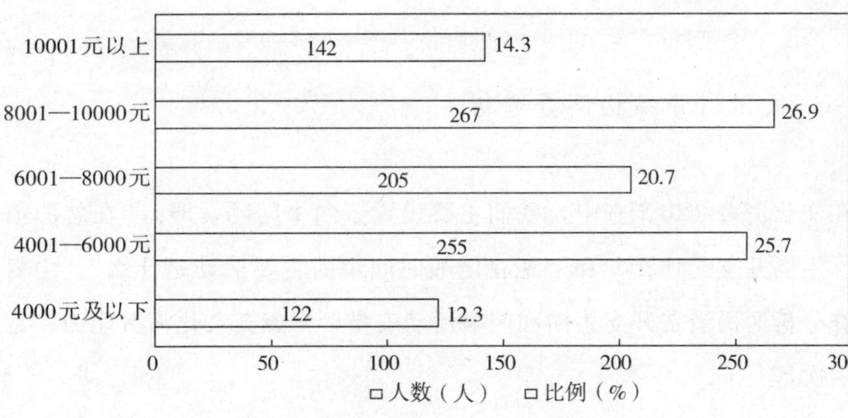

图 5-1-6　样本中家庭人均收入分布

6. 年均文化消费支出分析

在本次调查样本中，对居民文化消费支出主要设置了几乎为零、1—100 元、101—300 元、301—500 元和 500 元以上五个档次。其结构分布表现为：几乎为零 81 人，占 8.2%；1—100 元 362 人，占 36.5%；101—300 元 243 人，占 24.5%；301—500 元 198 人，占 20.0%；500 元以上 107 人，占

10.8%。详见图 5-1-7。

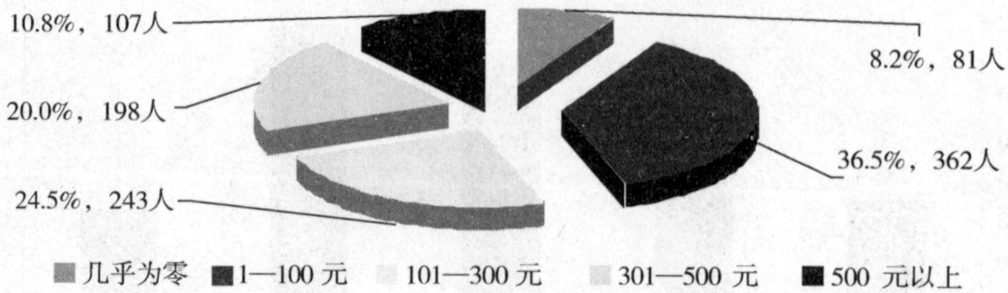

图 5-1-7 样本中文化消费支出分布

第二节 文化消费调查分析

一 文化消费结构调查分析

在文化消费结构调查中，我们主要设置了两个问题，即："在您的消费结构中，主要开支是什么"和"您在闲暇时间中的主要活动是什么"。主要是通过调查分析居民消费开支去向和闲暇活动安排，掌握其文化消费能力、意向及结构层次等。

1. 消费结构分析

"在您的消费结构中，主要开支是什么"调查中，主要设定了"居住等建筑开支""人情往来开支""食品""衣着""交通通信""教育""医疗保健""家庭设备及服务""休闲娱乐"和"其他"十个选项。要求按照顺序限选三项，结果显示（详见表 5-2-1），选择"居住等建筑开支"的第一选择人数和总选择人数均居第一，总选择为 478 人次，占 48.2%，其中，第一选择为 273 人次（占 27.5%），第二选择为 135 人次（占 13.6%），第三选择为 70 人次

(占7.1%)。其次是“人情往来开支”，虽然第一选择人次仅为85人次（占8.6%），位居十个选项中的第六位，但是，总选择人次达470人次，总比例为47.4%，仅低于“居住等建筑开支”选项0.8%，位居第二。而认为最少开支的是“休闲娱乐”和“其他”（总选择为180人次，总比例为18.2%），两个选项并列末位。可见，除接受教育以外，其他文化消费在居民消费支出中的比例都是最低的。

表5-2-1　　消费结构中开支项目选择统计

选择／选项	第一选择		第二选择		第三选择		总选择人次	总选择比例（%）
	人数	比例（%）	人数	比例（%）	人数	比例（%）		
居住等建筑开支	273	27.5	135	13.6	70	7.1	478	48.2
人情往来开支	85	8.6	171	17.3	214	21.6	470	47.4
食品	161	16.2	107	10.8	118	11.9	386	39.0
衣着	105	10.6	119	12.0	77	7.8	301	30.4
交通通信	57	5.8	74	7.5	161	16.2	292	29.5
教育	124	12.5	76	7.7	60	6.1	260	26.2
医疗保健	40	4.0	126	12.7	67	6.8	233	23.5
家庭设备及服务	113	11.4	56	5.7	24	2.4	193	19.5
休闲娱乐	24	2.4	118	11.9	38	3.8	180	18.2
其他	9	0.9	9	0.9	162	16.3	180	18.2
合计	991	100.0	991	100.0	991	100.0	2973	300.0

2. 文化活动分析

“您在闲暇时间中的主要活动是什么”的调查中，设定了“体育锻炼”“与朋友或邻居闲聊”“在家闲着”“看电视或听广播”“上网”“棋牌麻将等娱乐”“看书报刊”“看电影或演出”“旅游”“参加培训或听讲座”“参观展览”和“其他”十二个选项。同样要求按照顺序限选三项，结果显示（详见表5-2-2），认为“体育锻炼”最多，总选择为510人次，总比例为51.5%，其中，有420人次认为是第一选择（42.4%），29人次为第二选择（2.9%），61人次为第三选择（6.2%），其总选择人次和第一选择人次均位居第一。其次分别是

“与朋友或邻居闲聊”和“在家闲着”，总人次分别为497人次和444人次，总比例分别为50.2%和44.8%。其中，在“与朋友或邻居闲聊”中，有137人次为第一选择（占13.8%），221人次为第二选择（占22.3%），139人次为第三选择（占14.0%），其总选择人次和第一选择人次也均位居第二；在“在家闲着”中，有115人次为第一选择（占11.6%），130人次为第二选择（占13.1%），199人次为第三选择（占20.1%），其总选择人次和第一选择人次均位居第三。从以上三个选项来看，总选择比例和第一选择比例分布基本一致。而“参加培训或听讲座”“旅游”和“参观展览”三项最低，三项总选择之和仅为186人次，三项的总比例为18.8%，其中，“参观展览”的第一选择为零。可见，人们在闲暇时间中，被动的有闲时间较多，而从事文化消费等积极的闲暇生活较少。

表5-2-2　　闲暇时间中活动项目选择统计

选择/选项	第一选择		第二选择		第三选择		总选择人次	总选择比例（%）
	人数	比例（%）	人数	比例（%）	人数	比例（%）		
体育锻炼	420	42.4	29	2.9	61	6.2	510	51.5
与朋友或邻居闲聊	137	13.8	221	22.3	139	14.0	497	50.2
在家闲着	115	11.6	130	13.1	199	20.1	444	44.8
看电视或听广播	114	11.5	179	18.1	115	11.6	408	41.2
上网	30	3.0	75	7.6	120	12.1	225	22.7
棋牌麻将等娱乐	44	4.4	112	11.3	64	6.5	220	22.2
看书报刊	69	7.0	91	9.2	36	3.6	196	19.8
其他	10	1.0	16	1.6	167	16.9	193	19.5
看电影或演出	8	0.8	44	4.4	42	4.2	94	9.5
旅游	12	1.2	36	3.6	20	2.0	68	6.9
参加培训或听讲座	32	3.2	29	2.9	12	1.2	73	7.4
参观展览	0	0.0	29	2.9	16	1.6	45	4.5
合计	991	100.0	991	100.0	991	100.0	2973	300.0

从调查分析中可见，民族地区广大民众人均收入水平整体偏低，虽然恩格

尔系数逐年有较大幅度下降，文化消费支出比例也有较大幅度上升，但是，他们的整体文化消费能力还十分有限，基本上还属于生产或生存性消费为主，精神追求型消费缺乏。随着社会经济不断地发展，民族地区居民生活水平不断提高，文化消费需求也不断增强，但是，选择什么样的消费、如何选择文化消费、为什么选择文化消费等一系列问题困扰着人们，他们的消费理念和消费行为值得关注，需要加强引导。从闲暇时间的主要活动结构来看，除体育锻炼以外，基层民众闲暇活动以“闲聊”“闲呆”等为主，被动有闲时间较多，积极主动闲暇活动较少，特别是文化类休闲活动较为缺乏。这与民族地区生产生活环境有关，也与人民群众文化消费兴趣不广、消费技能不强、消费能力不强有直接关系。

二　文化消费意向调查分析

在文化消费意向调查中，我们主要设置了四个方面问题。即：“您对怎样的文化活动最感兴趣”“您参加文化消费的主要方式是什么”“您认为影响您文化消费的主要原因”和“您选择文化消费产品主要看重什么”。在四个问题中均采用按照顺序限选三项的办法，着重调查居民文化消费兴趣、爱好和行为等。

1. 文化活动兴趣分析

表 5-2-3　　文化活动兴趣多项选择统计

选择/选项	第一选择		第二选择		第三选择		总选择人次	总选择比例（%）
	人数	比例（%）	人数	比例（%）	人数	比例（%）		
体育锻炼	454	45.8	42	4.2	71	7.2	567	57.2
棋牌麻将等娱乐	194	19.6	164	16.5	176	17.8	534	53.9
电影电视或广播	117	11.8	247	24.9	136	13.7	500	50.5
民族民间文化活动	81	8.2	248	25.0	135	13.6	464	46.8
社区组织文体活动	30	3.0	71	7.2	284	28.7	385	38.8

续表

选择 选项	第一选择		第二选择		第三选择		总选择人次	总选择比例（%）
	人数	比例（%）	人数	比例（%）	人数	比例（%）		
看书报刊	34	3.4	140	14.1	69	7.0	243	24.5
卡拉OK等自娱自乐活动	36	3.6	39	3.9	80	8.1	155	15.6
技术培训或讲座	45	4.5	40	4.0	40	4.0	125	12.6
合计	991	100.0	991	100.0	991	100.0	2973	300.0

在“您对怎样的文化活动最有兴趣”的调查中，设定了“体育锻炼”“棋牌麻将等娱乐”“电影电视或广播”“民族民间文化活动”“社区组织文体活动”“看书报刊”“卡拉OK等自娱自乐活动”和“技术培训或讲座”八个选项。按照顺序限选三项的结果显示（详见表5－2－3），还是对“体育锻炼”最感兴趣，总选择有567人次，总比例为57.2%。其中，有454人次为第一选择（占45.8%），42人次为第二选择（占4.2%），71人次为第三选择（占7.2%）。其次分别是“棋牌麻将等娱乐”和“电影电视或广播”，总选择分别为534人次和500人次，总比例分别为53.9%和50.5%。其中，在“棋牌麻将等娱乐”中，有194人次为第一选择（占19.6%），164人次为第二选择（占16.5%），176人次为第三选择（占17.8%）；在“电影电视或广播”中，有117人次为第一选择（占11.8%），247人次为第二选择（占24.9%），136人次为第三选择（占13.7%）。以上三个选项中的第一选择比例与总选择比例分布完全一致。而“技术培训或讲座”“卡拉OK等自娱自乐活动”和“看书报刊”三项为最低，三项之和仅为523人次，三项总选择比例仅为52.7%，不及“体育锻炼”一项的总选择比例。另外，“社区组织文体活动”和“看书报刊”的第一选择比例又是最少的，分别位居倒数第一和第二位。可以看出，无论是休闲娱乐型文化消费活动，还是知识类文化消费活动的比例都很低。

2. 文化消费方式分析

为了进一步考察当地人民群众文化消费结构与心理，便于促进民族民间文化消费式传承发展，我们还专门设置了“您参加文化消费的主要方式是什么”

这一问题，设定了“家庭或亲友陪伴”“朋友同事”“单独一人”“乡镇或村级组织”“协会或兴趣小组”五个选项。要求按照顺序限选三项目，调查结果显示（详见表5-2-4），“单独一人”的第一选择人次最多，达609人次，占61.5%；而总选择为683人次，占68.9%，仅位居第三。而在“家庭或亲友陪伴”下参加文化消费的总选择人次最多，为861人次，总选择比例为86.9%。其中，有306人次为第一选择（占30.9%），519人次为第二选择（占52.4%），36人次为第三选择（占3.6%）。跟“朋友同事”一起参加文化消费的总选择人次位居第二，为796人次，占80.3%。其中，有44人次是第一选择（占4.4%），358人次为第二选择（占36.1%），394人次为第三选择（占39.8%）。无论是从总选择人次还是第一选择人次来看，“协会或兴趣小组”“乡镇或村级组织”的文化消费活动人次都是最低的，两个选项总选择之和仅为633人次，占63.9%，其中，“协会或兴趣小组”的第一选择仅3人，占0.3%；第二选择也仅20人，占2.0%，两项之和不足3%。可以看出，人们参加政府组织和社会组织的文化消费活动比较少，农民文化消费活动伙伴以单独一人或家庭、亲朋为主，属于较为封闭的文化消费方式，社交范围较窄，发展型文化消费形式较少。

表5-2-4　　文化消费方式多项选择统计

选择 选项	第一选择		第二选择		第三选择		总选择人次	总选择比例（%）
	人数	比例（%）	人数	比例（%）	人数	比例（%）		
家庭或亲友陪伴	306	30.9	519	52.4	36	3.6	861	86.9
朋友同事	44	4.4	358	36.1	394	39.8	796	80.3
单独一人	609	61.5	9	0.9	65	6.6	683	68.9
乡镇或村级组织	29	2.9	85	8.6	237	23.9	351	35.4
协会或兴趣小组	3	0.3	20	2.0	259	26.1	282	28.5
合计	991	100.0	991	100.0	991	100.0	2973	300.0

3. 文化活动影响因素分析

在“您认为影响您文化消费的主要原因”调查中，设定了“公共文化设施比较缺乏”“平时比较忙，没时间”“没有兴趣”“价格太高”“没能及时获得信息”“缺乏本土化文化气息”“满意的文化项目比较少”和“交通不便/路途较远”八个选项。要求按照顺序限选三项，调查结果显示（详见5-2-5），认为“公共文化设施比较缺乏”是最主要的原因，总选择477人次，总比例为48.1%；其中，第一选择为349人次（占35.2%），第二选择为40人次（占4.0%），第三选择为88人次（占8.9%），其第一选择人数和总选择人数都是最高的。其次是“平时比较忙，没时间”，总选择为453人次（占45.7%）。其中，第一选择为94人次（占9.5%），第二选择为157人次（占15.8%），第三选择为202人次（占20.4%），本选项的第一选择仅位居八个选项中的第五位。再次，分别是“没有兴趣”和“价格太高”，总选择分别为415人次和408人次，总选择比例分别为41.9%和41.2%。其中，在“没有兴趣”中，有236人次是第一选择（占23.8%），163人次是第二选择（16.4%），16人次是第三选择（1.6%），本选项中的第一选择人次位居八个选项中的第二位。在“价格太高”中，有120人次是第一选择（占12.1%），219人次是第二选择（占22.1%），69人次是第三选择（占7.0%），本选项的第一选择人次位居八个选项中的第三位。可以看出，影响农民文化消费的主要原因是公共文化服务能力不足，缺乏公共文化设施和公共文化产品，即使有一些，也还是“价格太高”，公共性还不够高。其次是农民自身原因，“平时比较忙，没时间”，对文化消费活动认识不足、重视不够；农民对文化消费表示“没有兴趣”，同样说明了农民文化消费技能和审美能力不够。

表5-2-5　　影响文化消费原因多项选择统计

选择 选项	第一选择		第二选择		第三选择		总选择人次	总选择比例（%）
	人数	比例（%）	人数	比例（%）	人数	比例（%）		
公共文化设施比较缺乏	349	35.2	40	4.0	88	8.9	477	48.1
平时比较忙，没时间	94	9.5	157	15.8	202	20.4	453	45.7
没有兴趣	236	23.8	163	16.4	16	1.6	415	41.9
价格太高	120	12.1	219	22.1	69	7.0	408	41.2

续表

选项＼选择	第一选择		第二选择		第三选择		总选择人次	总选择比例（%）
	人数	比例（%）	人数	比例（%）	人数	比例（%）		
没能及时获得信息	52	5.2	256	25.8	64	6.5	372	37.5
缺乏本土化文化气息	12	1.2	16	1.6	278	28.1	306	30.9
满意的文化项目比较少	104	10.5	86	8.7	96	9.7	286	28.9
交通不便/路途较远	24	2.4	54	5.4	178	18.0	256	25.8
合计	991	100.0	991	100.0	991	100.0	2973	300.0

4. 文化消费产品选择分析

对文化消费产品的调查，我们设立了“您选择文化消费产品主要看重什么”的问题，并设置了“品牌”“质量”“个人爱好或文化认同”“包装”“价格”“实用性”“民族文化传承和发展的责任”和“其他”八个选项。按照顺序限选三项，其结果显示，影响民众选择文化消费产品总选择的前三项分别是“质量”（总选择为751人次，占75.8%），“个人爱好或文化认同”（总选择为697人次，占70.3%）和“实用性”（总选择为524人次，占52.9%）。而“民族文化传承和发展的责任”总选择为215人次，占21.7%，位居第六。但是，从第一选择排序来看，居前三位的分别是“品牌”（383人次，占38.7%）“质量”（343人次，占34.6%）和“个人爱好或文化认同”（201人次，占20.3%）。可见，品质高、实用实惠和适合个人品位是人们文化消费活动最为看重的几个方面。详细统计分析见表5-2-6。

表5-2-6　文化消费产品选择统计分析

选项＼选择	第一选择		第二选择		第三选择		总选择人次	总选择比例（%）
	人数	比例（%）	人数	比例（%）	人数	比例（%）		
品牌	383	38.7	0	0.0	18	1.8	401	40.5
质量	343	34.6	299	30.2	109	11.0	751	75.8
个人爱好或文化认同	201	20.3	364	36.7	132	13.3	697	70.3
包装	0	0.0	54	5.4	16	1.6	70	7.0
价格	0	0.0	166	16.8	83	8.4	249	25.2

续表

选项＼选择	第一选择		第二选择		第三选择		总选择人　次	总选择比例（%）
	人数	比例（%）	人数	比例（%）	人数	比例（%）		
实用性	48	4.8	71	7.2	405	40.9	524	52.9
民族文化传承和发展的责任	16	1.6	19	1.9	180	18.2	215	21.7
其他	0	0.0	18	1.8	48	4.8	66	6.6
合计	991	100.0	991	100.00	991	100.00	2973	300.0

一般来讲，影响人们文化消费和文化活动的因素很多，归纳起来，主要包括两大方面。一是自身的主观原因，包括文化消费意识、能力、兴趣和技能等；二是文化产品与服务供给等方面的客观原因，包括公共文化服务设施与布局、文化产品内容与价格、文化产品功能与形式、文化服务与质量等。

从走访中了解到，一方面，随着人民群众经济收入的增加，文化需求逐渐从消遣型向智能型转变，参与锻炼身体以及知识、技能培训等现代文化生活的愿望不断增强，但是，由于公共文化服务设施缺乏，现行公共文化服务项目和文化产品与服务供给没有及时跟上，使得文化消费的供需矛盾更加突出；另一方面，受社会交往方式与范围的限制，民族地区人民群众文化消费又以单独一人为主，情况略好一点也只局限于家庭或亲友陪伴，参加协会或兴趣小组、各级组织开展的文化活动机会较少，社会交往范围较为狭窄，视野较为封闭，文化消费体验感不强、收获不大，从而导致学习和技能提升型的文化消费兴趣不高、文化消费技能不强。同时，伴随着公共文化供需矛盾的加大，农民闲暇时间和经济收入的增多，一些地方民众用于迷信、赌博等方面的支出不断增加，甚至许多人在此方面的平均开支大大超过了文化支出。有些群众觉得先进文化教育和熏陶简单枯燥、直白无味，从而被烧香拜佛、占卦算命、看风水等封建迷信活动或者聚众打牌、赌博、喝酒等腐朽生活方式所吸引。民众的文化消费理念和行为亟须引导和引领。

三　文化消费内容调查分析

在文化消费内容调查中，设置了五个方面问题，即“您平均每年可以阅读多少本书刊”（简称“阅读书刊”）、“您平均每年可以参加多少次技术培训或讲座”（简称“参加讲座”）、“您平均每年可以观看多少次演出或电影”（简称“观看电影”）、“您平均每年可以参观多少次展览”（简称“参观展览”）和“您平均每个月会上几次网络”（简称“上网次数”）。其目的在于进一步了解民众文化消费内容、结构等基本情况，以便于引导人们的文化消费行为，为拓宽民族民间文化消费式传承发展渠道奠定基础。调查结果显示（详见表5－2－7），在所设的五个问题中，回答“没有”比例最高的是“参观展览”，有740人次，占74.7％。其他依次为“参加讲座”有729人，占73.6％；“观看电影”有522人，占52.7％；“阅读书刊”有437人，占44.1％；“上网次数”有389人，占39.3％。上述五个问题中，没有进行“参观展览”“参加讲座”和“观看电影”三个文化消费内容的比例均在一半以上；而在“阅读书刊”和“上网次数”两个文化消费内容中，表示“没有”参加的比例也在四成左右。从总体上看，人民群众文化消费频率极低，内容也极为单一，结构极为简单，在一定程度上反映了他们的文化消费水平和质量低下，文化消费能力较弱，能力拓展型和健康向上型的文化消费活动较少，有待于树立健康的文化消费理念，加强文化消费行为引导，提高文化消费技能，提供贴近的、丰富的文化产品和服务，激发人们的文化消费潜能。

表5－2－7　　文化消费内容频率统计

	没有		1—3本（次）		4—6本（次）		7—10本（次）		10本（次）以上	
	人数	比例（％）	人数	比例（％）	人数	比例（％）	人数	比例（％）	人数	比例（％）
参观展览	740	74.7	165	16.6	74	7.5	0	0.0	12	1.2
参加讲座	729	73.6	195	19.7	45	4.5	10	1.0	12	1.2
观看电影	522	52.7	272	27.4	124	12.5	73	7.4	0	0.0

续表

	没有		1—3 本（次）		4—6 本（次）		7—10 本（次）		10 本（次）以上	
	人数	比例（%）	人数	比例（%）	人数	比例（%）	人数	比例（%）	人数	比例（%）
阅读书刊	437	44.1	334	33.7	136	13.7	47	4.7	37	3.7
上网次数	389	39.3	296	29.9	119	12.0	99	10.0	88	8.9

四　文化消费评价调查分析

关于居民文化消费评价方面的调查，我们在问卷中设置了“您认为文化消费对提升生活质量的影响如何”（简称“文化影响”）和“您对您自己的文化生活是否满意”（简称“文化生活”）两个问题。目的在于考察民众对文化消费价值的认识和对自我文化生活的评价，以便于更好地激发人们的文化消费潜能，释放文化消费红利，为民族民间文化消费式传承发展提供动力源泉。调查结果显示（详见图 5-2-1、图 5-2-2），在“文化影响”选择中：表示“很强”为 252 人次，占 25.5%；“比较强”为 442 人次，占 44.6%；两项之和为 694 人次，占 70.1%。而表示“不强”为 17 人次，占 1.7%；“很不强”为 33 人次，占 3.3%；两项之和仅为 50 人次，占 5.0%。另有 247 人次表示“说不清”，占 24.9%。在“文化生活”选项中：感到“很满意”（8 人次，占 0.8%）和“满意”（218 人次，占 22.0%）的总数人只有 226 人次，仅占 22.8%；而感到“不满意”（435 人次，占 43.9%）和“很不满意”（113 人次，占 11.4%）的

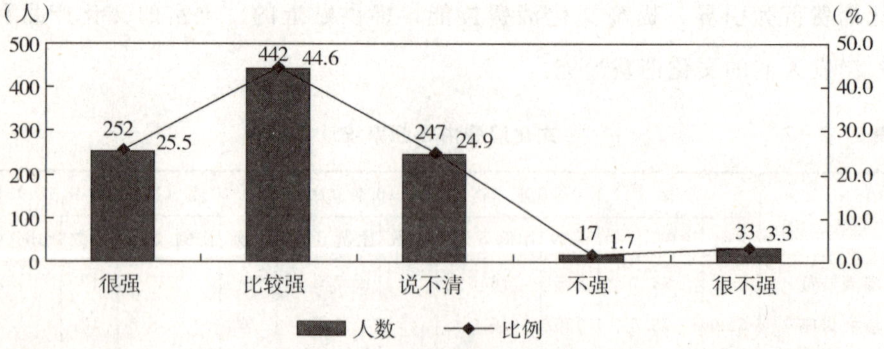

图 5-2-1　“文化影响”统计

两项之和达548人次，占55.3%，超过了一半以上；另有217人表示"说不清"，占21.9%。完全可以看出，当地居民对文化消费的价值作用较为认可，期盼能通过增强文化消费能力来提升文化生活质量。同时，他们也深深感到自我文化生活内容的单调、缺乏，对自我文化消费满意度比较低。

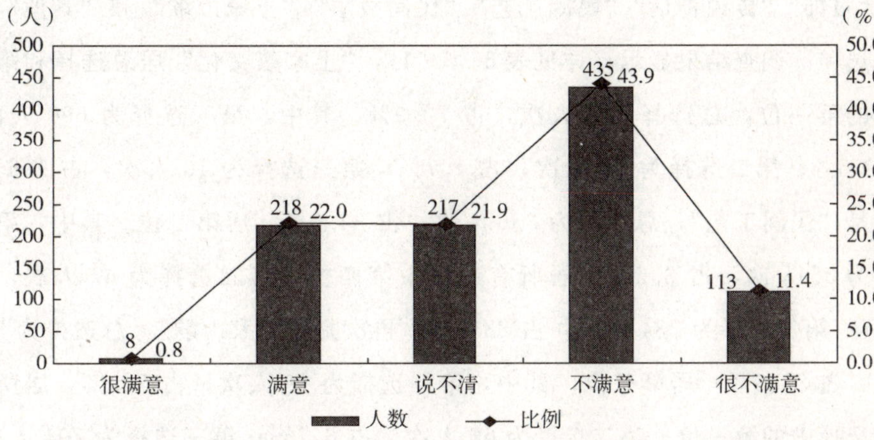

图5-2-2　"文化生活"统计

第三节　民族民间文化消费式传承调查分析

一　民族民间文化消费调查分析

在民族民间文化消费调查中，我们主要从认知、情感、接纳和评价四个维度设立了相关问题，其目的在于调查掌握民众对民族民间文化的认知与接纳情况，以及对民族民间文化消费的愿望与意向、机会和评价等。

1. 民族民间文化认知分析

关于民族民间文化认知情况调查，设置了"您平时最关注和了解哪些五峰民族民间文化"这样一个问题，主要是调查民众对五峰民族民间文化的认知认同状况，以便于厘清民族民间文化消费式传承发展的方向。在此问题调查中，我们根据对五峰民族民间文化资源的梳理，归纳了一些具有代表性的民族民间文化品名，并以此作为选项进行设置。具体来讲，设定了“土家茶文化”“板凳龙舞”“南曲”“薅草锣鼓”“打溜子”“撒叶儿嗬”“咂酒歌”“土家建筑”“饮食服饰”“传说神话”“民间工艺”“民间故事”“土家山歌”和“其他”十四个选项。调查结果显示（详见表 5-3-1），“土家茶文化”居总选择和第一选择的第一位，总选择 723 人次，占 72.9%。其中，第一选择为 690 人次，占 69.6%；第二选择为 17 人次，占 1.7%；第三选择为 16 人次，占 1.6%。其次是“民间工艺”，总选择为 336 人次，占 34.0%，居第二位。其中，第一选择为 35 人次，占 3.6%，居所有选项中第四位；第二选择为 67 人次，占 6.8%；第三选择为 234 人次，占 23.6%。再次是“土家山歌”，总选择为 319 人次，占 32.3%，居第三位。其中，第一选择为 49 人次，占 5.0%，居所有第一选择中的第三位；第二选择为 66 人次，占 6.7%；第三选择为 204 人次，占 20.6%。相反，对“民间故事”的了解最差，总选择仅为 18 人次，占 1.8%，其中，第一选择和第三选择均为零。

表 5-3-1　　对民族民间文化关注和了解的统计

选项 \ 选择	第一选择		第二选择		第三选择		总选择人次	总选择比例（%）
	人数	比例（%）	人数	比例（%）	人数	比例（%）		
土家茶文化	690	69.6	17	1.7	16	1.6	723	72.9
板凳龙舞	32	3.2	178	18.0	0	0.0	210	21.2
南曲	101	10.2	100	10.1	33	3.3	234	23.6
薅草锣鼓	17	1.7	34	3.4	0	0.0	51	5.1
打溜子	0	0.0	192	19.4	83	8.4	275	27.8
撒叶儿嗬	34	3.4	101	10.2	105	10.6	240	24.2
咂酒歌	17	1.7	33	3.2	33	3.3	83	8.2
土家建筑	16	1.6	49	5.0	16	1.6	81	8.2
饮食服饰	0	0.0	68	6.9	50	5.1	118	12.0
传话神话	0	0.0	52	5.2	118	11.9	170	17.1

续表

选项＼选择	第一选择 人数	第一选择 比例（%）	第二选择 人数	第二选择 比例（%）	第三选择 人数	第三选择 比例（%）	总选择人次	总选择比例（%）
民间工艺	35	3.6	67	6.8	234	23.6	336	34.0
民间故事	0	0.0	18	1.8	0	0.0	18	1.8
土家山歌	49	5.0	66	6.7	204	20.6	319	32.3
其他	0	0.0	16	1.6	99	10.0	115	11.6
合计	991	100.0	991	100.00	991	100.00	2973	300.0

2. 民族民间文化消费参与度分析

在民族民间文化接纳与消费参与度调查中，设置了“您乐意参加民族民间文化消费活动的主要原因是什么”一个问题，主要是调查了解民众对五峰民族民间文化的情感态度、价值取向等。在此问题中，我们也设定了“从小受熏陶，很自豪”“感兴趣，很亲切”“民族民间文化的魅力”“民族文化传承和发展的责任”“培养和教育孩子”“消磨时间”“追求时尚”“周边人员影响”和“其他”九个选项。调查结果显示（详见表 5－3－2），具有积极价值取向的四个选项的总选择分别位居前四位。依次为：“感兴趣，很亲切”总选择为 495 人次，占 50.0%。其中，第一选择为 320 人次，占 32.3%，同样也居所有选项中第一位；第二选择为零，第三选择为 175 人次，占 17.7%。“民族文化传承和发展的责任”总选择为 450 人次，占 45.4%。其中，第一选择为 33 人次，占 3.3%，居所有选项中的第六位；第二选择为 222 人次，占 22.4%；第三选择为 195 人次，占 19.7%。“培养和教育孩子”总选择为 441 人次，占 44.5%。其中，第一选择为 67 人次，占 6.8%，居所有选项中的第五位；第二选择为 224 人次，占 22.6%；第三选择为 150 人次，占 15.1%。“民族民间文化的魅力”总选择为 432 人，占 43.5%。其中，第一选择为 165 人次，占 16.6%，居所有第一选择中的第三位；第二选择为 40 人次，占 4.0%；第三选择为 227 人，占 22.9%。也就是说，民众对民族民间文化的认同以及对民族民间文化传承发展的责任是选择民族民间文化消费的主要原因，并非为了追求时尚或被动受影响而选择民族民间文化消费。

表 5-3-2　　对民族民间文化参与度统计分析

选项 \ 选择	第一选择		第二选择		第三选择		总选择人次	总选择比例（%）
	人数	比例（%）	人数	比例（%）	人数	比例（%）		
从小受熏陶，很自豪	289	29.2	57	5.8	0	0.0	346	35.0
感兴趣，很亲切	320	32.3	0	0.0	175	17.7	495	50.0
民族民间文化的魅力	165	16.6	40	4.0	227	22.9	432	43.5
民族文化传承和发展的责任	33	3.3	222	22.4	195	19.7	450	45.4
培养和教育孩子	67	6.8	224	22.6	150	15.1	441	44.5
消磨时间	100	10.1	164	16.5	128	12.9	392	39.5
追求时尚	17	1.7	83	8.4	49	4.9	149	15.0
周边人员影响	0	0.0	85	8.6	67	6.8	152	15.4
其他	0	0.0	116	11.7	0	0.0	116	11.7
合计	991	100.0	991	100.00	991	100.00	2973	300.0

3. 民族民间文化消费评价分析

在民族民间文化消费评价调查中，设置了“在日常文化消费中，您参加五峰民间文化活动的机会如何”（简称“参与机会”）和“在日常文化消费中，您参加五峰民间文化活动的感觉或收获如何”（简称“参与收获”）两个问题，主要调查了解民众对民族民间文化活动的行为接纳、价值评价等。调查结果显示（详见表 5-3-3），在“参与机会”中：表示“很多”有 16 人次，占 1.6%；“比较多”有 307 人次，占 31.0%；两项之和为 323 人次，占 32.6%。而表示“比较少”有 226 人次，占 22.8%；“很少”有 34 人，占 3.4%；两项之和为 260 人次，占 26.2%。另有 408 人次表示“说不清”。在“参与收获”中：表示“很大”有 105 人次，占 10.6%；“比较大”有 266 人次，占 26.9%；两项之和为 371 人次，占 37.5%。而表示“比较小”有 150 人，占 15.1%；“很小”有 50 人次，占 5.0%；两项之和为 200 人次，占 20.1%。另外，有 420 人次表示“说不清”、占 42.4%。通过对这两个问题的比较分析可以看出，表示“参与民族民间文化消费的感觉好、收获大”的比例要高于“参与民族民间文化消费机会”的比例，说明人们对民族民间文化的认知与情感、行为接纳较好，但苦于公共文化服务缺乏、相应的文化活动缺乏等原因，人们参与民族民间文化消费的机会并不多。

从访谈中我们也感受到，五峰本土居民对民族民间文化了解有所下降，且了解渠道比较单一，多以口传单传式为主。比如，除了与生产生活息息相关的茶文化之外，其他形式的民族民间文化的知晓度和参与率都不高。但是，从他们所表达的情感、文化消费欲望和教育子女的责任等方面来看，他们对民族民间文化的认同度比较高。从愿意参加五峰民族民间文化消费活动的主要原因来看，认为“感兴趣、很亲切”位居第一。在走访中看到，特别是跟年纪较大的民众谈论起五峰民族民间文化，比如土家茶文化、土家饮食文化、山歌、民间故事等，都是滔滔不绝，眉飞色舞，具有浓厚的民族情结。在“民族文化传承和发展的责任”“培养和教育孩子”方面，通过访谈了解到，五峰民众的教育消费习惯好，舍得投资，愿意送子女参加民族民间文化的学习。比如五峰实验小学成立的“板凳龙舞”兴趣小组，常年有数百名学生参加兴趣活动，2012年精心挑选了40名小学生组成的表演队，还直接以宜昌赛区舞蹈类节目一等奖通过了初审，参加了湖北第十五届“楚天群星奖”评选活动，冲刺全国“群星奖”。在走访中还了解到，该县在2012年“中国民间故事家”刘德培诞辰100周年之际，举办了精彩的民间故事讲演大赛，通过初赛、复赛，最后有各乡镇和县直单位选拔的26名选手参加比赛，来自县实验小学的李许添，年仅7岁，也是本次故事大赛中最小的参赛选手，经过激烈的角逐，获得了一等奖。但是，总体来看，人民群众认为，参与民族民间文化消费和活动的机会太少，假如能有机会参加，每一次都会有一些收获。

表 5-3-3　　民族民间文化消费评价统计分析

	很多（大）		比较多（大）		说不清		比较少（小）		很少（小）	
	人数	比例（%）	人数	比例（%）	人数	比例（%）	人数	比例（%）	人数	比例（%）
参与机会	16	1.6	307	31.0	408	41.2	226	22.8	34	3.4
参与收获	105	10.6	266	26.9	420	42.4	150	15.1	50	5.0

二 民族民间文化传承调查分析

在民族民间文化传承发展调查方面，我们主要设置了四个问题，重点了解民众对民族民间文化传承的看法、设想以及对政府作为的评价等。

1. 民族民间文化传承发展影响因素分析

在“您认为影响民族民间文化传承发展的最大阻碍是什么”问题中，设定了“大众文化的冲击”“国外文化的影响”“传统文化的宣传教育力度不够”“商业利益的冲击”“民族民间文化传承手段和途径的局限性”“国家和地方政府保护措施不力”“民族民间文化自身生命力和适应力不强”和“其他”八个选项。调查结果显示（详见表5-3-4），总选择居前三位的依次是：“传统文化的宣传教育力度不够”，总选择652人次，占65.8%。其中，第一选择184人次，占18.6%，位居所有选项中的第三位；第二选择367人次，占37.0%；第三选择101人次，占10.2%。“大众文化的冲击”，总选择570人次，占57.4%。其中，第一选择388人次，占39.1%，居所有选项中的第一位；第二选择为17人次，占1.7%；第三选择165人次，占16.6%。“民族民间文化传承手段和途径的局限性”，总选择396人次，占40.1%。其中，第一选择65人次，占6.6%，在所有选项中居五位；第二选择147人次，占14.9%；第三选择184人次，占18.6%。认为“民族民间文化自身生命力和适应力不强”的总选择和第一选择都居倒数第二位，分别为247人次和34人次，占25.0%和3.4%。从调查中也可以看出，传统的民族文化影响力、吸引力在不断减弱，加上自身的宣传力度不够、创新性不强，成为影响民族民间文化传承的主要原因。

表5-3-4 民族民间文化传承影响因素统计分析

选择 选项	第一选择		第二选择		第三选择		总选择人次	总选择比例（%）
	人数	比例（%）	人数	比例（%）	人数	比例（%）		
大众文化的冲击	388	39.1	17	1.7	165	16.6	570	57.4

续表

选项＼选择	第一选择		第二选择		第三选择		总选择人次	总选择比例（%）
	人数	比例（%）	人数	比例（%）	人数	比例（%）		
国外文化的影响	203	20.5	159	16.0	0	0.0	362	36.5
传统文化的宣传教育力度不够	184	18.6	367	37.0	101	10.2	652	65.8
商业利益的冲击	67	6.8	151	15.2	125	12.6	343	34.6
民族民间文化传承手段和途径的局限性	65	6.6	147	14.9	184	18.6	396	40.1
国家和地方政府保护措施不力	50	5.0	116	11.7	171	17.3	337	34.0
民族民间文化自身生命力和适应力不强	34	3.4	34	3.5	179	18.1	247	25.0
其他	0	0.0	0	0.0	66	6.6	66	6.6
合计	991	100.0	991	100.00	991	100.00	2973	300.0

2. 民族民间文化传承发展路径分析

在“您认为加强民族民间文化传承发展的主要路径是什么”问题中，设定了“大力发展地方经济”“免费开放公共文化服务场所”“加强公共文化服务设施建设”“积极开展公共文化服务活动”“树立民族民间文化消费意识”“鼓励民间组织开展文化活动”“创新民族民间文化品牌”“加强民族民间文化宣传教育”“加强民族民间文化资源挖掘”“加强区域文化建设与发展”和“其他”十一个选项。调查结果显示（详见表5－3－5），总选择居前三位的依次是：“加强公共文化服务设施建设”，总选择为553人次，占55.8%。其中，第一选择为338人次，占34.1%，居所有选项中第二位；第二选择为151人次，占15.2%；第三选择为64人次，占6.5%。“大力发展地方经济”，总选择为497人次，占50.2%。其中，均为第一选择，也居所有选项中第一位。“树立民族民间文化消费意识”，总选择为389人次，占39.2%，居第三位。其中第一选择为16人次，占1.6%，居所有第一选择中的倒数第二；第二选择为200人次，占20.2%；第三选择为173人次，占17.4%。可以看出，经济是文化消费和文化创新发展的基础，加强公共文化服务体系建设，大力发展地方经济，树立人们的民族民间文化消费意识，是加强民族民间文化消费式传承发展的重要路径。

表 5-3-5　　民族民间文化传承发展路径统计分析

选项＼选择	第一选择		第二选择		第三选择		总选择人次	总选择比例（%）
	人数	比例（%）	人数	比例（%）	人数	比例（%）		
大力发展地方经济	497	50.2	0	0.0	0	0.0	497	50.2
免费开放公共文化服务场所	34	3.4	164	16.6	0	0.0	198	20.0
加强公共文化服务设施建设	338	34.1	151	15.2	64	6.5	553	55.8
积极开展公共文化服务活动	32	3.3	253	25.6	80	8.1	365	37.0
树立民族民间文化消费意识	16	1.6	200	20.2	173	17.4	389	39.2
鼓励民间组织开展文化活动	34	3.4	101	10.2	166	16.8	301	30.4
创新民族民间文化品牌	0	0.0	49	5.0	209	21.1	258	26.1
加强民族民间文化宣传教育	23	2.3	17	1.7	96	9.7	136	13.7
加强民族民间文化资源挖掘	0	0.0	23	2.3	114	11.5	137	13.8
加强区域文化建设与发展	17	1.7	33	3.2	56	5.6	106	10.5
其他	0	0.0	0	0.0	33	3.3	33	3.3
合计	991	100.0	991	100.00	991	100.00	2973	300.0

3. 民族民间文化传承发展评价分析

在民族民间文化传承现状评价调查中，设置了“您对政府重视民族民间文化传承发展状况是否感到满意”（简称“政府评价”）和“您对民族民间文化传承发展现状是否感到满意”（简称“现状评价”）两个问题。调查结果显示（详见表 5-3-6），民众对政府重视民族民间文化传承发展的评价是比较高的，高于对民族民间文化传承发展现状的满意度。其中：对五峰自治县政府重视民族民间文化传承发展表示“很满意”50 人次，占 5.0%；“满意”352 人次，占 35.5%；两项之和为 402 人次，占 40.5%。对五峰民族民间文化传承发展现状表示“很满意”16 人次，占 1.6%；“满意”373 人次，占 37.6%，两项之和为 389 人次，占 39.2%。其满意度明显要比对“政府评价”满意度低。从否定的态度来看：前一选项中表示“不满意”的 82 人次，占 8.3%；“很不满意”为零；两项之和为 82 人次，占 8.3%。后一选项中表示“不满意”的 152 人次，占 15.4%；“很不满意”的 16 人次，占 1.6%；两项之和为 168 人次，占 17.0%。不满意度又要比“政府评价”高出 8.7 个百分点。

表 5－3－6　　民族民间文化消费评价统计分析

	很满意		满意		说不清		不满意		很不满意	
	人数	比例（%）	人数	比例（%）	人数	比例（%）	人数	比例（%）	人数	比例（%）
政府评价	50	5.0	352	35.5	507	51.2	82	8.3	0	0.0
现状评价	16	1.6	373	37.6	434	43.8	152	15.4	16	1.6

从访谈中也可以看到，广大民众对各级政府和社会力量在民族民间文化传承发展方面的工作感到比较满意。比如：结合茶产业的发展，举办土家茶文化艺术节；为挖掘整理民间故事，弘扬民间文学，为“中国民间故事家”刘德培塑立雕像，举办民间故事讲演大赛；加强投入，大力加强县级歌舞团建设，为南曲等民族特色曲艺传唱、板凳龙舞等民族氛围浓厚的舞蹈传播搭建更为广阔的舞台。另外，湾潭镇开展的薅草锣鼓培训班、长乐坪镇的民族文艺大赛、仁和坪镇农民体育文化艺术节等，都极大地丰富了民众的文化生活，对于引导文化消费行为、促进五峰民族民间文化传承和发展都起到了极大的推动作用。但是，广大民众认为，民族民间文化传承发展效果还不够明显，主要还是对传统民族文化的教育宣传不够，需要大力发展地方经济，加大投入，大力加强公共文化服务体系建设，为民族民间文化传承发展奠定基础。同时，还了解到，政府和社会团体组织的公共文化活动吸引力还不够强，特别需要结合民众的文化消费兴趣与发展需要，多开展一些更具民族特色和吸引力的文化活动，进一步加强民族民间文化资源挖掘、整理和创新，提升民族民间文化审美价值，增强民族文化的吸引力，引导更多的民众参与民族民间文化消费活动，夯实民族民间文化传承发展的基础。

三　区域文化建设与发展评价分析

对区域文化建设与发展进行评价调查，主要是考察居民对公共文化服务体系和区域文化建设的认知、参与行为等内容。对此，我们也主要从三大方面进行。其一是对公共文化建设的参与性进行调查，设置了“您认为影响农村公共文化服务建设的原因”一个问题。其二是对公共文化服务体系的认知调查，主要设置了四个问题，即“您对广播电视村村通建设成效是否满意”“您对村图书室（屋）建设成效是否满意”“您对农村公共文化设施建设是否满意”和“您对乡镇、村组或协会组织开展的文化活动是否满意”。其三是对区域文化发展的评价调查，对此设置了“您对本地文化发展情况是否满意”一个问题。

1. 公共文化建设影响因素分析

在“您认为影响公共文化服务体系建设的原因”调查中，设定了“地方财力不足”“地方领导重视不够”“文化队伍不够”“群众参与意识不强”“社会力量参与不够”“与群众文化消费需求联系不紧”“管理机制过于死板”和“只建不用、利用率不高”八个选项。同样要求按照顺序限选三项，结果显示（详见表5－3－7），认为“地方财力不足”的总选择人居第一，拥有605人次，总比例为61.0%。其中，有337人次为第一选择（占34.0%），204人为第二选择（占20.6%），64人次为第三选择（占6.5%），本选项的第一选择人次并不是最高，在八个选项中居第二。总选择中居第二和第三的分别为“地方领导重视不够”和“文化队伍不够”，总选择分别为562人次和520人次，总比例分别为56.7%和52.5%。其中，在“地方领导重视不够”中，有426人次为第一选择（43.0%），在所有八个选项中居第一，高出第二位9个百分点；66人次为第二选择（6.7%），70人次为第三选择（7.1%）。在“文化队伍不够”中，有86人次为第一选择（8.7%），322人次为第二选择（32.5%），112人次为第三选择（11.3%）。而对于公共文化制度方面的两个原因，并列倒数第一位。其中，在“只建不用、利用率不高”中，有30人次是第一选择（3.0%），54

人次是第二选择（5.4%），44 人次是第三选择（4.4%），其总选择为 128 人次，占 12.9%，居末位。在“管理制度过于死板”中，有 9 人次是第一选择（0.9%），12 人次是第二选择（1.2%），118 人次是第三选择（11.9%），其第一选择最低；总选择为 139 人次，占 14.0%，位居倒数第二。可以看出，影响农村公共文化服务体系建设的主要原因还是在于地方各级组织的重视以及人力、财力的投入方面，至于制度和管理方面的原因，也许是因为公共文化设施很少甚至没有，所以还无法显现。

表 5-3-7　　影响农村公共文化服务体系建设原因多项选择统计

选项＼选择	第一选择		第二选择		第三选择		总选择人　次	总选择比例（%）
	人数	比例（%）	人数	比例（%）	人数	比例（%）		
地方财力不足	337	34.0	204	20.6	64	6.5	605	61.0
地方领导重视不够	426	43.0	66	6.7	70	7.1	562	56.7
文化队伍不够	86	8.7	322	32.5	112	11.3	520	52.5
群众参与意识不强	26	2.6	115	11.6	264	26.6	405	40.9
社会力量参与不够	49	4.9	175	17.7	130	13.1	354	35.7
与群众文化消费需求联系不紧	28	2.8	43	4.3	189	19.1	260	26.2
管理机制过于死板	9	0.9	12	1.2	118	11.9	139	14.0
只建不用、利用率不高	30	3.0	54	5.4	44	4.4	128	12.9
合计	991	100.0	991	100.0	991	100.0	2973	300.0

2. 公共文化建设评价性分析

在对现有公共文化服务体系评价所设定的四个问题中，“您对农村公共文化设施建设成效是否满意”属于总体性评价，其他三个问题均为单项性评价。调查结果显示（详见表 5-3-8），对“您对广播电视村村通建设成效是否满意”（简称“村通效果”），表示“很满意”（29 人，占 2.9%）和“满意”（275 人，占 27.7%）两项之和达 304 人次，占 30.6%，总比例超过三成。其他三个问题的满意度均在三成以下，依次为：“您对乡镇、村组或协会组织开展的文化活动是否满意”（简称“文化活动”），感到“很满意”为零，“满意”有

257人（占25.9%），两项之和为257人（占25.9%）；“您村图书室（屋）建设是否满意”（简称“农村书屋”），表示“很满意”（20人，占2.0%）和“满意”（165人，占16.6%）的总人数为185人，占18.6%；“您对农村公共文化设施建设成效是否满意”（简称“设施建设”）中，表示“很满意”为零，表示“满意”的为8人，占0.8%，其满意度最低。从不满意情况来看，对公共文化设施建设的满意度是最低的，“不满意”和“很不满意”两项之和达924人次，其比例高达93.3%；对其他三个选项的“不满意”和“很不满意”两项之和比例也均超过40%。人们对公共文化服务体系建设总体性评价不高，特别是对农村公共文化服务体系建设满意度最低，低于其他三个单项性评价的满意度。从五峰农村广播电视村村通建设来看，虽然其覆盖率几乎接近100%，农民对有广播听、有电视看的满意度理应比较高，但是，由于农民满意的广播电视节目较少，符合农民文化消费需求的内容不多，所以其满意度并不算高。至于对农村书屋（室）建设，虽然有2.0%的被调查者表示“很满意”，但是，或许是因为布局不合理、利用率低，或者是受农民文化消费技能等影响，农民的满意度不仅不高，而且，表示“说不清”的比例也是最高的，占34.4%。

表5-3-8　　农村居民对公共文化服务体系的认同频率统计

	很满意		满意		说不清		不满意		很不满意	
	人数	比例（%）	人数	比例（%）	人数	比例（%）	人数	比例（%）	人数	比例（%）
村通效果	29	2.9	275	27.7	280	28.3	306	30.9	101	10.2
农村书屋	20	2.0	165	16.6	341	34.4	348	35.1	117	11.8
文化活动	0	0.0	257	25.9	254	25.6	366	36.9	114	11.5
设施建设	0	0.0	8	0.8	59	6.0	538	54.3	386	39.0

3. 区域文化发展评价分析

关于区域文化发展的调查，设置了“您对本地文化发展情况是否满意”（简称“发展评价”）一个问题，调查结果显示（详见图5-3-1），感到“很满意”（21人，占2.2%）和“满意”（155人，占15.6%）的总数人只有176人，仅占17.8占%；而感到“不满意”（489人，占49.3%）和“很不满意”

（106 人，占 10.7%）之和达 595 人，占 60.0%；另有 220 人表示“说不清”，占 22.2%。这说明，在区域文化建设和发展战略中，挖掘本地文化资源还不够，与居民文化消费意向与要求衔接度不够，本地文化建设和发展效果还不明显。从另一层面也反映出农民对乡土文化的眷恋，希望有更多更贴近生活的文化服务项目。

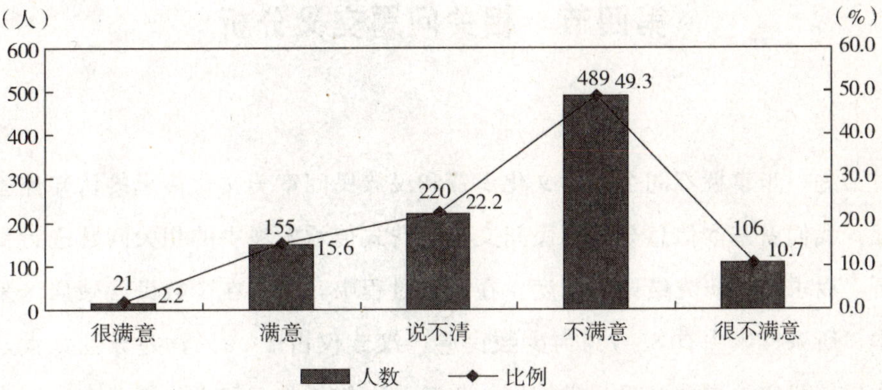

图 5-3-1　农村居民对本地文化发展状况满意度统计

一般来讲，公共文化服务体系包括七个互相关联的子体系：先进文化理论研究服务体系、文艺精品创作服务体系、文化知识传授服务体系、文化传播服务体系、文化娱乐服务体系、文化传承服务体系、农村文化服务体系①。公共文化服务投资主体，除政府以外，还包括社会团体和消费者个体的共同参与，公共文化服务效能发挥，其前提是公共文化服务内容、形式与空间布局等与人民群众的文化消费需求有效对接。在调查中发现，影响基层公共文化服务体系建设的主要原因还是地方财力不足和领导重视度较低。民众对公共文化服务体系建设满意度比较低，除了公共文化服务体系薄弱之外，更深层原因是现有公共文化服务设施的空间布局不够合理与便捷，公共文化服务内容不够丰富、形式不够灵活、质量不够高，与人民群众文化消费需求还不够吻合。访谈中也证

① 申维辰：《构建公共文化服务体系发展社会主义先进文化》，《光明日报》2005 年 12 月 30 日第 8 版。

明了这一点，大部分民众认为，基层公共文化服务体系建设与乡土文化资源挖掘及发展衔接度不高，人民群众熟悉、喜爱，贴近生活的民族民间文化作品和服务较少。

第四节　相关问题交叉分析

为进一步掌握不同个体对文化消费和民族民间审美文化传承的认知体验等情况，我们就基本信息与民族民间文化消费式传承发展中的相关问题进行交叉分析，以求拓展研究结论的深度。在调查过程中，由于在少数民族聚居区采集样本，所采样本中有85.1%为少数民族，汉族仅占14.9%，差异性太大，不便作比较研究。在此，只列举性别、年龄、人均年收入和文化消费支出四个基本信息，分别与文化消费内容中“参观展览”“参加讲座”“观看电影”“阅读书刊”“上网次数”和民族民间文化消费式传承发展“文化生活”“文化影响”“参与机会”“参与收获”“政府评价”“现状评价”“设施建设”“文化活动”和“发展评价”十四个问题，进行交叉分析。

一　性别与相关问题的交叉分析

从性别同文化消费中相关问题的交叉比较分析可以看出，只同“参加讲座”“观看电影”两个问题具有较强相关性，其 Pearson 卡方分别为 55.463[a] 和 59.838[a]。从性别与“参加讲座”的交叉统计表来看（表略），男性没有“参加讲座”的比例要比女性低，“参加讲座”次数的总体情况要比女性好。从性别与“观看电影”的交叉统计表来看，女性没有“观看电影”的比例要比男性低，“观看电影”的次数要比男性高。性别同文化消费中的其他问题相关性不大，在此不作分析。

从性别与民族民间文化消费式传承发展中相关问题的交叉分析来看，性别同“文化生活”“文化活动”和“发展评价”三个问题具有较强或强相关性，其中同“文化活动”的相关性最大，其次是“发展评价”（详见表5-4-1）。同其他六个问题的相关性不大，在此也不作赘述。

表5-4-1　性别与民族民间文化消费式传承发展中相关问题的卡方检验

		文化生活	文化活动	发展评价
性别	Pearson 卡方	14.762[a]	80.096[a]	23.387[a]
	显著性（双侧）	0.005	0.000	0.001
	N	991	991	991

从性别与“文化生活”的交叉统计分析来看（表略），男性对自己“文化生活”的满意度要比女性低，表示“说不清”的比例要比女性高。从性别与“文化活动”的交叉统计分析来看，男性对各级组织开展的文化活动满意度也比女性要低，表示“说不清”的比例也高于女性。从性别与“发展评价”的交叉统计分析来看，男性对本地文化发展情况持肯定和中立态度的比例都比女性低，持否定态度的比例明显高于女性。

另外，从访谈中也了解到，男性一般比女性更加重视文化消费对提升人们生活质量的作用，更加注重选择文化消费产品和文化消费场所、设施；男性比女性更加了解五峰民族民间文化，同时，男性参与五峰民族民间文化消费活动的机会要比女性多，感受和收获也比女性多。

二　年龄与相关问题的交叉分析

从年龄与文化消费的交叉分析来看，同“参观展览”“参加讲座”“观看电影”“阅读书刊”和“上网次数”五个问题都具有较强正相关性（详见表5-4-2）。其中，与“阅读书刊”的相关性最大，其次是“上网次数”。年龄越小，表示“没有”参加五个文化消费活动的比例越低，但是，表示有参加次数的比例与年龄相关性变化规律却不是十分明显。

表 5-4-2　年龄与文化消费中相关问题的卡方检验

		阅读书刊	参加讲座	观看电影	参观展览	上网次数
年龄	Pearson 卡方	382.137[a]	248.108[a]	287.383[a]	234.023[a]	316.666[a]
	显著性（双侧）	0. 000	0. 000	0. 000	0. 000	0. 000
	N	991	991	991	991	991

从年龄与民族民间文化消费式传承发展中相关问题的交叉分析，年龄同“文化影响”“文化生活”“参与机会”“政府评价”“现状评价”“设施建设”“文化活动”和“发展评价”八个问题都具有较强正相关性（详见表 5-4-3）。其中，与“发展评价”的相关性最大，其次是“文化活动”和“设施建设”，与“参与机会”的相关性较小。年龄与“参与收获”的相关性不强，在此不作分析。

表 5-4-3　年龄与民族民间文化消费式传承发展中相关问题的卡方检验

		文化影响	文化生活	参与机会	政府评价	现状评价	设施建设	文化活动	发展评价
年龄	Pearson 卡方	71.621[a]	96.029[a]	35.921[a]	51.810[a]	51.629[a]	109.488[a]	132.356[a]	215.828[a]
	显著性（双侧性）	0.000	0.000	0.003	0.000	0.000	0.000	0.000	0.000
	N	991	991	991	991	991	991	991	991

从年龄同“文化影响”和“参与机会”的交叉分析情况来看（详见表 5-4-4），30—50 岁的居民对文化消费的价值作用认可度最高。显然，对文化消费的价值认可与参与文化消费活动和接受文化消费理念相关，年龄较小则参与民族民间文化消费的机会较少，他们对文化消费的价值认可度也就略低；年龄较大，参与五峰民族民间文化消费活动机会较多，这可能与他们熟悉了解民族民间文化或更愿意参加民族民间文化消费活动有关。

从年龄与民族民间文化传承发展中的其他六个具有强相关性的交叉分析情况来看（表略），年龄越小对自己的“文化生活”满意度越高；年龄较大或较小对“政府评价”的认可度较高；年龄较小对“现状评价”的满意度越高；21—

表 5－4－4　年龄与“文化影响”和“参与机会”交叉分析及卡方验证

年龄	问题	您认为文化消费对提升生活质量的影响如何？					在日常文化消费中，您参与五峰民族民间文化消费的机会如何？				
		满意	比较满意	说不清	不满意	很不满意	满意	比较满意	说不清	不满意	很不满意
20 岁及以下	人数	5	64	35	6	10	0	44	46	25	5
	比例（%）	4.2	53.3	29.2	5.0	8.3	0.0	36.7	38.3	20.8	4.2
21—30 岁	人数	48	84	38	3	12	0	56	76	46	7
	比例（%）	26.0	45.4	20.5	1.6	6.5	0.0	30.2	41.1	24.9	3.8
31—40 岁	人数	40	65	48	3	6	3	49	75	26	9
	比例（%）	24.7	40.1	21.2	1.2	1.5	1.9	30.2	46.3	16.0	5.6
41—50 岁	人数	100	155	71	4	5	4	100	142	76	13
	比例（%）	29.8	40.3	21.2	1.2	1.5	1.2	29.9	42.3	22.7	3.9
51 岁及以上	人数	59	74	55	1	0	9	58	69	53	0
	比例（%）	31.2	39.2	29.1	0.5	0.0	4.8	30.7	36.5	28.0	0.0
合计	人数	252	442	247	17	33	16	307	407	226	34
	比例（%）	25.4	44.6	24.9	1.7	3.4	1.6	31.0	41.2	22.8	3.4

30 岁居民认为“设施建设”成绩较大；年龄越小对“文化活动”越满意；41—50 岁居民对“发展评价”较为满意。

此外，在走访中得知，年龄越大，越认为文化消费对提升生活质量的作用大，对五峰民族民间文化更为了解，认为文化消费和民族文化传承发展关系更为密切，要求通过引导民众文化消费行为来加强民族文化传承发展的愿望更强。

三　人均收入与相关问题的交叉分析

从不同人均收入与文化消费相关问题的交叉分析来看，它们之间有较强的正相关性，其中，与“参加讲座”的相关性最强，其次是“上网次数”（详见表 5－4－5）。从它们之间的交叉分析中（表略）也可以进一步验证，人均收入越高，表示参加所列五项文化消费内容的次数越多。特别是从“参加讲座”次数更清晰地看出，收入高的表示“没有”参加技术培训或讲座的很少；反过来，参加技术培训或讲座越多，可能也会拥有更多创收增收的技能与机会。

表 5-4-5　　　人均收入与文化消费相关问题的卡方检验

		阅读书刊	参加讲座	观看电影	参观展览	上网次数
年龄	Pearson 卡方	165.510[a]	256.573[a]	120.824[a]	115.818[a]	208.388[a]
	显著性（双侧）	0. 000	0. 000	0. 000	0. 000	0. 000
	N	991	991	991	991	991

从不同人均收入与民族民间文化消费式传承发展中相关问题的交叉分析来看，它们与“文化生活”“参与机会”“参与收获”“现状满意”“设施建设”“文化活动”和”发展评价”之间都有较强的正相关性（详见表 5-4-6）。其中，与“发展评价”的相关性最强，其次是“文化活动”，再次是“文化生活”。从它们之间的交叉分析中（表略）也可以进一步验证，人均收入越高，对自己的“文化生活”满意度越高。但是，人均收入越低，认为参与五峰民族民间文化消费活动的机会越多，这可能与他们本身接触民族民间文化的机会有关。人均收入居中的居民对参与五峰民族民间文化消费活动的感觉更好，收获更大，同样，对农村公共文化设施建设的满意度也较高。人均收入较低的居民对五峰民族民间文化传承发展现状更为满意，对各级组织开展的文化活动较为满意，对区域文化发展状况也较为满意。

表 5-4-6　人均收入与民族民间文化消费式传承发展中相关问题的卡方检验

		文化生活	参与机会	参与收获	现状满意	设施建设	文化活动	发展评价
年龄	Pearson 卡方	139.244[a]	41.568[a]	51.097[a]	41.003[a]	119.513[a]	143.890[a]	189.951[a]
	显著性（双侧）	0.000	0.001	0.000	0.001	0.000	0.000	0.000
	N	991	991	991	991	991	991	991

此外，在走访中也了解到，人均收入越高，越认为文化消费对提升生活质量作用大，认为文化消费产品质量对文化消费影响大；人均收入较低的，对参

与五峰民族民间文化消费活动的愿望较强，感觉和收获也较强。

四 文化消费支出与相关问题的交叉分析

从文化消费支出与民族民间文化消费式传承发展中相关问题的交叉分析来看，文化消费支出同“文化影响”“参与机会”“参与收获”“政府评价”“现状评价”“设施建设”“文化活动”和“发展评价”八个问题都具有较强正相关性，其 Pearson 卡方分别为 248.615[a]、202.962[a]、202.966[a]、114.666[a]、172.298[a]、46.632[a]、41.637[a]和 35.584[a]，其中，与“文化影响”相关性最强，其次是“参与收获”。

从相关性最强的两个选项（“文化影响”和“参与收获”）的交叉分析统计表来看（详见表 5-4-7），文化消费支出越高，认为对于提升生活质量的影响越大；文化消费支出在 1—100 元的消费者，认为对于提升文化生活质量的影响最小。文化消费支出在 301—500 元的消费者，认为参与五峰民族民间文化消费的感觉最好、收获最大；在此阶段的两端，认为参与五峰民族民间文化消费的感觉略差、收获略小。

表 5-4-7 文化消费支出与民族民间文化消费式传承发展中相关问题的交叉分析

文化消费支出 \ 问题		您认为文化消费对提升生活质量的影响如何？					在日常文化消费中，您参与五峰民族民间文化消费的机会如何？				
		很强	比较强	说不清	不强	很不强	很大	比较大	说不清	比较小	很小
几乎为零	人数	10	48	23	0	0	0	23	41	17	0
	比例（%）	12.3	59.3	28.4	0.0	0.0	0.0	28.4	50.6	21.0	0.0
1—100 元	人数	97	95	120	17	33	0	118	156	71	17
	比例（%）	26.8	26.2	33.2	4.7	9.1	0.0	32.6	43.1	19.6	4.7
101—300 元	人数	49	171	23	0	0	0	54	92	97	0
	比例（%）	20.1	70.4	9.5	0.0	0.0	0.0	22.2	37.9	39.9	0.0

续表

问题 \ 文化消费支出		您认为文化消费对提升生活质量的影响如何？					在日常文化消费中，您参与五峰民族民间文化消费的机会如何？				
		很强	比较强	说不清	不强	很不强	很大	比较大	说不清	比较小	很小
301—500 元	人数	54	110	34	0	0	16	88	69	25	0
	比例（%）	27.3	55.6	17.2	0.0	0.0	8.1	44.5	34.8	12.6	0.0
501 元及以上	人数	42	18	47	0	0	0	24	50	16	17
	比例（%）	39.3	16.8	43.9	0.0	0.0	0.0	22.4	46.7	15.0	15.9
合计	人数	252	442	247	17	33	16	307	408	226	34
	比例（%）	25.4	44.6	24.9	1.7	3.4	1.6	31.0	41.2	22.8	3.4

访谈中也反映出，文化消费支出越多，认为文化产品种类和文化消费产品价格对文化消费影响越大，对参与五峰民族民间文化消费活动愿望越强，对五峰民族民间文化传承发展现状越满意。

第六章　对策建议:民族民间审美文化消费式传承方略

五峰拥有丰富的民族民间审美文化资源，并在民族传统文化传承与创新工作中积累了一定经验，对民族民间审美文化消费式传承发展具有借鉴作用。透过文化消费调查分析，我们认为，民族民间文化消费式传承发展，还需要在“把握文化本源、提升审美价值、立足文化需求、加强文化引领”中不断创新。

第一节　民族民间审美文化消费式传承的方向与原则

民族民间审美文化消费式传承，不是对民族民间文化的“消耗”和“掠夺”，也不是毫无选择地一味迎合大众文化消费要求，而是以社会主义先进文化引领为目标，以夯实文化传承生活根基为基础，以民族民间文化审美价值提升为手段的弘扬和继承。

一　民族民间审美文化消费式传承的发展方向

1. 民族民间审美文化消费式传承应以弘扬传统文化为基础

文化发展和创新不是凭空臆造的，必须以弘扬传统文化为基础。只有以内容丰富、底蕴深厚的传统文化为基础，文化发展和创新才会有更多可供选择的素材；只有准确把握传统文化的基因，文化创新和发展才会有不竭的动力。继承和弘扬传统文化，关键是保护和发展传统文化基因库，要为传统文化继承和发展提供丰厚的生存土壤，为民族共同体屹立在世界民族之林奠定文化根基。

民族民间审美文化是民族民间文化系统中具有深厚的文化价值底蕴和广泛的文化基础，与人类发生审美关系和拥有审美价值的那部分文化。其中，民俗传统文化是民族民间文化的重要组成部分，是一种“原生态”的民族民间文化，也是目前我国广大农村的主流文化模式，是民族民间审美文化中最为广泛和最具活力的基础。“民俗传统文化”一般是指一个民族或地区特有的习俗风尚，是与当地群众生活联系最为直接、关系最为密切的文化活动方式，具有十分深厚的区域文化底蕴和浓郁的地方色彩，是一定区域内人们在长期的生产生活实践中形成的本土文化，经世代相传、延续发展，人人耳濡目染，与当地群众息息相关、密切相连，渗透着他们的喜怒哀乐，承载着他们的憧憬理想，牢牢根植于乡村民间。它们往往在感情上容易被当地人所认可，形式上也容易被接受，因而在维系家庭亲情、沟通邻里乡亲、促进社会和谐等方面，具有其他方式无可取代的重要作用，成为当地人民群众物质和文化生活中一个须臾不可分离的重要组成部分，是其文化消费需求得以实现的一个重要载体。今天，全球信息瞬息万变，社会日新月异，民族民间审美文化传承发展需要与时代同发展、共进步，但是，更需要进一步弘扬和继承民俗等传统文化，使之能重新焕发青春。因为，人们的文化需求是一个多层次、多方面的组合体，既需要现代大众文化，同样也需要民俗传统文化。即使在电视、网络等现代化手段日益普及的今天，人民群众也不会忘记乡愁中的文化记忆，不会轻易放弃板凳龙舞、薅草锣鼓，不会放弃舞狮子、调龙灯，而甘愿守着电视单一的形式消磨时光。相反，板凳龙舞、薅草锣鼓等民族民间文化形式中的乐趣，又是电视、网络所不可比拟和替代的，具有独特的文化审美价值，起到特有的文化作用。因此，以传统文化为根基，建立民族文化生态保护区，使优秀传统文化连绵不断、薪火相传，在不同程度上对丰富当地人民群众文化生活以及发展地方经济都具有不可忽视的双重功效，是民族民间审美文化消费式传承的坚实基础。

2. 民族民间审美文化消费式传承应以提升审美价值为动力

民族民间审美文化的消费式传承，不是不加选择地全盘吸收传统文化的内容，或者原封不动地照搬外来文化形式，而是要旗帜鲜明地抵制和改造落后文化，并结合时代发展要求和人民群众文化消费需求意向，不断挖掘文化资源，提升其审美价值，作出时代性的表达，在传承中扬弃创新。

一方面，民族民间文化形成于特定的社会环境之下，由于种种原因，民族民间文化不仅具有十分复杂的表现形式，而且存在良莠不齐的价值意义。有的形式高雅，有的却是似乎难登大雅之堂的“下里巴人”；有的承载着民族精神，有的却是腐朽没落、掺杂着低级庸俗和愚昧落后的色彩；有的界限分明、容易辨识，有的则界限模糊、难以甄别。例如，目前在相当一部分农村，随着以原始信仰、俗神信仰、庙会和祖先信仰等为主要内容的民间信仰日益升温，封建迷信活动也沉渣泛起且有蔓延之势，两者难以鉴别，更难管理。我们不能一味地加以阻止或禁止，而是既要尊重民众的正当民间信仰和选择，又要坚持不懈地加以引导规范，培养民众的民族民间文化审美价值判断力，更要严厉打击以传播传统文化之名而行封建迷信之实的非法活动。

另一方面，随着社会生产力的不断进步，生产环境的改变，一些产生在特定生产生活环境下的民族民间文化，其表现形式失去了生活基础。比如，薅草锣鼓源自集体劳作，为提高集体劳动的效率，缓解田间劳动疲劳而形成的劳动艺术表现形式，在联产承包、分田到户以后，便失去了生长土壤。对此，通过整理申遗，目前已列入“国宝清单”，得到了保护；同时，通过传承人的改编，搬上舞台，走进社区和群众文化活动之中，仍然在五峰具有坚实的生存基础。再如，“跳丧舞”源自土家人悼念死者的祭祀活动，如今摈弃了“跳丧舞”的传统禁忌，在吸收交际舞、迪斯科等现代舞蹈的许多元素基础上，根据当代健身运动的要求，创作而成新型舞蹈“巴山舞”，得以广泛传播。

3. 民族民间审美文化消费式传承应以社会主义先进文化为导向

民族民间审美文化消费式传承发展，不是对传统文化的简单加减、增删，而是在大众文化消费中的文化再创造。必须在弘扬和继承传统文化积极内容和有效形式基础上，吸纳新的文化要素，以社会主义先进文化为指引，根据人民群众文化生活需要，大力吸收现代先进文化要素，创造鲜活的文化形式。首先，必须以明确的政策导向和有力的组织措施，牢牢把握人民群众文化消费需求导向，让先进文化始终成为引导人们文化消费行为的主旋律。人民群众的文化消费需求是多层次的，其消费行为也表现出多样性。先进文化不是“高大上”的政治说教，或枯燥无味的单调声音，更不是“假大空”的形式主义，先进文化作为民族民间文化消费的引导力量，必须因地制宜、因人而异、实事求是、循序渐进，要赋予喜闻乐见的形式，寓于生动活泼的内容，既要有时代步伐，又要有与群众合拍的“和声”。因为，人民群众既是文化创造的主体，也是文化消费和享用的主体。只有贴近人民群众，吸引群众乐意享用和积极参与，文化才能起到引导作用，才能体现先进性的本质特征。其次，不能把先进文化等同于都市文化或大众文化。文化本身就是一种丰富多彩的价值体系，先进文化的理念同样有多种实现方式和表现载体，“阳春白雪”可以蕴含先进文化，有时候“下里巴人”也可以表达先进文化。判断文化先进与否，不能单单看其产品的“出身”，也不能取决于其“项目”，文化传承不能为了追求其“出身”和“相貌”而丢掉其文化基因。

4. 民族民间审美文化消费式传承应以人民群众文化实践活动为源泉

民族民间文化传承发展，需要通过一定的形式和载体来实现。随着时代发展，民族民间文化的传承形式和载体也在变化，有的形式和载体或许已经消失，有的则可能与时代不相适应，正在失去其存在的条件。民族民间文化传承发展，需要结合新形势和新技术发展需求不断改进和创新传承形式和载体。长期以来，各地以民族节日、重大活动、旅游、文化产业等为载体，继承和发展民族民间文化取得了成功。但是，其根本一点，还是要充分发挥人民群众的力量，立足人民群众的文化消费需求，通过人民群众自己的文化实践活动不断传承发展。因为，人民群众在文化实践过程中，会创造出许多新的文化内容和文化形式，能够不断拓宽文化传承发展载体。各地要为人民群众开展文化实践活动提供良好的条件，把丰富人民群众文化生活作为重要工作来抓。既需要党委、政府决策时的“独唱”，也需要宣传、文化等行政主管部门组织实施时的“重唱”，更需要广大人民群众共同参与的“大合唱”。要通过组织引导人民群众的主动参与和自主原创活动，让他们从剧外“观众”变为剧中“演员”，把传统的“送文化”变成群众自觉自愿的“种文化”。只有这样，群众文化活动才能成为人民群众的分内事情，文化消费潜力才能得以释放；只有人民群众文化生活蓬勃发展起来，民族民间审美文化消费式传承发展才会有鲜活的生存基础和不竭的发展动力。

5. 民族民间审美文化消费式传承应以公共文化服务体系建设为保障

公共文化服务体系是以政府投资为主导，以公共文化服务设施为基础的文化服务载体和文化保障体系，其目的是为人民大众提供公益性的文化产品与文化服务，满足人民日益增长的文化需求，保障人民基本文化权益。公共文化服务体系不仅在丰富人民群众文化生活，提高全民族的思想道德水平和科学文化素质，培育新型劳动者等方面具有十分重要的价值作用；而且，在积累、传承、创新和发展民族民间文化，发展、繁荣和传播社会主义先进文化，培育民族精神和构建和谐社会等方面具有积极推动作用。一方面，公共文化服务体系的建设主体是政府，但是，不能离开社会和个体的共同参与。特别是民族地区，经济基础薄弱，财力不足，交通不便，公共文化服务体系建设资金缺乏、设施欠缺、空间布局不合理。仅政府单一投资建设公共文化服务体系，难以奏效，必须积极吸收社会资本，拓宽投资渠道；要大力支持和鼓励民间文化能人创办文化产业、开展丰富多彩的民族文化活动，不断丰富公共文化服务项目。只有这样，才能激发人们的文化消费潜能，调动人民群众的积极性，凝聚公共文化服务体系建设的各方力量，夯实公共文化服务体系建设基础。另一方面，公共文化服务是以传播先进文化为主体的。民族民间传统文化蕴含着丰富的优秀文化资源，是先进文化创新发展的文化根基。不断挖掘民族民间文化、审美文化资源，并通过公共文化服务平台，将优秀的民族民间传统文化融入人民群众文化消费之中，既可以通过先进文化的引领，不断提升民族民间文化审美价值，也可以增强先进文化的亲和力和吸引力，强化先进文化的价值引领作用。

二　民族民间审美文化消费式传承的基本原则

面对大众文化消费的扩大和审美泛化的扩散，民族民间文化传承发展普遍受到冲击，有的民族民间文化内容和方式慢慢被淡出文化消费视野，有的则被市场化、商业化溶解后面目全非，失去了本真的审美价值。民族民间审美文化消费式传承，则是在激发和扩大人们对民族民间文化消费需求基础上的弘扬和继承，需要把握以下原则。

1. 承传性原则

所谓承传性，主要是指保护和继承文化内核，并使之得以流传。一般来讲，社会形态的演进与延续，就是社会文化的演进与连续，而社会形态与人类文明的演进，靠的就是文化的传承。民族民间文化是一定区域人们在长期生产生活实践中积累的传统文化成果，包含着丰富的民族文化遗产。无论是物质形态还是非物质形态的文化遗产，都承载着一个区域和民族的生存意识、民族心理、生活轨迹以及民族认同等文化要素。民族文化遗产是社会形态演进与连续过程的产物，是文化传承中的重要语汇，是文化传承得以有效进行的重要载体和重要符号。民族民间文化消费式传承，需要在承接民族文化遗产基础上，顺应时代发展要求，并对其作出现代性转向和价值提升。

传统性和现代性是文化的两个基本特征，共同存在于一个矛盾与统一体中。传统性体现了一个民族文化自身发展的特殊性，代表对传统文化的传承和积淀，呈现出特定的地域文化特征，表现为该民族的文化精神和文化类型；现代性则体现了人类文化在一定历史阶段的一些共同特征，如现代文化的多元性、高科技性、文化的全球趋同性等，反映出文化发展在数量上的积累与质量上的发展进步，以及文化之间的传播、交融与相互渗透、相互影响的关系，表现为人类文化发展阶段的标志和特定文化类型所展现的时代风貌与精神。在民族民间审美文化消费式传承发展过程中，传统性与现代性往往也会发生矛盾。

一些具有浓郁地域色彩和民族特性的文化，由于其不能较好地满足现代人的审美需求而渐渐地失去了文化消费市场。也有一些民族民间文化产品，由于过分追求时代特点而损害了其传统的民族性和地域性，虽然暂时有较为广阔的文化消费市场或经济效益，但其社会效益却被忽视了，以致其独特的民族民间审美文化特性丧失。这种丧失，实际上是传统与现代的割裂，是文化一脉相承发展内在要求的强行中断，是有悖于民族民间审美文化消费式传承发展规律的。如果我们不注意这个问题，不强调其承传性，就会让长期积淀的民族民间文化成果瞬间消失，民族民间审美文化的传承发展就会得不偿失，传统文化的现代整合功能就会失去作用，甚至会引发诸多社会问题。

2. 层次性原则

文化具有多样性和复杂性，从其结构解剖来看，也存在多层次之说。从文化的内部结构来看，一般包括物态文化、制度文化、行为文化、心态文化四个层次。民族民间审美文化也是一样，具有时间维度和空间维度的层次性，有以物质或物化形态表现的表层形式，也有以人的行为活动或行为方式表现的中层形式，还有以人的审美心理和审美意识表现的深层形式等。当然，审美文化这种分层形式并非绝对，有时候是交叉出现的。比如，表达龙凤呈祥的龙凤艺术图案，表达求子、求福民俗愿望的喜鹊、莲花与鱼的图案，表达富贵的牡丹花图案，等等。仅从看得见、摸得着这一层面来理解，这些流行的图案理应属于审美文化的表层结构；但是，从图案背后所寄托的深刻寓意来看，这些图案又属于审美文化的深层结构。审美文化的层次性与一般性文化的层次性一样，物态与行为等方面的浅层文化表现，总是受思想、心态等深层次文化影响的。在审美文化的层次性中，审美观念是核心，属于最深层次，是审美行为的内化、凝聚；审美行为是外表形式，属于表层，是审美观念、价值仪式的外化与表现。审美观念体系与审美行为方式相互影响，辩证统一，共同作用于审美文化产品中。也就是说，对于具有审美价值的审美产品来讲，它是在审美观念的引导下，经由审美行为操作对象化的产物或结果，是审美观念与审美经验相互作用、相互结合而成的凝结物。

审美文化具有层次性，受其影响，审美文化的消费式传承路径也各不相同，具有一定的差异性。但是，不论其形式如何转换、交融、变迁、更新，其关键在于把握民族民间文化中最深层次、最具审美价值的文化基因和保持生命力的审美元素，尊重审美文化发展规律，并使其不断发扬光大，才能延续民族民间审美文化的蓬勃生命力。

3. 主体性原则

人类对自身文化遗产的重视与保护，是从无到有、从小到大、从局部到整体的认识过程。在具体的保护过程中，也是从小范围保护、局部重视和对有形文化遗产的保护开始，不断扩展到全球性协作保护对有形、无形文化遗产的全面保护。由于民族民间文化具有原始性和广泛性，保护民族民间文化遗产已成为当今世界各国的共识，也成为我国刻不容缓的文化战略。但是，在对待民族民间文化遗产保护和传承的角色意识和主体定位中，需要弄清楚一个问题，就是主导地位和主体地位并进，强化主体地位的原则。所谓主导地位保护和传承，主要是通过政府部门、重要文化机构、公益团体或研究机构等承担民族民间文化遗产保护和传承工作，发挥其主导性作用；主体地位的保护和传承，则是指发挥一定区域的社会群体和人们共同体的主体作用，使他们自觉地传承自己的文化，对本区域和民族文化遗产实行自我保护和传承。目前，我国采取以主导地位保护和传承为主的运行机制是相当必要的，也有其必然性，并取得了很大成效，同时也存在其局限性。其实，一个民族和地区文化的传承发展离不开本民族和本地区的人民群众，离开他们就像鱼儿离开水、花儿离开太阳一样，就会失去生活的根基。民族民间审美文化消费式传承，所倡导的就是要扩大民族民间文化的生活场域，充分发挥当地民众主观能动性，不断增强民族民间文化的自觉和自信，让拥有某种文化遗产的社区、原居民群体或者个人认识到自身文化的价值，积极主动地参与民族民间文化的消费与传承工作。

发挥民族民间审美文化消费式传承的主体性，其前提基础是不断增强其文化认同。这是因为，文化认同是人们对民族共同体在长期生产生活实践中形成的、为共同体世代相传、广为接受、对本民族最有意义的事物的肯定性的文化价值判断，其核心是对一个民族基本价值的认同。文化认同对于凝聚民族共同体的精神、延续民族共同体的生命具有积极作用。文化认同的形式和过程也较为宽泛，包含伦理道德规范认同、宗教信仰认同、风俗习惯认同、语言认同、文化艺术认同等诸多方面。文化认同是增强文化自觉与自信的基础，也是发挥文化传承和发展主体作用的前提。文化认同“不仅影响到个人对自己身份的认定、社会群体的角色，还影响到民族以及民族文化的保持、国家的意识形态维持与强化、不同的宗教与文明形态之间的理解，甚至当代的国家政治格局”[①]。

民族民间文化是在人类社会发展进步过程中不断积累下来的文化传统。各民族的文化传统为个体成长提供了文化氛围与精神家园，形成了一定的价值观念，成为一个民族存在和发展的动力和源泉，民族内部“各个成员通过对共同民族文化传统的认同，尤其是其中价值观和自识感的认同，形成一种强烈的对群体的忠诚、依附和归属感，自觉成为维护传统和秩序的一分子；这种情感最终又演化成为一种对同一传统遵从与维护的持久力量”[②]。这种力量便是民族心理素质。如果失去了文化认同，那么这个民族就可能成为精神上和文化上无家可归的族群。因此说，对民族的文化认同即文化主体对自有文化的认同，则成为保护民族文化遗产的坚不可摧的有力屏障。当人们对本民族文化认同并引以为豪时，就会树立起文化自觉意识，就会充分发挥其主观能动性，自觉主动地尊重、珍视和传扬其文化，唯有这样，民族民间审美文化的消费式传承才有坚实的基础。

4. 共生性原则

文化消费与民族民间审美文化传承具有密切关系，两者相互联系、相互促进。一方面，不断发展的民族民间审美文化，不仅能以其丰富多彩的文化样式和形态为人们文化消费活动提供鲜活的内容和形式，满足消费者的精神消费需求，增强民族文化认同，提升人们的文化素养和审美价值判断能力，而且能强

① 郑晓云：《文化认同论》，中国社会科学出版社 1992 年版，第 8 页。

② 费孝通：《简述我的民族研究经历和思考》，《北京大学学报》（哲学社会科学版）1997 年第 2 期。

化对文化消费的经济政策和经济杠杆调控，繁荣民族文化消费市场，提升民族文化实力；另一方面，以民族民间审美文化为主的消费活动不断扩大，不仅为民族民间审美文化传承发展提供了展示的平台，而且扩大了民族民间审美文化传承发展的生存场域，优化了传承发展的环境。民族民间审美文化消费与民族民间文化传承发展互为基础、相互促进。民族民间审美文化消费的不断扩大，促进了以民族民间审美文化为主体的文化消费市场和文化经济的繁荣和发展，为民族文化产业和民族经济发展提供了不竭动力；同时，也能让民族民间审美文化传承发展置于民族文化产业发展与文化消费市场繁荣的“活态”环境之中，使更多的民族民间审美文化潜在资源和相关元素转变为文化产品，为民族民间审美文化传承和发展提供广阔的空间和坚实的基础。

民族民间审美文化的消费式传承发展，是在促进文化消费、文化产业与民族民间文化传承三方面共生性发展基础上进行的。人们通过文化消费，在文化产品和服务的享用中获得视觉、触觉和听觉上的快感，并且，可以通过体验和感受文化商品和服务所蕴含的价值观、人生观以及审美观，获得价值感和幸福感。正因为文化消费能给消费者带来特殊的快感和幸福感，才能增进文化消费主体对民族文化的自我身份认同，夯实民族民间审美文化发展的基础。同时，文化消费能将美学观念和美学价值表达与日常生活融为一体，使审美和艺术走进平民生活，让普通民众感受到审美和艺术的亲近与平等，使得审美和艺术形式更加丰富、内容更加宽泛、生命力更加旺盛，促进自我审美意识的不断丰富和提高。随着知识成为“文化资本”，在经济发展中逐渐占据主导地位，逐步形成了文化的产业化和市场化，文化消费的娱乐消遣也逐渐成为强势，不断成为人们在现代生活中为缓解压力、获得精神快慰和幻想逃避现实的需求。民族民间审美文化的消费式传承发展，需要结合人们的文化消费需求和审美偏好，将文化积淀与文化资源转化为富有吸引力和感染力的文化产品，转化为富有商业价值和审美价值的文化精品。这种文化审美价值的提升和转向，正是民族民间审美文化传承发展的动力和努力方向。

第二节　民族民间审美文化消费式传承路径与方法

日益增长的文化消费需求已成为不可回避的现实。民族民间审美文化传承发展要借助文化消费的平台，理性顺应不断增强的文化消费需求，不断挖掘民族文化资源，提升民族文化审美价值，增强民族文化认同、文化自信与自觉，壮大民族民间审美文化传承发展的自身魅力与生产力。

一　文化传承基础与消费主体培育

1. 加快公共文化事业建设，凸显民族民间审美文化传承的主导作用

文化是民族的血脉，是人民的精神家园。民族民间审美文化传承发展，需要通过扩大民族民间文化消费，增强人们的文化认同，培养人们的文化自觉和文化自信；需要通过深化文化体制改革，促进公共文化事业发展，弘扬中华文化，推动社会主义文化大发展大繁荣，建设社会主义文化强国。其中，加强公共文化服务体系建设，是公共文化事业发展的基础，它不仅有助于满足人民群众的基本文化需求，保障人民的基本文化权益，提高人民的文化素养，而且能为传统文化的传承、发展创造良好的体制和载体。

公共文化服务包括物质性的公共文化设施和非物质性的公共文化服务意识和服务体系，它是地区文化系统的基本组成部分。发展公共文化服务，加强民族民间审美文化消费式传承，首先，需要进一步完善现有财政政策，积极解决公共文化服务建设的政府主导性投入问题。一方面，要进一步强化公共文化服务建设的政府主导责任，明确量化公共文化服务投入的份额和增长幅度。公共文化服务投资主体是政府。2007 年《中共中央办公厅　国务院办公厅关于进一步加强公共文化服务体系建设的若干意见》明确要求："中央和省级财政每

年对文化建设的投入增幅不低于同级财政经常性收入的增幅”，要“从城市住房开发投资中提取1%，用于社区公共文化设施建设”。2011年《中共中央关于深化文化体制改革推动社会主义文化大发展大繁荣若干重大问题的决定》也要求：“把主要公共文化服务产品和服务项目、公益性文化活动纳入公共财政经常性支出预算。”这些政策性文件，都强调了政府在公共文化服务体系建设中责任意识。另一方面，要加大中央政府转移支付，整合资金，健全公共文化服务体系建设专项资金制度。民族地区公共文化服务基础薄弱，地方财政投入不足，需要加大支持力度，给予政策性倾斜，保证民族地区公共文化服务设施建设资金。各级政府要注意整合资金，建立健全诸如农村基层文化设施、文化活动繁荣工程、文化低保、文化信息资源共享工程、送书下乡、送戏下乡、农村文化队伍素质提升工程和村级文化活动室建设工程等专项资金，确保各项资金有效运用到公共文化服务体系建设中，使之发挥出最大的投资效率。

其次，要建立和完善民族地区公共文化服务指标体系。公共文化服务体系建设的根本目的是保障和满足人民的基本文化需求，不断提升文化生活品质。其中，基本文化需求关乎人民群众的基本文化素质，关乎人们的学习能力、生存能力和发展能力，进而关系到一个家庭、一个地区、一个国家的未来。加强民族地区公共文化服务体系建设，不仅要大力加强公共文化设施建设，科学规划公共文化服务设施的空间布局，改善文化消费环境，营造良好的公共文化服务空间。同时，还要结合民族地区经济社会发展实际，以及人民群众文化消费需求特点与发展趋势，挖掘民族民间文化资源，将民族民间文化活动与公共文化服务项目有机结合，加强民族地区公共文化服务指标体系建设的针对性，丰富文化服务项目，改进文化服务方式，发挥文化服务效能，促进民族地区公共文化服务体系建设的均等化、标准化发展。特别是要能够“面向基层、延伸到村组、与农民群众面对面”，做好公共文化服务体系的空间布局规划，使公共文化服务设施与项目真正“下沉”到社区、农村，落实到居民和农户，解决好公共文化服务与人民群众文化消费需求“最后一公里”问题，实现公共文化服务与社区、农村，与人民群众面对面，形成无缝对接。

2. 培育民族民间文化创新人才，壮大民族民间审美文化传承发展队伍

民族文化创新人才，是民族民间审美文化传承发展的智力保障。随着经济社会的发展，一些文化资源逐渐淡出人们生活，正在不断流失，熟悉和掌握民族民间文化技能的人也越来越少。加强对民族民间文化能人的保护和培养，大力培养民族民间文化创新人才和专业文化队伍迫在眉睫。民族民间审美文化传承的专业人才，有别于一般性文化工作队伍，应该是一种复合式人才。不仅需要具备扎实的文化基础知识和良好的文化意识鉴赏能力，还应具有广阔的国际视野，了解国内外文化艺术发展的趋势，能够掌握文化产业的经营和运作规律，加强民族民间文化审美价值的提升与转换；不仅要熟悉和掌握民族民间文化艺术，精通民族民间文化艺术的运用，更需要拥有浓厚的民族情感，热爱民族民间艺术，具有民族民间文化传承和发展的责任与担当。

在文化队伍建设和人才培养上，首先，要加强文化制度的建设与贯彻落实，确保公共文化服务队伍和民族民间文化人才等方面的政策倾斜和扶持。2010年，中宣部、中编办等六部委办曾专门下发了《关于加强地方县级和城乡基层宣传文化队伍建设的若干意见》，该文件对基层公共文化服务队伍建设具有重要的指导性作用。对此，必须认真贯彻落实，要落实乡镇综合文化站人员编制，稳定乡镇和社区文化队伍；要制定相关政策，落实专业技术职称评定、培训进修、晋升晋级等各项待遇；要通过“设立城乡社区公共文化服务岗位，对服务期满高校毕业生报考文化部门公务员、相关专业研究生实行定向招录”[①] 等政策倾斜和扶持，鼓励和吸引大中专毕业生投身基层文化工作；要通过人才引进等优惠政策，鼓励文化体制改革中专业院团分流人员到基层文化机构工作。其次，加强文化队伍的专业培训，按照《文化部关于开展全国基层文化队伍培训工作的意见》，对现有县乡专职文化队伍和业余文化队伍进行系统培训，培养一支“留得下、用得上、干得好”的基层文化队伍，使专兼职相结

① 《中共中央关于深化文化体制改革推动社会主义文化大发展大繁荣若干重大问题的决定》，《人民日报》2011年10月26日第1版。

合的基层文化队伍素质、政治素养和业务水平明显提高。最后，加大非物质文化遗产传承人的保护和民族民间文化艺人扶持力度，发挥经济杠杆的调节作用，变“输血”为“造血”，调动他们的内在积极性，使他们在市场竞争中占据优势，发挥其民族民间文化传承的独特作用。

3. 提高人民群众文化消费技能，夯实民族民间审美文化传承的群众基础

影响人民群众文化消费数量和质量的因素主要有两大方面，一是经济因素，二是包括文化消费意识、兴趣、时间和技能等在内的非经济因素。其中文化消费技能是非经济因素的关键，文化消费技能不仅影响文化消费意识、兴趣，也直接影响到人们参与文化消费的积极性。当前，民族地区人民群众的文化消费技能较低，其原因也是多方面的。一方面，由于经济落后、条件艰巨，难以引进和留住人才，开展相关的文化消费技能培训机会较少；另一方面，由于大部分民众，特别是广大农村群众接受教育的整体水平偏低，加上农村人口流动较大，青壮年和略有文化的劳动力外出务工，农村文化骨干流失严重。因此，迫切需要通过文化队伍示范和文化能人的引导、帮助，通过增强民族民间文化消费体验，不断增强农民文化消费技能，提高人民群众的文化修养、文化鉴赏能力和审美价值判断力。

首先，通过加强公共文化事业从业人员的职业化、专业化建设，加强对人民群众文化消费技能的指导和培训，增强广大人民群众的文化消费技能。公共文化事业从业队伍是公共文化服务体系建设的基础，是公共文化服务的提供者、文化建设的指导者、人民群众文化消费技能提升和消费行为的引导者。加强其专业化和职业化建设，对于发挥其专业示范作用，引导人民群众的文化消费行为，加强文化消费技能培训，提高人民群众的文化消费兴趣、增强文化审美判断能力等具有重要意义。其次，加强基层文化骨干队伍建设，形成一支充满活力的基层文化领军队伍。基层文化骨干大多来自民间，了解人民群众的文化需求，贴近民众文化生活，具有一定的文化技能，是基层文化活动开展和公共文化服务体系建设的生力军。需要通过多种渠道，积极发现和选拔基层文化骨干，充分发挥民间艺人、文化能人的积极作用，鼓励和支持他们开展贴近人

民群众需求的文化活动，活跃基层文化生活，传承发展民族民间文化。需要针对不同年龄、学历层次的文化消费需求、文化消费积极性以及文化消费技能基础等，有针对性地加强文化消费行为引导和文化消费技能指导，发挥不同消费者在公共文化服务体系建设中的积极作用。需要充分调动有一定文化技能的离退休干部、知识分子和广大职工的积极性，鼓励他们积极开展家庭式或协会式的文化活动。可以跟高等院校合作，鼓励和支持大学生利用寒暑假，深入基层，加强社会主义先进文化的宣传教育，加强基层文化骨干的培训工作，巩固基层文化建设的群众基础。

4. 增强民族民间文化审美体验，增进民族民间文化传承发展的文化自觉

文化消费的审美体验是文化消费主体与文化产品和服务之间，通过一定的形式，所构成的一种已然融入和超越的内在状态。它强调的不仅是文化消费主体被动式或表层性地浏览文化产品和服务，而是强调文化消费主体与文化产品和服务之间的主动性和深层性接触。通过文化消费活动，真正体会到文化消费带来的愉悦、轻松与修养，领悟到文化审美的价值与意义，从而能够唤起人们的文化自觉和自信。同时，通过文化消费，接触多种文化，经过比较鉴别、审美价值选择，在多元文化的世界里，对自我的文化加以认识和自主适应，从而能真正认识到民族民间文化的重要性，增强文化的自觉承担力，自觉自主地为传承和发展民族民间文化作出努力。

在调查中也发现，当地民众对五峰民族民间文化都有较高的认同度和较深厚的感情，但是，除年纪较长者还比较熟悉之外，年轻的当地民众对民族民间文化熟悉和了解程度明显下降。究其原因，主要是民族民间文化消费产品和服务欠缺，人民群众参与民族民间文化活动的机会太少，缺乏对民族民间审美文化的体验。加强民族民间审美文化消费式传承发展，不仅要有充裕的民族民间文化产品和服务来满足人民群众日益增长的文化消费需求，更要强化人民群众的民族民间审美文化体验表达和评价，使文化消费主体在体验中不断提高审美文化价值判断力。文化消费体验表达是体验者对自己文化消费体验的呈现及其方式。体验表达有以语词形式所作的表达，也有非语言表达，体验者通过表达

能使文化消费感受清晰化、消费意向个性化、自我认同明确化。文化消费体验评价不仅是为了准确描述体验者的文化消费感受与意向，还是为了让体验者在现有基础上获得更加明确的审美价值取向和审美价值判断力。比如，在活灵活现和原汁原味的民俗活动体验中，可以通过对优秀民俗文化价值的体验表达和评价，作出现代价值与意义的审美想象，增强人们对民俗审美价值的判断与认同，使民俗文化基因得以传承和发展。

5. 挖掘民族民间文化消费潜力，调动人民群众参与文化传承的积极性

文化消费取向、能力、结构、质量等，是影响人们对民族民间审美文化传承发展认同、接纳和参与的重要原因。只有人民群众拥有了强大的文化消费需求与能力、强烈的文化消费兴趣、丰富的文化消费体验和高质量的文化消费活动，才会形成内在动力，激发内在潜能，为民族民间审美文化传承增添活力。

当前，在民族地区公共文化服务体系建设过程中，由于政府与公民对公共文化服务体系建设存在着认同差异和利益博弈，公共文化服务体系建设中存在着政府单方决策实施，人民群众被动接受公共文化服务的现象。一方面，公共文化服务体系建设与人民群众文化生活需求对接性不强，人民群众对公共文化设施建设、文化产品和服务的满意度比较低，参与公共文化服务体系建设的愿望和积极性都不强，结果导致公共文化服务体系建设的政策合法性和合理性受到民众质疑，公共文化服务体系效能得不到有效发挥，无形中也加大了公共文化服务政策执行的成本。另一方面，在调查中也发现，民族地区广大民众消费结构不尽合理，文化消费意识还较为淡薄，往往会以“比较忙，没时间”为借口，放弃或拒绝文化消费及公共文化活动，结果导致民众参与公共文化服务体系建设的积极性不高，人民群众自身文化修养、文化鉴赏能力、文化消费技能无法提升。挖掘人民群众文化消费潜力，增进公共文化服务及民族民间审美文化与人民群众文化消费的有效衔接，不仅能有效发挥公共文化服务效能，也能促进民族民间审美文化传承。

首先，需要深入调查、准确掌握人民群众的文化消费特点与文化生活需求愿望，开发民族民间文化产品与服务，为挖掘文化消费潜力，规划公共文化服

务体系建设提供科学依据。因为，公共文化服务对象就是广大人民群众。人民群众的文化消费需求与广泛参与，能够在政府和群众之间搭建信息沟通渠道，形成信息交流的动态系统，减少信息扭曲，保证公共文化服务需求信息的及时和准确，为公共文化服务及时作出内容调整和转换，最大限度地回避公共文化服务体系构建中可能遇到的矛盾和问题，发现和纠正公共文化服务决策中的失误，提高政府对公共文化服务体系构建方案结果预测的准确性，确保公共文化服务体系构建的科学性。挖掘人民群众的文化消费潜力，特别是鼓励人民群众积极参与民族民间文化活动，扩大民族民间文化消费份额，不仅能够调动人民群众参与公共文化服务体系建设的积极性，也能拓宽民族民间审美文化传承发展的基础，增强人民群众的民族民间审美文化传承发展的使命感和责任感。

其次，要通过“文化消费直补”等形式，或根据不同文化产品和服务类别，采用民众集体自行计划、自主消费和自我管理等途径，改变公共文化服务的“配送制”，使之真正成为面向民众文化消费的“自选制”，实现其文化消费的最低保障。公共文化服务本质是公益性的，但是，人民群众参与公共文化活动需要一定时间、资金和技能等，在一定意义上属于文化消费活动。通过“文化消费直补”或公共文化服务项目的自选，能够增加人民群众参与公共文化活动和民族民间文化消费的机会，能让人民群众在文化消费体验中感受到公共文化服务体系建设的重要性、艰巨性，树立人们参与公共文化服务体系建设的主人翁意识。只有让广大人民群众以主人翁意识参与到公共文化服务体系建设中，才能够使他们了解更多关于公共文化服务体系建设意图、路径和决策依据，理解政府建设公共文化服务体系的艰巨和困难，才会主动为公共文化服务体系建设献计献策，把自身的需求和愿望传达给政府，减少政府决策的盲目性。

二　文化资源挖掘与消费品质提升

1. 挖掘民族民间文化资源，增强民族民间文化魅力

文化传承是以价值选择与判断为特征的文化动态运行模式，其基本要求是

根据主体价值判断和选择作出适时调整，保持相对稳定、模式化的阶段性和时代性的文化特征。由于审美价值是民族民间文化的基本内核和文化消费主体价值判断的重要标志，也是民族民间文化传承发展的原动力；因此，在民族民间文化传承和发展中，首先，需要不断彰显民族文化的审美特性，使其融入文化消费之中。民族民间文化的审美特性，是在充分挖掘其文化资源的基础上，根据民族民间文化的自身特点，通过生动的形象，将自身审美真情充分展现，给人以审美感染，使人们从中获得愉悦和幸福，并不断提升精神境界的文化属性。在消费时代的今天，由于大规模的商品消费正在逐步改变人们的生活内容和方式，也在不断改变着社会关系整体性的文化传统，人们不由自主地陷入名利的追逐与攀比中，许多优秀的、固有的传统价值取向也被盲目而理直气壮地摒弃与践踏。民族民间文化只有真正展示自身的审美特性，体现出时代的文化信仰，为广大民众文化消费提供丰富的营养和独特的审美价值，才能促使消费主体的接纳和认同，为民族民间文化创新和发展提供坚实的生存基础。

其次，要不断增强其审美再生产能力，为民族民间文化创新发展提供不竭动力。当今社会，物欲横流，消费内容和形式不断翻新，对于民族民间文化原有的审美价值来讲，无论是主导性的还是从属性的，都会产生一些审美疲劳，严重者还会遭到嘲讽和抛弃。民族民间文化只有不断增强其审美再生产能力，才能吸引文化消费者，才能永葆民族民间文化生活元素的永恒魅力。民众民间文化来源于人民大众的生产生活实践，其魅力在于贴近人们的生产生活实际，贴近人们的文化精神需求。民族民间文化只有回归到人民大众的文化消费之中，拥有坚实的生活基础和广阔的“生活场域”，才能更显其绚丽的色彩。通过扩大民族民间文化消费份额，增进人们对民族民间审美文化的消费体验，不仅能促进民族文化事业的蓬勃发展，也能增强民族民间文化的审美再生产能力，不断提升民族民间文化的审美价值，更好地满足人民群众不断发展的、多元的审美需求和审美偏好。比如，就少数民族文化遗产而言，伴随着各种消费的到来，它不再是单纯的“可视”“可游”的文化符号，而是由前消费时代逐步迈进消费时代的文化产品与服务，并呈现出独特的市场参与性。民族民间文化审美再生产，也不仅是一种文化生产活动，更是依据独特的市场参与性，对民族民间文化审美价值实施展开和创造的一种社会行为，或者是称为具有文化审美再生产属性的社会生活与社会关系，是永葆民族民间文化吸引力和感染力的重要手段。

2. 把握民族文化基因，奠定民族民间审美文化传承根基

文化传承的基础是文化消费主体拥有文化消费需求，并乐意接受、乐在其中，依据自我价值判断力选择文化，使之能为社会所接受而成为世代相沿、促进社会发展的稳定要素。文化传承是各种文化要素的传递，有语言传承、行为传承、器物传承等诸多形式，关键点是心理传承。这是因为，文化的核心要素是深层的心理结构，各种文化要素受制于核心要素的影响，文化传承也是一样，其他形式的传承都受制于心理传承。心理传承是文化传承中最为稳定和持久的形态，各种文化传承形式都围绕心理传承而进行，并能最终将其作用反馈到心理传承中。同时，文化传承又是文化内核与审美价值的传递，它蕴含着文化的选择机制和价值判断。这是因为，任何文化都包含着一种价值，这是文化的内在属性，文化传承是其审美价值不断延续和提升的过程，自然也包含着文化选择属性的传递。文化选择机制是以价值判断为主要特征的，价值判断是文化传承的基础，它不仅与文化选择机制相伴而行，而且制约和影响文化传承机制的运作，使文化在传承发展中保持稳定的模式化特征基础上，通过文化主体的价值判断并作出合乎时代的选择，从而形成更具阶段性和时代性特征的文化形式。当然，文化选择机制和价值判断的基础在于文化基因与内核的把握。只有准确把握民族文化的基因与内核，才能使人们自觉、自信地接纳民族民间文化消费，使民族民间审美文化传承发展具有更为强大的推动力。

民族民间文化内容十分丰富，表现形式也多种多样。概括起来，民族民间文化大致包括两大类：一类是典籍中传承的民族民间文化，另一类是生活习俗中流传的民族民间文化。从其影响面和价值作用来看，“习俗文化”比“典籍文化”的影响更大，其价值作用也更具不确定性，也就是说，对“习俗文化”的传承更需要理性思辨。2013 年 8 月，习近平总书记在全国宣传思想工作会议上，有针对性地提出了“四个讲清楚”的重要指示，为我们正确对待中华传

统文化、加强民族民间审美文化传承发展指明方向。因为，民族民间文化是中华传统文化的重要组成部分，是中华民族的文化血脉，包含着中华民族最根本的精神基因，是中华民族腾飞发展最深厚的文化软实力。我们必须挖掘好、保护好、利用好这一宝贵财富。只有沿着历史的脉络，把中华文化的传统和优势讲清楚，把民族民间文化的审美价值讲清楚，才能坚持古为今用，去粗取精、去伪存真，经过科学的扬弃使之为我所用。“四个讲清楚”的关键在于准确把握了民族文化基因，并能够指导人们对民族文化基因“理清楚、学清楚、讲清楚、用清楚”；“四个讲清楚”为更好地挖掘民族民间文化资源，彰显其审美特性，提升其审美价值指明了方向。

3. 彰显民族民间文化审美价值，提升人民群众文化消费品质

满足人民群众文化消费需求过程，其本质是在社会主义核心价值体系引领下，不断丰富人民群众文化消费内容、规范文化消费行为、提升文化消费技能、提高文化消费质量的过程。文化消费内容质量好坏，不仅直接影响着人民群众的文化消费品质，也关系着文化建设与价值作用的发挥。提升人民群众的文化消费品质，一方面需要发挥社会主义先进文化的引领作用，使之能与大众文化紧密结合，提高大众文化水平；另一方面需要挖掘民族民间文化资源，贴近人民群众生产生活实际，开发创新人民群众满意的民族民间审美文化消费内容。因为，民族民间文化是人们在长期生产生活实践中形成的生活知识、能力和习惯，具有一定的区域性和时代性。随着社会的进步发展，民族民间文化的审美价值需要不断提升，只有这样，才能进一步繁荣和发展民族民间文化，增强民族民间文化消费的吸引力和感染力。

首先，要不断挖掘民族民间文化资源，提升民族民间文化审美价值。我国是一个统一的多民族国家，地域辽阔，地形复杂。受自然、地理等非经济因素影响，形成不同的生活习俗和地域情感，对文化消费需求也有不同偏好。从实证研究中也发现，五峰属于武陵山脉的少数民族聚居区，长期的传承演变，逐渐形成了与武陵山自然山水、生产生活融为一体的独特民族民间文化，以及以此为基础的文化消费习惯。虽然，随着经济社会发展，有些民族民间文化消费

已经出现了“审美疲劳”，部分民族民间文化资源也在逐渐淡出人们生活。但是，还有许多优秀的民族文化传统，不仅深受当地民众的喜爱，而且为地方经济社会发展提供了软实力。挖掘民族民间审美文化资源，厘清其历史发展脉络，开掘提炼民族传统文化的宝贵价值，赋予新的时代内涵，是提升民族民间文化的审美再生产能力的基础。只有不断创新民族民间文化形式和内容，开发符合经济社会发展规律的高质量、多类型的文化产品，作出通俗易懂的时代表达，提供优质的文化服务，才能培育吸引力和感染力强的新型民族民间文化消费形态，不断丰富人民群众的文化消费内容和形式，夯实其消费式传承发展基础。其次，扩大民族民间文化消费份额，提高人民群众的文化消费质量。民族民间文化来源于本区域人们的生产生活实践，贴近人们生活，为人民群众所喜爱。同时，民族民间文化是世代相传区域文化，蕴含着优秀的文化传统和人们赖以生存的文化基因。通过民族民间文化消费，可以帮助人们提神凝气、振奋精神。比如，充分运用市场准入、价格调节、财税优惠等政策，积极引导各类市场主体开发具有民族传统和地方特色的民间工艺项目，发展民间工艺和美术产业；鼓励和支持文化专业户和民间文化团体积极开发乡土特色文化产品和服务，不仅能增加人们对民族民间文化的消费，为满足人们的文化生活需求提供有力的补充，也能为人们的文化生活品质提升提供助动力。

三　文化传承渠道与消费平台搭建

1. 面向文化消费市场，拓宽民族民间审美文化消费式传承渠道

古往今来，人类社会的进步和文化发展都与市场紧密相连。经济学家把市场比作经济发展的驱动器，对于文化来讲，市场就是文化的一个重要传承场。在市场上，有琳琅满目的生产生活用品，也有民间土特产品、手工艺品、民族饰品等，不仅能实现商品的交换和流通，也促进了文化的展示和交流，人们在展示自己的劳动成果、生活方式的同时，也展现了自己的审美情趣和精神风貌。文化消费市场繁荣、文化产业发展，为民族民间审美文化消费式传承拓宽

了渠道。

当然，面向文化消费市场，并不是要求民族民间文化传承发展全面走向市场化，更不是要使民族民间文化传承成为市场的奴隶，而是要求民族民间文化传承能够胸中有满足人民群众的文化消费需求的意识，掌握民众文化消费的兴趣、爱好、特点、行为、能力与质量需求等，在增强民族民间审美文化消费份额的基础上，提升民族民间文化审美价值，增强人们的审美价值判断力。

从消费者的需求来看，受经济能力、地理环境、年龄、性别、教育程度、文化修养、性格趣味、格调气质、消费技能等众多因素影响，不同的消费者有着不同的文化消费需求内容、形式和品位。同时，对于同一个体而言，还存在着不同阶段与不同背景下的文化消费需要层次。不同个体的多样性需求和同一个体的不同层次需求，构成了文化多样性存在的现实需求，也形成了文化消费市场的多样性和丰富性。面对文化消费市场的这种多样性与丰富性，民族民间审美文化的消费式传承发展需要强化三个认识。一是服务人民群众文化消费意识。民族民间审美文化传承和民族地区公共文化建设目的，都在于满足人民群众的文化消费需求，只有不断增强人民群众的文化消费体验，才能不断增强人民群众对民族民间文化和公共文化服务建设的认同，才能激发民众对民族民间文化传承的自觉性和自信心，引导和动员广大人民群众积极参与公共文化服务建设。二是增强人民群众文化消费技能意识。文化的根本在于化人，在于文化树人。加强民族民间审美文化的消费式传承发展，就是要通过对民族民间审美文化的消费体验，不断增进文化认同，增强文化自觉，培育民族精神等。提高人民群众的文化消费技能，不仅能挖掘人们的文化消费能力，激发人们参与民族民间文化传承发展的积极性和主动性，还能提高人们的文化修养水平，是发挥文化化人等价值作用的重要手段。三是提高人民群众文化消费质量意识。民族地区公共文化服务体系基础薄弱，均等化程度不高，人民群众文化消费内容单一、结构失衡、良莠不齐、质量不高。社会主义先进文化和公共文化服务的辐射力和覆盖面还比较欠缺，需要立足基层、面向广大人民群众，最大限度引领其文化消费行为，提高其文化消费质量。

无数经济学案例告诉我们，市场是一双无形的手，它在资源的配置和利用方面表现出巨大的效率；但同时，市场又是一头莽撞的牛，它在发展中的盲目性不仅会在经济领域内造成巨大破坏，而且在生态和社会文化方面，也会显示它与生俱来的破坏性的一面。面向文化消费市场，民族民间审美文化传承必须用好市场手段，趋利避害，充分发挥市场在传承和发展民族民间审美文化方面的功效。具体来讲，面向文化消费市场，就需要在把握民族民间文化基因的基础上，不断丰富其文化内容、拓宽其表现形式等，做好民族民间审美文化保护性传承和再生性发展。当前，民族地区人民群众文化消费支出比例较低，文化学习、技能培训等发展型的文化消费十分匮乏，受外来文化的影响，特别是受拜金主义和西方腐朽思想及文化的影响，一些低俗文化、攀比之风、赌博和封建迷信等冲击人民群众的文化消费。因此，扩大民族民间文化消费，既要大力培育和践行社会主义核心价值观，又要注重挖掘富有地方特色的优秀民间文化资源，培育植根于地域文化土壤和民众心灵的积极向上的价值观念和人文精神。要按照“面向基层、延伸到村组、与农民群众面对面”的要求，做好民族民间文化与人民群众文化消费需求“对接”的规划，让人民群众乐意接受、自觉参与民族民间文化消费，在扩大消费中强化对民族民间审美文化的保护和传承。

2. 释放文化消费红利，激活民族民间审美文化消费式传承源泉

所谓文化消费红利，是通过人民大众的文化消费活动给文化产品和服务生产者及提供者、文化消费者等带来的全部有益成果的总和，主要包括经济红利和精神红利两大方面。

民族民间文化具有广阔的消费市场和强大的消费潜能，文化消费红利内涵广、影响大、潜在能力强。民族民间文化消费既有资源的属性，是传统民族民间文化资源在市场机制下得到开发与运作的具体表现，可以说是一种经济形态，具有潜力巨大的经济红利；同时，它还具有精神和价值属性，给人们带来更多的是精神红利。随着经济全球化和文化多元化的日益推进，民族民间文化消费面临大众文化消费和现代文明的巨大冲击，处于急剧转变和消失之中，民

族民间文化的经济红利和精神红利也都受到限制。因此，一方面，需要积极释放民族民间文化消费的经济红利，通过政府减免税收等优惠政策，鼓励、支持和引导社会各界、民间团体和公民个人等各方面力量兴办民族文化产业和公益性的民族文化企业，扶持民间特色团队和民间艺人开展民族民间文化活动，鼓励社会力量参与民族民间文化传承和创作，积极支持文化团体创作民族文化题材作品，繁荣和活跃民族民间文化内容和消费市场；另一方面，要大力释放民族民间文化消费的精神红利。通过政策引导和行政命令，要求各大媒体、出版集团等文化事业单位积极为基层服务，为基层人民群众提供更多、更贴近群众的民族民间文化产品和服务，加强社会主义精神文明建设；通过增强人们的民族民间文化消费体验，让广大人民群众在分享民族民间文化传承发展和公共文化服务建设成果基础上，感受到文化消费后的精神愉悦和素质提升，鼓励和引导广大人民群众自觉投身到民族民间文化传承和公共文化服务建设中。

此外，作为人类精神追求的重要表征，文化消费无论何时何地都是人类赋予自我生活更高价值意义的重要方式。当代中国正处在政治稳定、经济腾飞、文化繁荣的新时代，文化消费从来没有像现在这样充满多样的选择，从来没有像现在这样丰富多彩。伴随着文化产品的日趋丰富，文化消费形式的日新月异，潜藏在其中的文化观念也日趋多元，文化消费所具有的传播意识形态与价值观念的功能，及其对文化发展独有的承载和促进作用，已经不可忽视，文化消费红利不断得到彰显。一方面，文化消费能够促进文化市场的繁荣和文化产业的发展，进一步扩大民族民间文化的消费内容，引导人们的文化消费行为，拓宽民族民间文化传承发展空间；另一方面，文化消费也是一种精神消费，它有助于人们通过一定的审美价值选择与判断，形成思想与感情共鸣，从而达到情感的宣泄和心灵的放逐，对于提升文化素养、塑造健康人格、培育民族精神等都具有十分重要的作用。因此，如何引导人们的文化消费行为，树立健康的文化生活；如何在文化产品中倾注民族情怀，扩大民族民间文化消费的内容，丰富民族民间文化消费的形式；如何实现文化消费的崇高道德价值传播，都是民族民间文化消费式传承的内在要求。

3. 加大民族文化产业发展，增进民族民间审美文化传承发展助推力

当今世界，一个国家和地区的发展不仅是经济的发展，其竞争已不再是过去那种单一的资源竞争和单一力量的竞争，而是一种综合的、全面的竞争，并凸显文化竞争的主导地位。经济是基础，没有经济基础作保障，就无法谈论如何追求高品质的文化生活。经济发展为文化消费活动的开展提供物质基础和经济保障；文化消费的增长为经济社会发展提供强大动力。在经济转型的今天，文化产业已成一个国家经济发展的重要引擎，文化消费作为文化产业链上的终端环节，它不仅是文化产业发展的最终目的，也是文化产业发展的现实基础和重要推动力。

文化产业作为知识经济催生出来的产物，深刻地改变了传统的生产方式和产业结构，并作为生产要素时时处处影响着经济和社会发展的进程，在现代社会日益呈现出强劲的发展势头。文化产业越来越受到各国的重视，与文化公益事业一同构成了文化建设的重要内容，被一个地区乃至一个国家提到战略发展高度。民族文化产业则是主要从事民族文化产品生产、销售、服务等的一种文化产业类型和特殊形态。由于所依托的资源主要是民族民间文化，民族民间文化又存在着广义和狭义之分，因此，民族文化产业也相应地有了广义和狭义的概念。由于广义的民族文化资源，主要是指包含56个民族在内的、多元一体的中华民族传统文化资源，因此，广义的民族文化产业，也就是依托中华民族传统文化而进行文化产品生产、经营的产业。以此类推，狭义的民族文化产业，则是以一定区域或某一族群的特色文化资源为依托而进行文化产品生产、经营的产业。一般情况下，主要是指以少数民族文化资源为依托的文化产品生产、经营的产业。特别是对于民族地区而言，发展民族文化产业主要是发展狭义的民族文化产业，是在充分挖掘本地民族民间文化资源基础上，不断发展具有浓厚乡土味和鲜明地域性与民族性的特色文化产业。

当前，民族地区经济社会发展还比较落后，民族文化产业基础与创造力还较为薄弱。发展民族文化产业，不仅是实现区域文化发展战略，发挥其软实力，促进地区经济社会发展和综合实力提升的需要；也是激发人民群众文化消

费潜能，丰富民族民间文化消费内容，促进民族民间审美文化消费式传承的客观要求。一方面，需要进一步挖掘和利用民族民间文化资源，把民族文化内容和形式有机地转化为民族文化产品和服务，这是彰显民族文化产品魅力和民族文化产业竞争力的基础，也是在文化消费市场“活环境”中实现民族民间文化传承发展的有效途径；另一方面，需要结合当地经济社会发展实际，充分发挥民族文化产业资源与当地第一、第二、第三产业资源的综合优势，特别是发挥文化产业资源的软性力量，构筑和形成与第一、第二、第三产业融合的综合竞争力，这是实现产业转型，加快经济建设、政治建设、文化建设、社会建设、生态文明建设，构筑“五位一体”发展格局，全面建成小康社会，实现社会主义现代化和中华民族伟大复兴的关键。

四　文化传承保障与消费政策支持

1. 加强政策扶持，强化民族民间审美文化传承的组织保障

党的十八大明确指出，经济建设、政治建设、文化建设、社会建设和生态文明建设“五位一体”是中国特色社会主义伟大事业的总体布局。“五位一体”建设全面推进、协调发展，才能形成经济富裕、政治民主、文化繁荣、社会公平、生态良好的发展格局。其中，文化建设作为总格局的灵魂，离不开经济建设的基础性支持和政治建设的组织保障，特别是离不开有关文化建设和发展的法律制度建设。文化的法律制度建设，既是中国特色社会主义法律体系不可或缺的重要内容，也是中国特色社会主义文化建设的重要保障。社会主义文化事业的健康发展、社会主义文化大发展大繁荣，都需要政策指引和法律保驾护航；人民群众的基本文化权益，需要立法来确认和保障；人民群众的文化消费行为和文化产业发展，需要通过法律法规来进一步规范；各级政府在文化建设中的责任，需要相关法规政策加以明确和强化；民族民间文化保护和传承，需要相关政策的扶持和支撑。目前，我国文化领域立法相对滞后，从国家层面来讲，只有《文物保护法》《著作权法》《非物质文化遗产法》和

《全国人民代表大会常务委员会关于维护互联网安全的决定》《全国人大常务委员会关于网络信息保护的决定》等法律法规，其中，上述“三法两决定”对民族民间文化保护和传承的规定也不多，执行难度较大。从地方行政法规和部门规章来看，虽然有一些相关规定，但是，少数法规制度存在着调研不够，内容脱离现实甚至相互抵触，在实际工作中难以贯彻执行或“依法打架”等现象；一些部门规章更像政策性文件，只有原则性要求，没有具体的行为规范，没有违反规定要承担的责任和处罚性条款，在实际工作中往往无所适从。

在民族民间文化传承发展实际工作中，虽然，各级政府、团体和个人都充分肯定，民族民间文化联系着民族的过去，也联系着民族的现在和未来，是民族存在的基本条件和价值内核。但是，由于民族民间文化传承的经济效益和社会效益并不一定都是及时显现的，民族民间文化传承发展的作用和价值有可能还得不到人们普遍肯定，甚至很容易被人们忽视。因此，需要从民族民间文化传承发展内容选定、加工、推广、经营，民族文化产业门类、投融资平台，民族民间文化人才培养、传承人保护等方面，加强广泛的调研，建立和完善科学可行的政策法规，立章建制、加强引导、规范管理、科学运行、大力扶持，确保民族民间审美文化传承发展工作的健康有序进行。

2. 建立民族民间文化保护区，优化民族民间审美文化传承环境

当前，在全球化语境中，文化全球化是其中一个重要的概念。“文化的全球化……是把文化差异作为一个前提，力主不同文化加入全球性的流动与交换过程。文化差异总是在比较中才能显示出来，于是它又表明了一种价值态度，即在承认差异的基础上彼此互相认同，以建构起一个包容更为广泛的文化系统——这就是文化全球化的真正含义。”[1] 其实，文化全球化过程，是一个充满矛盾，也充分开放的动态过程，它给世界各民族文化同时带来了没落的危机

---

① 颜纯钧：《全球化：文化差异与文化资本》，载孟建、李亦中、［德］Stefan Friedrich《冲突·和谐：全球化与亚洲影视》，复旦大学出版社 2003 年版，第 90—91 页。

和发展机遇。这种危机与机遇是与经济相关的。“文化全球化是以经济全球化为前提与依托的，是在经济全球化的发展中，由各民族文化相互碰撞和整合而产生的。文化全球化是经济全球化的一个组成部分，经济全球化具备了文化的内涵。”[①] 特别对于民族民间文化传承发展来讲，其潜在危机更多，更需要给予政策的保护和倾斜。民族地区经济欠发达，社会发展程度还较低，生态环境也比较脆弱，受此影响，民族民间文化处于弱势地位，其生存发展环境容易受到西方外来文化和国内现代文化的双重碰撞，民族民间文化传承发展形势不容乐观。

在民族民间审美文化消费式传承中，首先，应该清醒客观地认识到民族性和全球性之间不平衡的实质，正视跨文化传播中必然存在的文化霸权主义和民族文化中心主义的制约，需要秉持开放包容的全球视野，从形式和内涵两方面去辨析外来文化的优点与缺憾，善于借鉴和吸纳优秀的外来文化，使之成为促进民族民间文化审美价值提升并实现全球传播的文化动力源，实现民族文化的现代性、创造性转化。其次，应当重视地域性和自足性的文化本性，积极加强民族民间文化生态保护区建设。民族民间文化生态保护区建设不能仅停留在申报上，也不能仅停留在名称上，而是需要深度开掘民族民间文化中的优势资源，积极创造条件，将原生态的自然环境、民族特色的生活区域、民族教育与学校体系、遗产保护的职能机构、研究中心、信息与展示中心、博物馆、民间文化保护协会、民间博物馆等建设融为一体，开拓民族文化多层次的消费市场，建构民族民间文化的自尊。再次，需要加强民族民间文化消费式传承发展的引导，建立健康向上的民族民间审美文化消费式传承发展氛围。虽然文化传承是一种自觉行为，但是，从某种意义上讲，它更是一种社会强制。这是因为，每一个人一生下来就会处在某个社会群体中，成为该社会的一员，这是人的社会本质属性。正因为这种社会属性的存在，才使得人们必须以一定的文化为背景或浸沐在一定的文化氛围中，毫无选择余地地承袭这种文化，自觉地把

① 徐红：《文化全球化与文化民族主义》，《中华文化论坛》2004年第3期。

这种文化传给后代，形成一种基因复制式的社会强制，这也是文化传承发展的传统方式。在一个地域或一个民族的文化传承过程中，每个社会成员正是在传承共同的民族文化而成为这个民族的成员的。随着社会发展和科技进步，这种社会强制并非一成不变，在生存环境改变或多元文化影响下，人们往往会形成新的文化价值选择，文化传承的社会强制作用也会失效。因此，在民族民间审美文化消费式传承中，还需要通过建立民族民间文化保护区等措施，大力营造民族民间审美文化消费式传承发展的良好环境，加强民族民间文化消费行为的引导，使得人人形成文化自觉和自信，自觉承担民族民间文化传承的责任，积极主动地参与其中。

3. 加强文化消费评价反馈，健全民族民间审美文化消费式传承的体制机制

一般来讲，文化消费评价反馈主要包括两大部分，一是人民群众的个体文化消费能力、结构、内容、质量等评价；二是人民群众文化消费在公共文化事业和文化产业发展中地位、作用等评价。特别是后者的评价，尚未引起重视，对人民群众文化消费评价并未纳入公共文化服务体系建设之中。从我国现行统计制度来看，国民经济行业中的文化生产总值统计包括文化事业和文化产业中全部的可量化部分，而文化消费统计中又仅仅限于城乡居民文化消费部分，尚没有体现公共文化服务和民族民间文化传承在满足人们基本文化权益及文化生活需求中的具体成效。包括民族民间文化传承在内的公共文化服务投入及绩效评价，还游离于市场经济体制和国家经济社会发展评价之外，公共文化服务体系建设的依据没有反映人民群众的文化民生需求，其目的也不完全是满足城乡居民的文化消费现状与愿望。其结果导致各级各类公共文化服务基础设施建设变成了“形象工程”，脱离人民群众文化生活实际，影响公共文化服务绩效的发挥。更有甚者，假借民族文化产业发展和区域文化建设之名，行房地产开发或其他非文化建设之实，造成民族民间文化及其传承发展资源的浪费、损耗和流失。因此，建立健全包括人民群众文化消费评价反馈在内的体制机制，是确保公共文化服务体系建设健康发展和民族民间文化消费式传承发展的基本

保障。

首先，要建立健全文化建设的投入机制。过去，包括民族民间文化保护和传承在内的公共文化服务的投入方式，基本上由管理机构拨付“生产性投入”，导致文化生产与民众文化消费的不对称，公共文化服务体系的管理运行不畅，民族民间文化消费式传承机制运行不力。比如，从公共文化服务设施来看，除了文化部门归口管理的图书馆、文化馆、博物馆、美术馆等之外，还有教育、妇联、共青团、工会、科协等下属的文化活动场所，以及农村公共文化设施中的村村通、农村书屋（室）等，存在分头投资、分头管理，公共文化设施利用率低、整体效能差等问题。在民族民间文化传承发展实际工作中，也存在资源分散、主体不突出、多部门管理或运行状况，大量设施和资源没有得到充分利用。如果能将各个系统的设施和资源整合起来，统一纳入公共文化服务体系之中，统一划定其公共文化服务功能、范围、项目、标准等，按照“消费性投入”模式投入公共文化服务体系建设，则能以最小的投入盘活现有的公共文化服务设施和资源，满足人民群众的文化消费需求，促进民族民间审美文化消费式传承发展。

其次，要建立健全文化消费的保障机制。在民族民间文化消费中，除民族民间文化自身魅力之外，经济杠杆也是刺激民众文化消费的主要手段，其中，人民群众是否满意、是否乐意投入，是扩大民族民间文化消费的最有效途径。因此，加强公共文化服务体系建设，以及民族民间审美文化的消费式传承发展，就应该通过健全保障机制和加大文化消费鼓励，扩大人民群众的民族民间文化消费。要通过像“家电下乡”直补形式那样对人民群众的民族民间文化消费进行“直补”，建立人民大众的文化消费保障体制，实行低收入地区和人群文化消费扶持，不断改变其文化民生状况，提高其文化消费需求。同时，还需要科学制定文化消费的统计方法和口径，准确把握人民群众文化消费水平与质量，为保障人民群众文化消费权益提供科学依据。

再次，要建立健全文化消费的评价机制，扩大人民群众文化消费选择权。要根据公共文化服务体系性质、特性和人民群众文化生活需求，科学制定公共文化服务评价指标体系和民族民间文化消费传承发展考评体系，将公共文化服务体系建设和民族民间文化传承发展考核评价纳入地区经济社会发展水平与质量、领导干部工作实绩与政府治理能力的整体考评中，确保公共文化服务体系建设和民族民间文化传承发展的各项目标任务的实现。要建立健全组织、社会和人民群众三维相统一的评估、反馈机制，坚持最大限度依靠群众、走群众路线的原则，落实群众的知情权、参与权、监督权，真正做到“请群众参与，让群众知情，由群众评判，自觉接受群众监督”，确保公共文化设施和服务项目与民众的“零距离”接触，提高民族民间文化产品和服务供给的效率，不断提高满足人民群众文化需求的能力和水平，使人民群众自觉、自信地承担民族民间文化的传承发展责任。

参考文献

1.《马克思恩格斯全集》第2卷，人民出版社1972年版。

2.《马克思恩格斯全集》第23卷，人民出版社1972年版。

3.《五峰县志》，中国城市出版社1994年版。

4.《五峰土家族自治县志（1985—2005）》，三峡电子音像出版社2014年版。

5.《长乐县志》，三峡电子音像出版社2014年版。

6. 鲍金：《消费生存论——现代消费方式的生存论阐释》，中央编译出版社2012年版。

7. 戴元光、邱宝林：《当代文化消费与先进文化发展》，上海人民出版社2009年版。

8. 范玉刚：《消费文化语境下的文艺学美学话语重构》，中国社会科学出版社2012年版。

9. 费孝通：《论人类学与文化自觉》，华夏出版社2004年版。

10. 傅守祥：《审美化生存——消费时代大众文化的审美想象与哲学批判》，中国传媒大学出版社2008年版。

11. 何星亮：《中国图腾文化》，中国社会科学出版社1992年版。

12. 黄惠：《祭坛就是文坛》，国际文化出版公司1993年版。

13. 贾银忠：《中国少数民族文化产业发展概论》，民族出版社2012年版。

14. 金元浦：《文化创意产业概论》，高等教育出版社2010年版。

15. 蓝爱国、马薇薇：《文化传承与文化消费——电影产业的文化道路》，北京大学出版社 2009 年版。

16. 李景隆、李朝、贾一心、卓玛：《青海审美文化》，民族出版社 2009 年版。

17. 李天道：《西部地域文化心态与民族审美精神》，中国社会科学出版社 2010 年版。

18. 梁一儒：《民族审美文化论》，中国传媒大学出版社 2007 年版。

19. 林白鹏：《消费经济辞典》，经济科学出版社 1991 年版。

20. 刘豪兴：《农村社会学》，中国人民大学出版社 2004 年版。

21. 邱正伦：《审美价值取向研究》，文化艺术出版社 2007 年版。

22. 田义勇：《审美体验的重建：文论体系的观念奠基》，复旦大学出版社 2010 年版。

23. 王宁：《消费社会学》，社会科学文献出版社 2011 年版。

24. 文启湘等：《中国消费经济学》，西北大学出版社 1990 年版。

25. 向翔：《哲学文化学》，上海科学普及出版社 1997 年版。

26. 杨魁、董雅丽：《消费文化理论研究——基于全球化的视野和历史的维度》，人民出版社 2013 年版。

27. 姚文放：《审美文化学导论》，社会科学文献出版社 2011 年版。

28. 叶正霞、刘淑兰：《引领文化与文化引领》，人民出版社 2012 年版。

29. 尹世杰：《消费文化学》，湖北人民出版社 2002 年版。

30. 张利群：《民族区域文化的审美人类学批评》，广西师范大学出版社 2006 年版。

31. 赵爱国：《文化消费心理学》，福建人民出版社 2013 年版。

32. 赵世林：《云南少数民族文化传承论纲》，云南民族出版社 2002 年版。

33. 郑祥福、叶辉、陈来仪：《大众文化时代的消费问题研究》，中国社会科学出版社 2008 年版。

34. 郑晓云：《文化认同论》，中国社会科学出版社 1992 年版。

35. 周宪：《中国当代审美文化研究》，北京大学出版社 1997 年版。

36. 周小仪：《唯美主义与消费文化》，北京大学出版社 2002 年版。

37. 陈吉元、胡必亮：《当代中国的村庄经济与村庄文化》，山西经济出版社 1996 年版。

38. 陈立旭、潘捷军：《乡风文明：新农村文化建设——基于浙江实践的研究》，科学出版社 2009 年版。

39. ［法］让·鲍德里亚：《消费社会》，刘成福、全志钢译，南京大学出版社 2006 年版。

40. ［美］林赛·沃斯特：《美学权威主义批判》，昂智慧译，北京大学出版社 2000 年版。

41. ［英］戴维·皮尔斯：《现代经济学辞典》，宋承先等译，上海译文出版社 1988 年版。

42. ［英］雷蒙·威廉斯：《关键词：文化与社会的词汇》，刘建基译，生活·读书·新知三联书店 2005 年版。

43. ［美］阿尔文·托夫勒：《第三次浪潮》，朱志焱译，新华出版社 1984 年版。

44. ［美］弗兰克·戈布尔：《第三思潮：马斯洛心理学》，吕明等译，上海译文出版社 1987 年版。

45. ［英］迈克·费瑟斯通：《消费文化与后现代主义》，刘精明译，译林出版社 2000 年版。

46. ［美］塞缪尔·亨廷顿、劳伦斯·哈里森：《文化的重要作用——价值观如何影响人类进步》，程克雄译，新华出版社 2002 年版。

47. ［美］约翰·霍尔等：《文化：社会学的视野》，周晓虹等译，商务印书馆 2000 年版。

48. 费孝通：《简述我的民族研究经历和思考》，《北京大学学报》（哲学社会科学版）1997 年第 2 期。

49. 张良：《政府主导、社会参与、市场配置：农村公共文化服务体系建设的理想模式》，《理论与现代化》2012 年第 4 期。

50. 张世英：《生活的艺术化与艺术的神圣性》，《文艺研究》2010 年第 11 期。

51. 赵世林：《论文化传承的本质》，《北京大学学报》（哲学社会科学版）2002年第3期。
52. 曹俊文：《精神文化消费统计体系的探讨》，《上海统计》2002年第4期。
53. 陈庆德：《文化视野中的消费分析》，《社会科学》2006年第2期。
54. 徐康平、程乐：《民间文学艺术的法律界定》，《北京工商大学学报》2005年第5期。
55. 杨晓光：《关于文化消费的理论探讨》，《山东社会科学》2006年第3期。
56. 强以华：《时尚消费的伦理反思》，《哲学动态》2008年第9期。
57. 李又才：《论我国城乡居民文化消费与政府引导》，《中国行政管理》1995年第1期。
58. 刘珉曳、赵华朋、陈丽芬：《陕西文化消费现状分析与发展对策》，《中国科技信息》2005年第23期。
59. 苗长虹等：《西方经济地理学区域研究的新视角——论"新区域主义"的兴起》，《经济地理》2002年第6期。
60. 聂振斌：《再谈"审美文化"》，《浙江学刊》1997年第5期。
61. 牛华、安俊美：《我国公共文化服务的内涵及其社会价值探析》，《北方经济》2009年第8期。
62. 秦开凤：《文化消费内涵辨析》，《经济研究导刊》2011年第26期。
63. 吴兴明：《反思波德里亚：我们如何理解消费社会》，《四川大学学报》（哲学社会科学版）2006年第1期。
64. 徐碧英：《发展农村社区文化　促进社会主义新农村建设》，《法治与社会》2008年第1期。
65. 徐淳厚：《关于文化消费的几个问题》，《北京商学院学报》1997年第4期。
66. 徐红：《文化全球化与文化民族主义》，《中华文化论坛》2004年第3期。
67. ［日］仓泽行洋：《东方文化与茶道》，《农业考古》1995年第2期。
68. 陈香白：《茶道即人道——中国茶道思想分析》，《农业考古》1995年第2期。
69. 五峰土家族自治县政府网：http：//www. hbwf. gov. cn/。

附　民族民间审美文化消费式传承发展调查问卷

尊敬的受访者：

您好！本调查仅供学术研究之用，采取无记名方式进行，力求真实准确，对调查对象及内容绝对保密。敬请您在认真阅读问卷内容的基础上，将您所选答案序号填写在题号后面“______”上。我们对您的参与表示衷心感谢！

“民族民间审美文化消费式传承发展”课题组

1. 您的性别：______

①男　　②女

2. 您的民族：______

①少数民族　　②汉族

3. 您的年龄：______

①20 岁及以下　　②21—30 岁　　③31—40 岁

④41—50 岁　　⑤51 岁及以上

4. 您的职业：______

①公务员　　②事业单位职工　　③企业职工　　④教师

⑤文艺工作者　　⑥个体工商业者　　⑦农民　　⑧其他

5. 您的学历：______

①小学以下　②小学　③初中

④高中或中专　⑤大专及以上

6. 您家庭的人均年收入是：______

①4000 元及以下　②4001—6000 元　③6001—8000 元

④8001—10000 元　⑤10001 元及以上

7. 您平均每月用于文化消费的支出大约是：______

①几乎为零　②1—100 元　③101—300 元

④301—500 元　⑤501 元以上

8. 在您的消费结构中，主要开支是什么：第一：____；第二：____；第三：____。

①衣着　②食品　③居住等建筑开支

④家庭设备及服务　⑤休闲娱乐　⑥教育

⑦交通通信　⑧医疗保健　⑨人情往来开支

⑩其他

9. 您在闲暇时间的主要活动是什么：第一：____；第二：____；第三：____。

①体育锻炼　②看书报刊　③参加培训或听讲座

④看电视或听广播　⑤参观展览　⑥看电影或演出

⑦旅游　⑧棋牌麻将等娱乐　⑨与朋友或邻居闲聊

⑩在家闲着　⑪上网　⑫其他

10. 您对怎样的文化活动最有兴趣：第一：____；第二：____；第三：____。

①体育锻炼　②看书报刊　③技术培训或讲座

④电影、电视或广播　⑤民族民间文化活动　⑥社区组织文体活动

⑦棋牌麻将等娱乐　⑧卡拉 OK 等自娱自乐活动

11. 您参加文化消费的主要方式是：第一：____；第二：____；

第三：____。

①单独一人　②家庭或亲友陪伴　③朋友同事

④乡镇或村级组织　⑤协会或兴趣小组

12. 您认为影响您参加文化活动的主要原因是：第一：____；第二：__；第三：____。

①平时比较忙，没时间　②价格太高　③没能及时获得信息

④满意的文化项目比较少　⑤没有兴趣　⑥公共文化设施比较缺乏

⑦交通不便/路途较远　⑧缺乏本土化文化气息

13. 您选择文化消费产品主要看重的是：第一：____；第二：____；第三：____。

①品牌　②质量　③个人爱好或文化认同　④包装

⑤价格　⑥实用性　⑦民族文化传承和发展的责任　⑧其他

14. 您平时最关注和了解的五峰民族民间文化是：第一：____；第二：____；第三：____。

①土家茶文化　②板凳龙舞　③南曲　④薅草锣鼓

⑤打溜子　⑥撒叶儿嗬　⑦咂酒歌　⑧土家建筑

⑨饮食服饰　⑩传说神话　⑪民间工艺　⑫民间故事

⑬土家山歌　⑭其他

15. 您乐意参加民族民间文化消费活动的原因是：第一：____；第二：____；第三：____。

①从小受熏陶，很自豪　②感兴趣，很亲切　③民族民间文化的魅力

④民族文化传承和发展的责任　⑤培养和教育孩子　⑥消磨时间

⑦追求时尚　⑧周边人员影响　⑨其他

16. 您认为影响民族民间文化传承发展的最大阻碍是：第一：____；第二：____；第三：____。

①大众文化的冲击　②国外文化的影响

③传统文化的宣传力度弱　④商业利益的冲击

⑤民族民间文化流传手段和途径的局限性

⑥国家和地方政府保护措施不力

⑦民族民间文化自身生命力和适应性不强　　⑧其他

17. 您认为加强民族民间文化传承发展主要路径是：第一：____；第二：____；第三：____。

①大力发展地方经济　　②免费开放公共文化服务场所

③加强公共文化服务设施建设　　④积极开展公共文化服务活动

⑤树立民族民间文化消费意识　　⑥鼓励民间组织开展文化活动

⑦创新民族民间文化品牌　　⑧加强民族民间文化宣传教育

⑨加强民族民间文化资源挖掘　　⑩加强区域文化建设

⑪其他

18. 您认为影响公共文化服务建设的原因是：第一：____；第二：____；第三：____。

①地方领导重视不够　　②地方财力不足　　③文化队伍不够

④只建不用，利用率不高　　⑤社会力量参与不够　　⑥群众参与意识不强

⑦管理机制过于死板　　⑧与群众文化消费需求联系不紧

19. 您认为文化消费对提升生活质量的影响如何？______

①很强　　②比较强　　③说不清　　④不强　　⑤很不强

20. 您平均每年可以阅读多少本书刊？______

①没有　　②1—3 本　　③4—6 本　　④7—10 本　　⑤10 本以上

21. 您平均每年可以参加多少次技术培训或讲座？______

①没有　　②1—3 次　　③4—6 次　　④7—10 次　　⑤10 次以上

22. 您平均每年可以观看多少次演出或电影：______

①没有　　②1—3 次　　③4—6 次　　④7—10 次　　⑤10 次以上

23. 您平均每年可以参观多少次展览？______

①没有　　②1—3 次　　③4—6 次　　④7—10 次　　⑤10 次以上

24. 您平均每个月会上几次网络？______

①没有　②1—5 次　③6—10 次　④11—20 次　⑤20 次以上

25. 您对您自己的文化生活是否满意？______

①很满意　②满意　③说不清　④不满意　⑤很不满意

26. 在日常文化消费中，您参加五峰民族民间文化活动的机会如何？______

①很多　②比较多　③不一定　④比较少　⑤很少

27. 在日常文化消费中，您参加五峰民族民间文化活动的感觉或收获如何？______

①很大　②比较大　③说不清　④比较小　⑤很小

28. 您对政府重视民族民间文化传承发展状况是否感到满意？______

①很满意　②满意　③说不清　④不满意　⑤很不满意

29. 您对五峰民族民间文化传承发展现状是否感到满意？______

①很满意　②满意　③说不清　④不满意　⑤很不满意

30. 您对广播电视村村通建设成效是否满意？______

①很满意　②满意　③说不清　④不满意　⑤很不满意

31. 您对农村图书室（屋）建设成效是否满意？______

①很满意　②满意　③说不清　④不满意　⑤很不满意

32. 您对农村公共文化设施建设成效是否满意？______

①很满意　②满意　③说不清　④不满意　⑤很不满意

33. 您对乡镇、村组或协会组织开展的文化活动是否满意？______

①很满意　②满意　③说不清　④不满意　⑤很不满意

34. 您对本地文化发展情况是否满意？______

①很满意　②满意　③说不清　④不满意　⑤很不满意

后记

2010年12月，彭修银教授领衔的湖北省高校人文社会科学重点研究基地——中南少数民族审美文化研究中心正式成立，我作为其中一员，承担了侗族审美文化研究。在侗族审美文化研究过程中，先后多次深入湖南、贵州、广西、湖北等省区民族地区进行调研，收集了大量的少数民族审美文化资料，由此萌发了关于民族民间审美文化传承研究的念头。经过长时间的思考和广泛涉猎相关研究资料，发现学界比较多地从学理层面探讨审美文化，较少从推动社会发展视角开展审美文化传承发展研究，于是，便想从跨学科视角另辟蹊径，改变文化研究中的纯理论化、思辨化的研究范式，通过理论研究与实证研究相结合、经验总结与实践活动相结合、分类研究与综合运用相结合的方法，力求从实证化、社会化乃至数据化、量化研读中探索民族民间审美文化消费式传承路径。此时，恰逢本书另一位作者正在湖北省五峰土家族自治县挂职，担任县委常委、副县长，为民族民间文化资料收集、民族民间文化消费实证研究等提供了方便，也更加坚定了我对民族民间审美文化消费式传承研究的信心。2014年，我又成功申报了中央高校基金重点项目——武陵山区民族民间文化消费式传承发展研究，本书便是其中的一部分成果。

在研究过程中，笔者多次带队到五峰土家族自治县调研，得到了当地领导、从业人员和文化人士的大力支持和帮助。县委宣传部、县政府办、文化体育局、民宗局、统计局、农业局、发改局、歌舞团、仁和坪镇、渔洋关镇、长乐坪镇、五峰镇、湾潭镇等部门领导、从业人员等，其中不乏还来不及问名字的文化人士，对笔者的调研给予了热情的接待和无私的帮助，提供了大量资料。由于给予笔者的帮助太多，只怕挂一漏万，在此便不一一罗列。在资料收集和调查研究中，张思齐、崔龙燕、田雨、叶甜甜等几位研究生全力投入，付出了许多辛劳。本书写作过程中得到了彭修银教授的精心指导，本书出版得到了学校社科处、文学与新闻传播学院及中国社会科学出版社的大力支持，在此一并表示衷心的感谢。

“民族民间审美文化消费式传承研究”是一次跨学科、理论与实证研究相结合的尝试，本研究由于刚刚起步，许多问题还有待于进一步拓展和深化。敬请广大专家和读者批评指正。

杨秀芝

2015 年 3 月